光文社古典新訳文庫

リヴァイアサン 2

ホッブズ

角田安正訳

kobunsha classics

光文社

Title : LEVIATHAN
1651
Author : Thomas Hobbes

凡例

（一）本書の底本は、*Leviathan*, edited by Richard Tuck（Revised Student Edition), Cambridge University Press, 2003（1996）の第二部（Of COMMON-WEALTH）である。

（二）眉批《びひ》について。本文の小見出し（のように見えるもの）は、実は眉批である。眉批は本文の欄外に示された頭注のようなものであって、必ずしも段落の冒頭に置かれているわけではない。しかし、眉批は原著どおりに再現するのが技術的に難しいこともあって、本書においては小見出しのように扱った。

（三）括弧の使い方

（　）…（イ）原著の丸括弧はなるべく生かすようにしたが、訳者の判断で括弧を外した箇所もある。（ロ）原文において丸括弧が使われていないにもかかわらず訳出の都合上、便宜的に用いた丸括弧がある。たとえば、論旨の枝葉に相当する記述や挿入句的な表現について、そのような扱いをした箇所がある。（ハ）人物の生没年は訳者による補足であり、それも丸括弧でくくった。

［　］…訳注は基本的にブラケットの中に収めた。

「　」…題名などを表わすために、また、特定の単語やフレーズを他の言葉から際立たせるために用いた。間接話法に類した表現を直接話法に置き換えた場合も括弧で括った。

『　』…（イ）書物の題名を示すのに用いた。（ロ）引用文の中の鉤括弧は二重鉤括弧にした。

（四）傍点は、連続するひらがなの切れ目を明らかにするなどの目的で用いた。すなわち、原文の、イタリック体によって示された強調を反映しているわけではない。しかしごく一部、強調を表わす傍点もある。

（五）原著において強調などの目的で用いられているイタリック体は、原則的に、訳文には反映させていない。

（六）改行は、訳者の判断により大幅にふやした。

（七）聖書の書名については『聖書　新共同訳』（日本聖書教会）の訳語を借りたが、体裁は少し変えた。たとえば、「サムエル記・上」のように。

（八）聖書からの引用文については、『聖書　新共同訳』のほかに『舊新約聖書』（日本聖書教会）を参照したが、必ずしもそれらの訳には従っていない。

『リヴァイアサン2』 目次

第二部　国家について　11

リヴァイアサン2

教会国家と政治国家の素材、形態、権力

第二部　国家について

第十七章　国家の大義、生成、定義

〈安全をはじめとする国家の目的〉人間はもともと自由を愛し、他人を支配することを好む。にもかかわらず、見てのとおり、国家の中で暮らすにあたって束縛をこうむっている。人間がそのような束縛をわざわざ受け入れる動機や目的、意図はどこにあるのか。それは詰まるところ、自己保存の見通しを立てたい、ひいては生活向上の見通しを立てたいという願いに行き着く。そのような見通しが立つということは、要するに、悲惨な戦争状態から抜け出す見通しが立つということである。人間に生得の情念がつきまとう限り、戦争はすでに〔第十三章で〕示したとおり必ず発生する。もっとも人間が、だれの目にも明らかな権力に畏《おそ》れをなし、懲罰を受けることを恐れて契約を履行《りこう》し、本書第十四章および十五章に述べた自然法を遵守《じゅんしゅ》するというのであれば、話は別である。

〈自然法から安全を得ることはできない〉自然法の命ずるところによれば、公正・公平・謙虚・寛大でなければならない。要するに、自分がしてほしいと願うことを相手にほどこさねばならないのである。しかし、何らかの権力を恐れる気持ちがないのに、自然法に促されて自発的にこうした徳目を守るとすれば、それは、私たちの自然の情に逆行している。自然の情に駆られると、人間はむしろ偏愛・高慢・怨恨《えんこん》などに囚《とら》われる。また、武力による裏づけのない契約は、単なる言葉にすぎない。そこには、人間の安全を守る力はいささかもない。したがって、権力が確立していないか、あるいは、確立していても私たちの安全を守るほどには強大でないとすれば、自然法が存在するにもかかわらず各人は、自分以外の全員に対する警戒心から、みずからの力を恃《たの》み策を弄《ろう》することになるし、そうしても法的には差し支えない（もっとも、自然法を守る意志があり、それを貫いても安全だと分かっていれば、だれしも自然法を守ってきたが）。したがって、人間が小規模な家族ごとに生活していた地域では、互いに強奪、略奪し合うことは日常茶飯事であり、それが自然法に反するなどとは、およそ考えられていなかった。分捕り品が多ければ多いほど、名誉は大であった。そのような社会において人間が遵守するのは、仁義の掟《おきて》だけであった。それはすなわち、残虐行為を差し控え、人命と農耕器具を奪わずにおくという掟である。そして現在では、大規模化した家族にすぎない都市や王国が、かつての小規模な家族と同じことをしている。すなわち、「危険が迫っている」「侵入される恐れがある」「だれかが侵入者に手を貸すかもしれない」など、あらゆる口実のもとに、みずからの安全を図るべく領土を拡大している。また、公然たる武力や密かな陰謀を用いて近隣諸国を征服するか、そうでなければ無力化しようと、最大限の努力を重ねている。ほかに予防手段がない以上、そのような挙に出たとしても正当である。むしろ、こうした行動により、後世に名が残るのである。

〈少数の人間または家族が寄り集まっても安全は得られない〉限られた数の人間が寄り集まったとしても、ここで検討しているような安全は得られない。なぜか。数が少ない場合、いずれかの側にわずかな人数が加わっただけで、勝敗が決まりかねないほどのはなはだしい勢力差がつき、力を得た側は「侵略してやろう」という気を起こすからである。安全であるとの確信を支えるのに十分な人数は、ある一定の数字によって定まるのではない。私たちの恐れる敵との相対的な比較によって定まるのである。敵の優位が、戦争の帰趨《きすう》を左右するほどの歴然たる重みを欠いており、したがって、敵が戦争をくわだてる気にならないのであれば、それで十分である。

〈**数が多いとしても、統一された判断によって指導されていないと安全は得られぬ**〉

また、たとえ数が多いとしても、全体の行動が個々の判断と個々の欲求のままに導かれるならば、共通の敵や相互の加害行為を退けるとか、安全を保つとかいったことは、期待しようがない。なぜそのように断言できるのか、理屈を説明しておこう。持てる力をできるだけ効果的に行使、活用する方法について意見が割れていると、助け合うどころか、互いに邪魔することになる。相互の対立により力は減殺《げんさい》される。こうなると、少数であっても協力し合っている集団によって、たやすく制圧されてしまう。それればかりではない。共通の敵がいないときには、個々の利益を追求するあまり内紛が起こる。


これまでの立論には反論があるかもしれない。仮に、人間を畏怖させる共通の権力が存在しなくとも、大勢の人間が公正を保つなど、自然法を守ることに同意することもあるのではないか、と。だが、そうだとすれば、人類全体についても同じだと想定しても差し支えなかろう。その場合、いかなる政府もいかなる国家も、そもそも興《おこ》らないであろう。また、その必要もない。なぜなら、人々を無理に服従させなくとも、平和が保たれるからである。

〈それに加えて、同一の判断による指導が継続的であることも必要〉ここで言う安全とは、人々が自分の生きている限り続いてほしいと願っている安全のことである。だから、同一の判断による支配や指導が、一度の戦闘や一度の戦争など限られた期間しか続かないとすれば、安全を確保したことにはならない。一致協力して外敵に立ち向かい、一度は勝利をつかむにせよ、その後は共通の敵がいなくなるか、あるいは、だれを仮想敵と見なすかについて意見が割れる。そうなると人々は、利害の食い違いにより分裂し、ふたたび内紛におちいることを避けられない。

〈一部の動物が、理性も言葉も持たないのに強制力なしで社会的生活を営むのはなぜか〉確かに、蜂や蟻のような動物は、仲間と協力して生活を営んでいる（したがって、アリストテレス[1]は蜂や蟻を政治的動物と見なしている）。それでいて蜂や蟻は、おのれの個々の判断や欲求を別とすれば、いかなる指図にも従っていない。また、共通の利益にかなうと考えるものを仲間に示したくとも、それを伝えるための言葉を持っていない。だとすると、人間という動物は、なぜそれと同じようにできないのだろうか。その理由を知りたがる向きもあろう。それに対する私の答えはこうである。

第一に、人間は絶えず名誉と尊厳を求めて相互に競争している（蜂や蟻は、そのようなことをしない）。必然的に、それが原因となって人間相互の間に羨望《せんぼう》や憎悪《ぞうお》が生じ、ついには戦争が起こる。しかし、蜂や蟻の場合そのようなことはない。

第二に、蜂や蟻の場合、共通の利益と個体の利益が一致している。個体は生まれつき個別の利益を追求する傾向にあるが、それにともなって共通の利益も確保される。しかし人間の場合、喜びを他人との比較に見いだすので、何事も他人に優越していない限り楽しめない。

第三に、蜂や蟻は人間と違って理性の働きを持たないので、自分たちの共同の営みを掌《つかさど》るにあたって、いかなる欠点も目に入らない。そのような欠点を見ようとは考えもしない。ところが人間の中には、頭脳においても一般大衆を治める能力においても、自分は他の人間よりも優秀だと自負している者がすこぶる多い。そして、彼らはそれぞれ自分の流儀で［社会の］欠点を改めたり矯《た》めたりしようと抗争する。その結果、一般大衆は動乱や内戦に追い込まれる。

第四に、蜂や蟻も、欲求やその他の感情を仲間に伝えようとして何らかの声を使う。だが、言語という技能は持たない。ところが人間の中には、言葉を弄することによって、善を悪のように、悪を善のように見せかけることのできる者がある。また、善悪それぞれの見せかけの軽重《けいちょう》を操作する。彼らはこのようにして、意のままに人々の不満を煽り、平静をかき乱すのである。

第五に、理性を持たない生き物は、「権利が侵害されていること」と「実害をこうむっていること」を区別できない。したがって、苦痛がない限りは仲間に対して腹を立てることはない。ところが人間の場合、不平の声を最大にふりしぼるのは、かつてなく安楽になったときである。それというのも、そういうときにこそ人間は、おのれの知恵を見せつけ、国家を治める人々の行動を統御したがるからである。

最後に、蜂や蟻の調和は自然のものであるが、人間相互の調和は、契約にもとづかない限り成立しない。それは人為的なものである。したがって、人間相互の調和を恒常的、永続的なものにするためには、当然のことながら、契約のほかに何か別の要素が必要になる。それは、人間を畏怖させ、共通の利益に向けて人間の行動を方向づける公的な権力である。

〈国家の生成〉人々がみずからの勤労と大地の恵みによって活計《たずき》を立て、満ち足りた生活を送るにはどうしたらよいか。外敵の侵入や仲間同士の権利侵害から人々を守ってやり、そうすることによって十分に安全を確保してやることが必要である。そうするだけの能力をもった公的な権力を樹立するには、方法は一つしかない。すなわち、あらゆる力をすべて一人の人間または一個の合議体にさずけるのである。力をさずけられた側では、多数決の原理にもとづいて、人々の意志を一つの意志に集約することが許される。これは、次のように命じているのに等しい。自分たちの人格を代表してくれる一人の人間または一個の合議体を任命せよ。その代表者が何をおこない、何を命令しようとも、それが全体の平和と安全を気にかけてのことであれば、各人は、代表者の行動を発案したのは自分であると認めよ。そして、自分たちの意志をすべて代表者の意志に従わせ、自分たちの判断を代表者の判断に従わせよ。

これは同意とか協調とかの次元を超えている。それは、全員の参加する真の統一体である。そこには一個の人格がそなわっている。こうした統一体を成り立たせるのは、各人と各人の契約である。契約は、各人が各人に対して次のように宣言する形でおこなわれる（もっとも、これは擬制であって、実際にそのようなことをするわけではない）。

「みずからを治める権利を、私はこれこれの人に（あるいは、これこれの合議体に）

譲渡する。ただし、それには条件がある。すなわち、あなたもみずからの権利を同じ人物に譲渡し、その人物のすべての行動を正当と認めなければならない」。

このような手続きが完了し、多数の人々が合流して一個の人格を帯びると、それは、英語では国家《コモンウェルス》、ラテン語ではキウィタスと呼ばれる。こうして誕生したのが、強大な怪物リヴァイアサンである。あるいは、もっと厳粛に言うなら、地上の神である。人間が不滅の神のもとで平和を保ち、敵に抗することができるのも、地上の神のおかげである。

ことさらにリヴァイアサンとか地上の神とかいった言い方をするのはなぜか。国内の個々人から与えられた権限に支えられているので、みずからにさずけられた強大な力をいくらでも行使できるからである。そうした力への畏怖を利用すれば、全員の意志を統一し、国内の平和を保ち、協力して外敵を撃退するという目標を目指すことができる。そして、リヴァイアサンすなわち地上の神にこそ、国家の本質があるのだ。

〈**国家の定義**〉国家を定義するとすれば、こうである。「国家は一個の人格である。ただし、国家の成員である大勢の人々は、成員全員が国家行動の主体だということを成員相互の契約により取り決めておかねばならない。さもないと、平和を保ち、共同して敵に抗しようにも、妥当だと判断される力および手段を総動員することができない」。

〈主権者および臣民とは〉 右に述べたような人格を担《にな》うと、主権者と呼ばれ、主権を持っていると評される。そして、全員を臣民として従える。

主権の成立に至る道は二つある。一つは自然の力による。たとえば、親が子に対して強制力を働かせるというパターンがある。子は、自分の子ども（つまり、親から見れば孫）とともに、親の支配に服するように仕向けられる。服従を拒否しようものなら、成敗《せいばい》されるからである。あるいは、敵を戦争で屈服させ、命を救ってやるのと引き換えにわが方の意志に従わせるというパターンもある。

主権の成立に至るもう一つの道は、人々が相互の同意によりいずれかの個人または合議体に対し自発的に服従することを決めたときに開ける。人々は服従の見返りとして他者から守ってもらえると確信している。このようにして主権が成立すると、それを政治的国家あるいは制定された国家と呼ぶことができる。それに対して前者は、獲得による国家と呼ぶことができる。ここでは差しあたり、制定による国家について論じることにする。

第十八章 「制定による主権者」の権利

〈国家の制定とは〉互いに平和に暮らし、他者から身を守ることを目的として、次の仕組みを設けることについて大勢の人々が同意し、相互に一対一の契約を取り結ぶと、国家が制定されたと言える。

いずれかの個人または合議体に、全員の人格を代表する権限（すなわち、代表者となる権利）を多数決にもとづいて与える。ひと度そのように決めたら各人は、賛否いずれの票を投じたかにかかわらず、だれが代表者になろうとも、代表者の行動や判断を自分自身のものとして認める――。

〈こうした国家制定の仕組みから導かれる論理的帰結〉参集した人民の同意にもとづいて主権をさずけられた個人または合議体は、あらゆる権限と権能を持つ。それらの権限および権能は、右に述べた要領で国家が制定されることに由来する。

〈一、**臣民は統治形態を変更できない**〉第一に、契約を結ぶ以上、人民はそれと矛盾することを以前の契約によって強いられることはない。そう解釈すべきである。したがって、すでに国家を制定した人々は、国家を制定したという事実ゆえに一人の人物の行動および判断に服する義務がある。その人物の許可がない限り、ほかの何者かに服従するなどという契約を仲間内で結ぶことは、いかなる場合であろうと許されない。あえて結べば違法である。したがって、ある君主に従っている臣民は、その君主の許しも得ずに君主制をくつがえして、烏合《うごう》の衆さながらの混乱状態に立ち戻るわけにはいかない。また、臣民の人格を、現にそれを担っている人物から他の人物（あるいは他の合議体）に移し替えることも許されない。

それというのも次のような次第だからだ。臣民は相互に負った義務に縛られているために、主権者みずからの行為と主権者のお墨付きをもらった行為をことごとく自分のものだと認めなければならない。また、そうした行為の発案者と見なされたら甘んじて受け入れることになっている。

しかも、だれか一人でも異議を唱えれば、残る全員は、その一人とのあいだで結んだ契約を破棄したことになる。契約の破棄は不正な行為である。また、現に臣民の人格を担っている人物は、それに先だって臣民各人から主権を与えられている。したがって、その人物を廃するなら、主権を持ち主から奪うことになる。これもまた不正な行為である。そればかりではない。主権者を廃そうとくわだて、そのかどで主権者によって殺されるか罰せられるかするなら、それは、くわだてを起こした張本人が自分で自分を罰したのに等しい。というのも、国家の制定という手続きを経ることにより、主権者のあらゆる行為は臣民がしたのと同じことになるからである。そして、臣民が自分自身の権限によって処罰されるようなことをしでかすなら、それはいずれも不正行為である。当の臣民は、同じ理由で不逞《ふてい》の輩《やから》ということになる。

また、主権者に服従しない理由として、人間ではなくて神とのあいだに結ばれた新規の契約を口実にする者もあるが、これもまた不正行為である。なぜなら、神の人格を体現する者の媒介なしには、神との契約などというものはあり得ないからである。そのような離れ業は、神のもとで主権を与えられ、神の代理を務める者でなければ不可能である。にもかかわらず神と契約を結んだかのように見せかけるなら、そのように詐称する当人の良心に照らしても、露骨な虚言と言わざるを得ない。それは不正行為であるのみならず、下劣で卑怯な行為でもある。

〈二、主権を剝奪することはできない〉第二に、臣民全員の人格を担う権利は、主権者として選ばれた人物に与えられる。その根拠となるのは、もっぱら臣民が相互に結ぶ契約であって、主権者がいずれかの臣民との間に結ぶ契約ではない。そうである以上、主権者の側で契約を破棄するという事態はあり得ない。したがって、臣民は、よしんば主権を剝奪したという口実を設けたとしても、主権者に対する服従の義務から解放されることはない。

主権者となる人物が、その臣民との間で事前に契約を結ぶなどということはあり得ない。それは明らかである。考えてみるがよい。契約を結ぶとすれば、臣民全体を相手として契約を結ぶか、さもなければ、個々の臣民との間で個別の契約を結ぶか、二つに一つである。ところが、臣民全体を相手として契約を結ぶことは不可能である。なぜなら、「集団としての」臣民はまだ一個の人格を形成していないのだから。

一方、臣民の数と同じ数の契約を結ぶとすれば、それらの契約は、主権者として選ばれた者が主権を手にした後、無効になる。それはこういうことだ。そもそも、違約を理由として各臣民が問題にすることのできる契約行為はいずれも、主権者自身を相手にそれ以外の全員が取り交わす契約行為に限られる。なぜ「全員が取り交わす契約」なのか。契約が臣民全員の資格で、臣民全員の権利にもとづいておこなわれるからである。

そればかりではない。一人または複数の臣民が、「主権者は国家制定の際に結んだ契約に違反している」と申し立てたとしよう。それに対して、それ以外の臣民が多数で（または一人で）、あるいは主権者が単独で、「そのような違約はなかった」と反論したとしよう。この場合、その紛争に決着をつける裁判官はいない。したがって、その裁定はふたたび干戈《かんか》にゆだねられることになる。そして各人は、国家制定にあたって抱いていた意図に反して、自力による護身の権利を取り戻す。このような次第で、事前の契約によって主権をさずけても無駄である。

「君主は契約にもとづいて、すなわち条件付きで、権力を受け取る」。こうした謬見《びゅうけん》が生ずるのは、契約は言辞にすぎないという簡明な事実が十分に理解できていないからである。契約は、公共の剣がもたらす統制力を別とすれば、強制・阻止・拘束・保護などの力を持たない。では、公共の剣とは何か。それは、主権を持つ個人または合議体の、だれからも束縛されない権力のことである。ちなみに、主権者のもとに統一された人々は、主権者の行動を自分たち全員の行動と同一視し、それを実行するにあたっては全員の力を注ぐ。

さりとて、合議体に主権を持たせる場合、その旨《むね》の契約が国家の制定に際して成立したと考える者はいない。それはそうだろう。いくら愚鈍でも、たとえば次のようなことを言う者はいない。ローマの平民はローマ人とのあいだでかくかくしかじかの条件で主権を持つという契約を結んだのであり、そうした条件が履行されない場合には、後者が前者から主権を取り上げても法に触れない——。このようなことはあり得ない。君主制においても民主制においても、道理は同じである。それが理解できないのは、一部の者が抱く野心のせいである。彼らにとっては、［民主制における］合議体の統治のほうが君主制よりもなじみやすい。前者であれば自分たちの参加を望めるのに対し、後者だとそうした望みを持つことができないからである。

〈三、**賛成多数で宣言された主権制定は反抗を許さない**〉第三に、過半数の者が賛成して主権を制定したとする。そうなると、意見の異なる者も、賛成した側に同意しなければならない。つまり、主権者のあらゆる行動を認めて満足しなければならない。そうしないのであれば、他の人々によって滅ぼされても文句は言えない。その理屈はこうである。集会に自発的に参加したのだとすれば、その事実によって、多数派の定めたことを守るという意思を十分に表明したことになる（それゆえに、暗黙のうちに契約したことになる）。したがって、それを守るのを拒んだり、多数派の命令に反抗したりすれば、契約に反していることになり、したがって不正行為になる。もっと言えば、集会に参加したか否かとか、同意を求められたか否かといったことはどうでもよいことであって、いずれにしても多数派の命令には逆らえない。逆らうなら、従来の戦争状態にとどまらなければならない。戦争状態に置かれたままだと、いかなる人間の手にかかって殺されようとも、不正があったとは言えない。

〈**四、主権者の行動を臣民が非難するのは、不当である**〉第四に、主権を制定する立場にある以上、各臣民は、制定された主権者によるあらゆる行動および判断を発案していることになる。したがって、主権者が何をしようと、臣民にとって権利の侵害になるはずがない。また、主権者がいかなる行動をとろうと、またいかなる判断を下そうと、主権者を不当だと非難することはできない。それは次のような次第だからである。何をするにせよ他から権限を与えられて行動する以上、権限を与えてくれた相手に害を及ぼすことはない。真実は逆である。国家を制定したことにより個々人は、主権者のするすべてのことの発案者となるのである。したがって、主権者のせいで害をこうむったと申し立てるなら、自分が発案したことに不服を申し立てているのと同じことになる。したがって、害をこうむったからといって、自分自身を除けば責めるべき相手はだれもいない。いや、自分自身にすら責めを負わせるわけにはいかない。なぜなら、わが身に害を加えるなどという所業はそもそも不可能なのだから。確かに、主権者としての権力をそなえた者が不当な行為に及ぶことはあり得る。しかしそれは、本来の意味での不正行為や加害行為ではないのだ。

〈五、いかなる行為に及ぼうとも、主権者は臣民によって罰せられることはない〉第五に、右に述べたことの論理的帰結として、臣民が主権者を死刑やその他の刑に処するなら、それは不当行為にあたる。というのも、いずれの臣民も主権者の行動を発案する立場にある以上、主権者を罰するということは、自分自身の犯した行為を口実にして他人を罰することにほかならないからである。

〈六、主権者は臣民の平和と安全を守るために何が必要か判断を下す〉〔国家を〕制定する目的は、全員の平和と安全を守ることにある。また、そうした目的を追求する権利があるなら、その手段を行使する権利もあるのが常だ。したがって、主権を有する個人または合議体は、当然の権利として以下のことをおこなう。平和と安全を守るための手段と、それを阻《はば》んだり妨げたりする事柄について判断を下す。国内の不和や外国からの敵対行為を未然に防ぐことによって平和と安全を維持するために、また、平和と安全が失われた場合にはその回復を図るために、必要であると考えられるすべてのことを遂行する――。ここから次のことが導かれる。

〈**主権者はまた、いかなる説を臣民に教えるべきか判断する**〉第六に、以下の事柄について判断を下すことも、主権に含まれる。平和に反する（あるいは逆に、平和にとって好ましい）のは、どのような見解や説か。さらには、どのような場合に、どの程度まで、そして何を論ずるのであれば、大勢の人々を相手に語ることが認められるのか。また、すべての書物を対象とする諸説の検閲は、だれにやらせるのか――。主権者はこれらの事柄について判断を下す。というのも、人々の行動は社会通念をもとにして決まるからである。人々の行動を上手に統御し、平和と協調を保つためには、さまざまな意見を首尾よく統御する必要がある。したがって、何かを説くにあたって尊重しなければならないのは真理だけだからといって、平和を目的として言説を規制してはいけないという結論にはならない。なぜか。平和にもとる言説はそもそも真理にはなり得ないからだ。それは、平和と協調が自然法に反することがないのと同様である。

確かに、統治者や［公認の説を］講ずる者が迂闊《うかつ》だったり未熟だったりして、誤った言説がたまたま時流に乗って一般に通用することもある。そうした状況に陥った国家においては、流布《るふ》している言説と対立する真理は一般に、不快なものとして受けとめられる。しかし、新たな真理の導入がどれほど唐突かつ強引であろうとも、それは決して平和を破壊するわけではない。時として戦争を呼び起こすことがあるというだけのことである。

なぜそう言えるのか。根拠を示そう。統治があまりにも杜撰《ずさん》であることに乗じて、ある意見の擁護あるいは導入を図るために武器を手にとることも辞さないという人々がいるのであれば、依然として戦争状態が続いているということになる。そのような状態は平和とは言えない。相互に相手を恐れるあまり休戦状態になっているにすぎない。彼らはいわば、引き続き戦いの枠内で生活しているのである。したがって、至高の権力を持つ者はその責務として、意見や説の当否をみずから裁いたり、そうした裁きをおこなう裁判官の任免を独占的におこなったりする。それは、平和を守るためには欠かせない事柄である。そうしないと、内紛や内戦を防ぐことはできない。

〈七、どこまでが自分のもので、他の臣民の手出しから守られているのか。それを臣民一人ひとりに周知する手段としての、決まりを設ける権利〉第七。どのような財貨であれば、同胞である臣民に妨げられることなく享有できるのか。また、どのようなことであれば、自由に実行しても差し支えないのか。これは、いわゆる所有権のことである。各人に所有権を知らしめる手段として、決まりを設けなければならない。そのようなことをする権力はすべて主権に属する。なぜか。理屈はこうである。主権を制定する以前は、（すでに示したとおり）万人が万物に対して所有する権利をそなえていた。だが、それだと必ず戦争になる。だからこそ、平和にとって必要な、最高権力によって決まるこの所有権を、公共の平和を保つために最高権力が裁定するのである。

所有権（自他の権利の区分）や、善悪、合法・非合法について定めるのは、公民法（civil law）である。すなわち、個々の国家の法である。今日《こんにち》では、civil lawという名称はもっぱら古代ローマの市民法を指すが、ローマ市はかつて世界の大部分を支配する首都であり、当時のローマ市の市民法は、世界の大部分の公民法でもあったのだ。

〈八、主権者は、裁判すなわち紛争の裁定を独占的におこなう権利を有する〉第八に、裁判権は主権に含まれる。裁判権とは、法（公民法または自然法）に触れるか、あるいは法に触れないまでも事実上発生する紛争を独占的に審理、裁定する権利のことである。主権者が裁判権を持つのは、次のような次第だからである。紛争を裁定しないと、臣民を、臣民相互の権利侵害から防ぐことができない。また、自他の権利を区分する法律も無効になる。そして、自己保存という当然かつ必然の欲求が働くことから、個々の力による自衛の権利が各人の手に残される。これは戦争状態にほかならず、国家を制定する目的に反している。

〈九、主権者には、みずからが望ましいと考える開戦と講和に踏み切る権利がある〉

第九に、他の国民または国家を相手に開戦し講和を結ぶ権利は、主権に含まれる。戦端を開き講和を結ぶ権利は、以下の事柄について判断を下す権利のことである。開戦および講和をいつにすれば国益にかなうのか。大規模な兵力を動員し、その軍備を整えるにはどうしたらよいのか。そのための費用はどのように調達するのか。また、その財源を確保するために臣民に課税する権利も、開戦および講和の権利に含まれる。

主権者が開戦と講和の権利を握っているのは、以下の理由による。人民を守る力はその軍隊にあり、軍隊の力は、単一の指揮権のもとで束ねられていることにもとづく。

そのような単一の指揮権は、主権者が設定、保有する。軍隊の指揮権がものを言う以上、それさえ確保できていれば、他の組織に支えられていなくとも主権者でいられる。したがって、だれが将軍に任命されようとも、主権を持てば常に、総司令官である。

〈十、主権者には、戦時と平時とを問わず顧問や大臣を選任する権利がある〉第十に、平時と戦時とを問わず、あらゆる顧問・大臣・長官・役人を選任すること。このような権利も主権に含まれる。主権者は、公共の平和と国防という目的の達成を任務としている。それを踏まえるなら主権者には、責任を果たすために最適と考える手段を行使する権力があって当然であろう。

〈十一、報奨と刑罰を与える権利。（その手続きを定めた法律がない場合には）それを自由に裁量する権利〉第十一に、主権者は各臣民を、金銭や名誉によって報奨し、体罰・罰金・名誉剝奪《はくだつ》によって処罰する権利を有する。それは、あらかじめ制定しておいた法律に従っておこなわれる。既成の法律がない場合は、主権者の判断が拠《よ》り所となる。ただし主権者の判断は、国家に役立つ人間になるよう人々を督励《とくれい》し、国家に損害をもたらすことのないよう自制させるという目標に、できるだけ合致するようにおこなわれる。

〈十二、**栄誉をさずけ、格付けする権利**〉最後に。人間は生来、自分自身をはなはだしく過大評価しがちである。そして、他人からは大いに尊敬してもらおうとするが、他人のことはひどく過小評価する。このことが原因となって、絶え間なく競争・反目・内紛が繰り返され、ついには内戦が起こる。そうなると、互いに殺し合うことになり、共通の外敵に向けるべき戦力は損耗する。こうしたことを踏まえるなら、次のことが必要になる。まず、栄誉に関する法律を整えておくこと。そして、国家から褒賞を受けた人物や褒賞されるに足る人物の価値を公的に格付けすること。また、栄誉に関する法律を実施に移すために、特定のだれかに権力を持たせておくこと。

ところで、すでに示したことであるが、国家の軍事力が包括的に主権に属するのと同じように、あらゆる紛争を裁く権限も主権に含まれる。したがって、以下のことは主権者の行為ということになる。栄誉の称号をさずけること。各人が帯びるべき勲位や爵位を定めること。公私の場で人々が互いにいかなる礼儀作法をもって接するべきかを決めておくこと。

〈**主権者の権利は分割できない**〉右に述べたもろもろの権利は、主権の本質をなす権利である。これらの権利を目印にすれば、だれの手に、あるいはいかなる合議体の手中に、主権的な権力が置かれ、属しているのかを見分けることができる。右に挙げた権利は分与、分割できない性質のものなのだから。確かに、貨幣を鋳造《ちゅうぞう》する権限、成年に達していない相続人の財産および身柄を処分する権限、市場での先買権など、法によって定められた特定の権限はいずれも、主権者によって委譲され得る。しかし、臣民を保護する権限はあくまでも主権者のものである。にもかかわらず主権者が軍事力を譲渡したりすれば、裁判権を保ったとしても無意味なものとなる。法の執行ができなくなるからである。軍事力を保った場合でも、徴税権を譲り渡してしまえば、その軍事力はむなしいものとなる。また、学説に対する統制をあきらめるなら、人々は霊魂を恐れるあまり「地上の権威に」盾突くようになるだろう。というわけで、ここに挙げた権限のうちいずれかの権限を検討すれば、「それ以外のすべての権限を握っていても、あらゆる国家の樹立の目的である平和と正義の維持にあたって何の効果も上げられない」ということが直《ただ》ちに分かるだろう。だから、右に述べた権限の分割こそ、「分割された王国は存立し得ない」と言うときの分割にほかならない。なぜそう断言できるかと言えば、主権的な権限の分割がなければ、軍隊が分裂するというような事態は決して起こらないからである。

これらの権限は国王・貴族院〔上院〕・庶民院〔下院〕のあいだで分割されているのだという見解がある。そもそもこのような見解がイングランドの大部分で受け入れられていなかったら、国民が分裂し内乱状態に陥るということはなかったであろう（ちなみに、内乱の争点となったのは最初、政策であり、次いで信仰の自由であった）。こうした反省から、主権に関して貴重な教訓が得られ、現在イングランドでは、大半の人々は「これらの権限は相互に不可分だ」ということを悟っているはずである。また、今度平和が回復されたときには、右の反省はあまねく共有されるであろう。そして、人々が内乱の悲惨さを記憶している限り、そうした反省は続くだろう。人々の記憶が薄れれば反省も長くは続かないかもしれないが、一般大衆がこれまでよりも優れた教育を受ければ、話は別である。

〈主権者の権限は、主権をきっぱりと放棄しない限り譲渡することはできない〉それらの権利は主権者の本質にかかわるものであり、分割することはできない。したがって、必然的に次のことが言える。あれこれ言いつくろって、これらの権利の一部が譲渡されたように見えようとも、その譲渡は無効だということである（もっとも、主権そのものが誤解の余地なく放棄され、譲渡された者が譲渡した者に対して、もはや主権者の名を奉ることがないというのであれば、話は別であるが)。仮に、主権者が最大限の権限を譲渡してくれたとしよう。その場合でも、譲渡された権限は主権と分かちがたく結びついているので、こちらが主権を返上すれば、譲渡された権限はすべて元に戻る。

〈**主権者の権力を前にすると、臣民の権力と栄誉は色あせる**〉この偉大な権限は分割できない。そして、主権と分かちがたく結びついている。したがって、国王の最終決定権について次のように主張する人々の見解は、根拠薄弱である。「国王は、確かに個々人と比べれば大きな存在であり、臣民各人よりも大きな権力を持っている。しかし、全員との比較で言えば小さな存在である。すなわち、臣民全員がそなえているほどの大きな権力は持っていない」。

こうした見解には根拠がない。考えてみるがよい。全員という言葉が、一個の人格としての集合体を指していないとすれば、「全員」は「各人」と同じ意味になる。そうすると、「国王の権力が臣民各人の権力よりも小さいということになるので」右の言辞は道理に合わない。それでは、全員という言葉を用いるとき、臣民全体を、(主権者が体現する)一個の人格と解しているのだとしたらどうか。その場合は、臣民全体の権力が主権者の権力と同じものに格上げされていることになる。こちらも道理に合わない。右の言辞がこのように不合理であることは、議会が主権を握っているときには、分かりやすいが、君主の手中に主権があるときには分かりづらくなる。だが、主権者の権力は、それをそなえているのがだれであろうとも、同じである。

主権者の栄誉についても、権力と同じことが言える。すなわち、臣民のうちいかなる者も、あるいは臣民全体が束になっても、主権者の栄誉には太刀打ちできないということである。というのも栄誉の源泉は、ほかならぬ主権にあるからだ。爵位（子爵、伯爵、侯爵、公爵）を設けるのは主権者である。召使いは主人の前では平等であり、何の栄誉もない。主権者の前では、臣民もそれと同様である。臣民は、主権者の目の届かないところでは多かれ少なかれ輝いている。しかし、主権者の姿を仰ぐとたちまち輝きを失う。それはちょうど、太陽を仰ぐ星と同じことである。

〈**主権者の権力は、それが欠けているのに比べれば、害が少ない。しかも害が生ずるのは、大抵、少数者に進んで服従することをしないからである**〉しかし、これに対して次のように異議を唱える者があるかもしれない。「臣民の立場は、はなはだ悲惨である。なにしろ、無制限の権力を握った個人または集団の、権力欲やその他の悪しき欲望を甘受しなければならないのだから」。そして、君主に支配されて暮らしている人々は、自分たちの境遇を君主制のせいだと考える。また、民主制の統治機関あるいは主権をそなえた合議体の支配下で暮らしている人々は、厄介なことをことごとく国家の形態のせいにする。ところが権力は、いかなる形態をまとうにせよ、そうした権力形態が人々を守るのに十分に整っているのであれば、大同小異である。

人々が見落としている事柄がある。それは、人の属するいずれの政体にも、必ず何らかの不都合がつきまとうということである。また、最悪の統治形態のもとで人民一般がこうむる（かもしれない）最大の不都合といえども、内戦や無政府状態にくらべれば取るに足らぬということである。内戦には、数知れぬ不幸や身の毛がよだつような惨禍がつきまとう。また、無政府状態に陥ると、人間を拘束する法や強制力がないので、強奪や復讐などの行為を防げない。

人々が見落としていることは他にもある。それは、主権をそなえた統治者がこのうえなく強い圧力をかけてくるのは、臣民を痛めつけたり弱らせたりすることに喜びや利益を見出すからではない、ということだ。それはそうだろう。臣民に活力があふれていればこそ統治者は、強くなり栄えるのだから。統治者が圧力をかけるのは、臣民が御しがたいからである。臣民が自己防衛に進んで協力しようとしないからこそ、統治者は、平時において臣民から取れるだけのものを搾《しぼ》り取るのである。そうしなければ、危急のとき、あるいは突発的な必要に迫られたとき、敵に対抗、逆襲するための手段を整えられない。

なぜこのようなことになるのか説明しよう。人はみな、欲得と自己愛という隠しようもない拡大鏡を生まれたときから与えられている。そのレンズを通して見ると、些細な税金がことごとく大きな不満の種となる。ところが人々は、道徳心であるとか、市民と国家の関係に関する知識とかいった望遠鏡はそなえていない。したがって、襲いかかってくる災いをはるか遠くから予見することはできない。税負担なしでは避けられないような災いであっても、お構いなしである。

第十九章　体制による国家の種別と、主権の継承

〈国家の形態は三種類しかない〉種々の国家の違いは、主権者の違いによって生ずる。主権者とは、国民全体および各人を代表する人格のことである。主権の所在は、一個の人物にあるか、そうでなければ複数の人間から成る合議体にある。そして、合議体に参加する権利は、全員が持っているか、他から区別された一部の人々だけが持っているかのいずれかである。このことから明らかなように、国家には三種類しかない。なぜか。代表者は一人であるか、さもなければ複数であるはずであり、後者の場合、その合議体には国民の全員が参加するか、国民の一部が参加するかのいずれかだからである。

一人の人間が国家を代表する場合、それは君主制である。集まる者全員から成る合議体が国家を代表する場合、それは民主制（大衆の国家）である。一部の者が国家を

代表するのは貴族制である。これら以外の国家体制はあり得ない。さもあろう。主権はすでに説明したとおり不可分であり、主権全体を担うのは、一人の人間か、複数の人間か、全員かのいずれかなのだから。

〈専制と寡頭制はそれぞれ君主制と貴族制の別名にすぎない〉 しかし、史書や、政治に関する書物をひもとくと、専制や寡頭制のように、それらとは異なる統治形態の名称が見受けられる。しかしそれは、別の統治形態を指しているわけでなくて、当該の統治形態がいやがられている場合にそう呼ばれるのである。たとえば、君主制のもとで不満を託《かこ》っている人々は、それを専制と称する。また、貴族制に嫌気がさしている人々は、それを寡頭制と称する。同じように、民主制のもとで悲嘆に暮れている人々は、それをアナーキー（統治が行き届いていない状態）と称するのである。しかし、統治が行き届いていないからといって、それを新種の統治形態だと思う者はあるまい。同じ理由により、同一の統治形態が、好ましいか、あるいは疎《うと》ましいか（あるいは、統治者に抑圧されているか）によって別種のものになると考える者もあるまい。

〈副次的な代表者の危険性〉 明らかなことであるが、絶対的な自由の状態にある人々はその気があるなら、全員を代表する権限を一人の人間に与えることができる。また同様に、そのような権限を何らかの合議体に与えることもできる。要するに人々は、正しいことだと判断するなら、君主に臣従することもあるということだ。しかも、他のいかなる代表者に対する臣従にも劣らないほど絶対的に。

したがって、すでに主権が確立している場合、同一の人民を代表する人物がもう一人存在するという事態はあり得ない（ただし、主権者によって限定された特定の目的のためであれば、話は別であるが）。なぜなら、そのような事態になれば、主権者は二人いることになり、各人は自分の人格を二人の代理人によって代表されることになる。代理人が互いに対立すると、（人々が平穏に暮らすつもりであるなら）分割してはいけない権力を、どうしても分割せざるを得なくなる。その結果、人民は戦争状態に陥る。それは、全一的な主権を確立した目的に反する。

したがって、次のように考えるなら道理に合わない。「主権的な合議体は支配下にある人民に対して、人民の意見や意向の代弁者を送るよう促すものであり、自分たちよりもむしろそうした代理人を人民の絶対的な代表者と見なすべきだ」。同様に、君主制において同じような三者関係を想定するのも、やはり道理に合わない。

一体どうして、このような明白な真実が近ごろはなはだしく蔑《ないがし》ろにされていたのか。たとえばある王国では、六百年にわたる世襲にもとづいて主権を得た者だけが、主権者と称されていた。また、臣民から陛下という尊称をささげられ、疑問の余地なく臣民に国王として受け入れられていた。にもかかわらず、臣民の代表とはけっして見なされていなかった。それでいて代表という名称は、国王の命令を受けて国王のもとに派遣される人々の名として、すなわち人民の請願を届け、(国王が許可する場合には)人民の進言を伝える人々の名として、何の矛盾もなく通用していたではないか。

これは、真に、しかも絶対的に人民を代表する者にとって頂門の一針となるかもしれない。これをいましめとして、その職務の本質を人々に分からせるべきだろう。また、自分に託された信任を果たそうとするとき——それがいかなる場合であろうとも——その他の一般的な代表をどこまで許容するのかという点に注意を向けるべきだろう。

〈君主制と主権的合議体との比較〉 これら三種類の国家の違いは、権力の違いによるのではない。違いの決め手となるのは、国家樹立の目的(人民の平和と安全の確保)にとって都合がよいか、あるいは適しているかという尺度の違いである。したがって、君主制と他の二種類の政体との違いを明らかにするためには、以下の点を指摘すればよい。

第一に、人民の人格を担う者、あるいは人民の人格を担う合議体の構成員は、同時に自分自身の自然的人格を担う。したがってその人物は、政治的人格を担う者として国全体の利益を計ることにも注意を払うけれども、それ以上に、またはそれに劣らず、自分自身とその家族、親族、友人の利益を計ることに注意を払う。さらに、公的な利益が私的な利益と衝突すると、大抵の場合、私的な利益を優先する。なぜなら人の常として、理性よりも欲得のほうが強力だからである。このことから、「公的な利益と私的な利益の結びつきが緊密であればあるほど公共の利益が計られる」という結論が導き出される。

さて君主制においては、私的な利益は公的なそれと重なる。君主の富・権力・名誉は、一《いっ》に臣民の富・力・名声から生ずる。というのも、臣民が貧しかったり卑しかったり、あるいは、貧窮または内紛のために敵と戦えないほど弱かったりすると、その国王は富も栄光もつかめないし、安全を確保することもできないからだ。それに反して民主制や貴族制においては、公共の繁栄が達成されたからといって、賄賂や野心に目のくらんだ人物の私的財産はあまり増えない。むしろ、二心のある進言や背信的な行為、あるいは内戦などによってもたらされる財産のほうが何倍も多い。

第二に、君主は、だれであれ好みの人物に、時と場所に構うことなく意のままに助言を許す。したがって、相手の地位や身分にこだわることなく、自分が思案している事がらに通暁している人物の意見を聞くことができる。その際、行動に先だっていくらでも早く意見を聞くことができるし、秘密も意のままに保てる。しかるに、主権をそなえた合議体が助言を必要とする場合、発言を許されるのは当初からそのような権利を与えられた人々だけである。その大半を占めるのは、知識よりも富の獲得に精通している連中である。彼らは長い議論の末に助言する。そうした助言は人々を行動に駆りたてるかもしれない。実際、駆りたてるのが普通であり、人々を抑制しはしない。なぜか。人間の理解力は情念の炎に照らされると、輝きを増すどころか逆にかすんでしまうからである。また、合議体は大勢の人間によって構成されているので、いかなる場所でも、いかなる時にも、助言を密かに受け取ることはできない。

第三に君主の決断は、人間の本性に由来する揺らぎを別とすれば、揺らぎを寄せつけない。しかし合議体の場合、人間の本性に由来する揺らぎと並んで、数による揺らぎが生じる。なぜか。ひと度決断を下したらそれを貫徹する少数の者が（油断や怠慢のために、あるいは個人的な差し障りのために）欠席したり、あるいは、反対意見に与《くみ》する少数の者が登院に精を出したりすれば、きのう決まったことも今日《きょう》になれば、ことごとく覆《くつがえ》されるからである。

第四に、君主が羨望や利益に惑わされて自分自身に異を唱えるという事態はあり得ないが、合議体では内部対立があり得るし、それは内戦を招くほど熾烈化《しれつか》するかもしれない。

第五。君主制においては、ある不都合がつきまとう。すなわち、一人の人間が寵臣や追従者を富ませる目的でおのれの権力を濫用し、ある臣民からその所有物をことごとく取り上げるかもしれない、ということである。これは重大な、しかも避けがたい不都合である。それは認めざるを得ない。しかし同じことは、最高権力が合議体の手中にある場合にも起こり得る。それは以下のことを考えてみれば分かる。合議体の権力も同じ権力であり、合議体も、君主が追従者によってされるのと同じように、ともすれば邪《よこしま》な助言に踊らされたり、雄弁家にそそのかされたりする。しかも、合議体の構成員は互いに相手の追従者となり、相手の私欲と野心のために代わるがわる奉仕し合う。また、君主であれば限られた者にしか寵愛を与えないし、自分の親族以外には引き立てるべき者を持たないが、合議体の場合は特別扱いを要する相手が大勢いる。また、合議体の構成員につらなる親族の数は、いかなる君主のそれより格段に多い。それればかりではない。君主の寵臣であれば敵を討つことも味方を救うこともできるが、雄弁家（すなわち、主権を持った合議体から贔屓《ひいき》にされる者）は、人を傷つける強大な力だけは持っているものの、守るための力はわずかしかそなえていない。なぜそのように言えるのか。非難するときは、弁明するときほどの雄弁さは必要ないからである（それは人の常である）。そして、赦免するよりも断罪するほうが、正義に似ているように見えるからである。

第六。君主制にともなう不都合は他の点にもある。それは、年端《としは》も行かぬ者、あるいは善悪の区別のできぬ者が主権を継承する可能性があるということだ。そうなった場合は、権力の行使は他の人物または合議体の手中にゆだねなければならない。そして、その人物ないし合議体は君主の権利にもとづき、君主に代わって、しかも君主の人格と権威を管理、保護する者として、統治をおこなうことになる。これに対しては反論があるかもしれない。最高権力の行使をだれか個人または合議体の手中に一々ゆだねると不都合が生じる、と。だがそれは、「あらゆる統治は混乱と内戦以上に不都合だ」と言っているようなものだ。そうだとすると、もっともらしく指摘される危険はいずれも、名誉や利益の大きい官職を求める人々がしのぎを削ることから生じているのに違いない。

そうした不都合は、私たちが君主制と呼ぶ統治形態に起因して発生するわけではない。それを明らかにするには、次の点を考えてみればよい。すなわち、先代の君主が、自分の幼い後継者の傅育《ふいく》係としてだれかをあらかじめ指名していたとしよう。指名は、遺言によって明示的に示すこともできるし、暗黙のうちに（すなわち、そうした場合に従うことになっている慣習に、黙って服することによって）示すこともできる。いずれにせよ、そうした場合に右に述べた不都合がもし発生するとすれば、その責めは君主制にではなく、臣民の野心や不正義に帰せられるべきである。それは、人民がおのれの義務と主権側の権利をしっかり教え込まれていないあらゆる国の常《つね》であり、統治形態とは無関係である。

あるいは、先代の君主が傅育係について何の命令も下していなかったとしよう。その場合、自然法が次のような有用な決まりを用意してくれている。それはこうだ。「利害関係上、幼君の権威を保つことに最大の利益を見出す者、あるいは幼君の死や威信の低下から最少の便益しか得られない者を、傅育者に充《あ》てるべし」。なぜか。自分自身の利益と出世を求めるのが人の本性だからである。それを念頭に置くなら、幼君を亡き者にしたり傷つけたりすることによって出世する可能性のある人々は、不適格ということになる。幼君をそのような人々にゆだねることは、傅育ではなくて背信である。このような次第で、幼君を戴く統治をめぐるあらゆる合法的な争いに対して事前の備えが十分できていたとすれば、何らかの闘いが起こって公共の平和を攪乱するような事態になったとしても、それは君主制という統治形態のせいではない。臣民がおのれの義務をわきまえず野心を抱くからこそ、そのような事態が生じるのである。

一方、大国の場合、主権を握った大規模な議会は必ず、和戦や法案をめぐって審議をおこなう段になると、あたかも統治を子ども任せにしているかのような状態に陥る。それは、こういうことだ。子どもは与えられた助言に異議を唱えるだけの判断力を欠き、したがって、自分の世話をしてくれる人の助言を容れざるを得ない。それと同じように議会は、多数派が助言してくると（それが適切なものであろうとなかろうと）異議を唱える自由を欠いている。

子どもはまた、人格と権威を保つには傅育者または後見人を必要とするが、（大国の場合）それと同じように、主権をそなえた議会は重大な危険や紛争に直面すると、クストデス・リベルタティス（自由を守る後見人）を必要とする。それは、独裁官であったり、議会の権威を守る護民官であったりする。これらの役職者は一時的な君主にほぼ等しい。議会はある期間彼らに権力の行使をゆだねるが、（委任期間が満了するとき）往々にしてそれを奪われる。そのような事態は、幼君が後見人や摂政、あるいはその他の傅育係によって権力を奪われる事態以上に、頻繁に起こる。

右に示したとおり、主権の在り方には三種類しかない。すなわち、第一に、一個の人間が主権を握っている君主制。第二に、臣民から成る普通議会が主権を握っている民主制。第三に、指名か、あるいはその他の方法で他から区別された特定の人々から成る合議体が主権を握っている場合。これは貴族制である。

このように主権の在り方は三種類しかないのに、それでもなお過去の、あるいは現存の特定の国家を考察する者は、なかなか国家を三種類に還元しようとはしない。そして、その三種類の要素が混ざった亜種があるかのように考えがちである。たとえば、国王が主権者としての権力を一時的に手中に収める選挙王国や、国王が制限された権力しか持たない王国がそれである。大抵の著述家はこのような統治形態を王制と呼んでいる。それと同じように、一般民衆が主権を持っている国、または貴族が主権を持っている国が敵国を制圧し、総督や代官、その他の為政者を通じてその地を統治したとしよう。それは一見したところ、民主制または貴族制のように見えるかもしれない。しかし以上のような見方は、次の点に照らせば正しくないということが分かる。まず、選挙による国王は主権者の代理人にすぎず、主権者ではない。また、制限された国王も主権者ではない。主権的権力を握っている人々の代理人にすぎない。他国の民主制または貴族制に服属している諸邦は、民主制または貴族制にではなく、君主制にもとづいて統治されている。

第一に、選挙王について言うと、その権力は、今日《こんにち》あちこちのキリスト教国で見られるように一代限りか、あるいは、古代ローマにおける独裁官の権力のように年単位か月単位で期限を設けられている。仮に王が後継者を指名する権限を持っているとすれば、それはもはや選挙王ではなく、世襲制の王ということになる。しかし、王が後継者を選ぶ権能を持たされていないのであれば話は違ってくる。すなわち、公認の人物または合議体が決められていて、王の死後に新しい王を選ぶことになる。さもないと、国家は王とともに死滅、崩壊し、元の戦争状態に復してしまう。仮に、王の死後、統治権をさずける権能をだれが持つことになるのかあらかじめ認められているのであれば、その統治権が元々それら任免権者のものだということも、やはり認められているのである。それはそうだろう。所有権や保有権がないものを、さずける権利などだれにもあるはずがない。しかし、最初に選挙で選ばれた王の死後だれも主権をさずける立場にないというのであれば、王には後継者を定めておく権利がある。いや、正確には、自然法によってそうすることを義務づけられていると言うべきである。それは、王に信頼を寄せて統治をゆだねた人々が内戦という悲惨な状況に逆戻りするのを防ぐためである。したがって王は、選挙によって選ばれた時点ですでに絶対的な主権者だったのである。

第二に、権力を制限されている王は、王の権力を制限する一人または複数の人間に対しては優位に立っていない。優位に立っていなければ最高位にも立っていないのであり、すなわち主権者ではないということになる。こうして分かるのは、王を掣肘《せいちゅう》する権利を持った議会こそが一貫して主権を握っていたのだ、ということである。したがってこの統治形態は君主制ではなく、民主制か貴族制である。古代のスパルタはその一例である。スパルタの王には軍隊を率いる権限があったが、主権は、エフォロイと呼ばれる五人の監督官が握っていた。

第三に、古代ローマ人はかつて（たとえば）ユダヤの土地を、総督を介して治めていたが、だからといってユダヤが民主制だったということにはならない。なぜなら、ユダヤ人であればだれでも代議員になる権利を持つ議会によって、統治されてはいなかったからだ。また、貴族制がおこなわれていたとも言えない。なぜなら、抜擢《ばってき》されればだれでも代議員になれる議会によって、統治されてはいなかったからだ。しかるに、ユダヤの民は一つの人格によって治められていたのである。それは、ローマ人にとっては人民の合議体であり、すなわち民主制であった。しかし、ユダヤの民にしてみれば、統治に参加する権利はいささかも持っていなかったのだから、その統治者は君主だったのである。だめ押しするなら、こういうことである。確かに、人民が、自分たちの中から選んだ合議体によって統治されているのであれば、それは民主制または貴族制と呼ばれる。しかし、自分たちが選んだのではない合議体によって統治されているのであれば、それは君主制である。ただしそれは、一個の人物がほかの人間を支配するのではなく、一個の人民が他の人民を支配するのである。

〈継承権について〉 以上のいずれの統治形態についても、その構成要素の寿命には限りがある。そうである以上、君主のみならず議会全体の寿命もいずれ尽きる。したがって人々の平和を維持するためには、これまで人造人間に擬せられるような仕組みがあったのに加えて、人工の不老不死とも言うべき仕組みも整備しないといけない。それがないと、議会によって統治されている人々は、任期満了のたびに戦争状態に逆戻りせざるを得ない。一個の人間によって統治されている場合でも、統治者が没するとたちまち同じ目に遭う。［そうした事態を未然に防ぐための］こうした人工の不老不死は、人々が継承権と称するものにほかならない。

現在の主権者が主権の継承を処理する立場にないとすれば、その統治形態は完璧なものとはならない。それは次のような理屈による。もし継承の処理を握っているのが特定の人物や私的な合議体であるとすれば、それは主権者に従属する人格にゆだねられているのにほかならない。ということは、主権者はいつでもそれを自分の思いのままに取り上げることができるということだ。したがって、後継者を決める権利は当の主権者自身が握っていることになる。一方、継承が特定の人物にではなくて新たな選択にゆだねられているとすれば、［後継争いのために］国家は解体する。そして継承の権利は、それを獲得した者の手中に収まる。このような事態は、一時的な安全保障ではなくて永続的な安全保障を求めて国家を樹立した人々の意志に反する。

民主制の場合、統治されるべき大衆が存在する限り、議会が全体として消滅するということはあり得ない。したがって、そのような統治形態のもとでは、継承権の問題は発生する余地がない。

貴族制の場合、合議体のメンバーが亡くなると、欠員の補充すなわち選任は、主権者としての合議体に任される。顧問官や高級官僚の選任も、合議体に任される。というのは、代議員が代理者として何かをおこなった場合、それは、臣民一人ひとりが行為の本人としてそれをおこなったことになるからだ。主権者としての合議体は、後任を選ぶ権利を他の人々に託すことがあるかもしれないが、そのような場合の選任「すなわち欠員の補充」も依然として、合議体の持つ権限に支えられておこなわれる。また、まさにその同じ権限により合議体は、（大衆が望む場合には）選任の結果を取り消すことがある。

〈在位中の君主は継承を裁定する権利を持つ〉 継承権の取り扱いがうまく行かないのは、君主制の場合である。なぜそうなるのか。一見しただけでは後継者を指名する権限がだれにあるのか分からず、また、だれが指名されたのかが分からない場合も少なくないからである。というのは、いずれの場合も、各人が日ごろ使い慣れている推論よりももっと緻密な推論が必要とされるからである。主権者としての権限を有する君主がいる場合、その後継者を指名するのはだれか。言い換えるなら、相続権を裁定するのはだれか（これは的外れな問いではない。選挙によって選ばれる君主を想起されたい。そのような君主は主権を所有しているのではなくて、ただ単に使用しているのに過ぎないからだ）。こうした問いに答えるにあたっては、次のことを念頭に置くべきである。すなわち、現に主権を持っている者に継承の裁定権を持たせない限り、主権は再び烏合《うごう》の衆の手中に帰するということである。それは次のような事情による。主権を所有している者が亡くなると、大衆は、いかなる主権者も存在しない状態に陥る。それは、大衆が結束し何らかの行動を起こすのに必要な代表者を欠いているということである。したがって、大衆は新たな君主を選出することができなくなる。各人はその一方で、「他の人々と」平等な権利を得る。それは、自分を最もよく保護してくれると判断される者に身をゆだねる権利である。また、もし可能であるなら、自分自身の武力によって身を守る権利である。これは、混乱状態の復活であり、万人の万人に対する戦争状態の復活である。仮にこのようなことが起こるなら、それは、君主制を樹立した当初の目的に反する。したがって、君主制が樹立された結果、後継者についての裁定が常に、主権を現に所有している者の判断と意志に任されているのは明らかである。

主権を有する君主が、権力を継承、相続する者としてだれを予定していたのかという(実際に時々発生する)問題については、現君主の口頭での指示や遺言《ゆいごん》、あるいはそれと同等の暗黙の印によって決定される。

〈継承は明示的な言葉によっておこなわれる〉 継承は、主権を所有する君主が口頭での指示や遺言によって宣言する。実際、ローマ帝国初期の何代かの皇帝は口頭または書面で、だれが後継者となるべきかを宣言したものだ。後継者という言葉は、それ自体としては子弟を意味するわけではなく、ある人が何らかの方法によって「わが地位を継承すべき者」として宣した者を指す。したがって、君主が口頭または文書で明示的に「かくかくの者は後継者なり」と宣言すれば、その者に君主の没後ただちに後継の君主となる権利が与えられる。

〈慣習の尊重にもとづく継承もある〉 しかし、遺言もなく、口頭での指示もない場合は、慣習［の尊重］を含む故人の意志の自然な表れに従うべきである。したがって、慣習によって最も血のつながりの濃い肉親が後を継ぐことになっているのであれば、それに該当《がいとう》する者が継承権を持つのである。というのも、主権の所有者がそれと異なることを意図していたのであれば、それを生前明らかにすることはたやすくできたはずだからである。同様にして、最も近い男系の肉親が継承することになっているのであれば、同じ理由によりその者が継承権を握るのである。慣習によって女系が優先されることになっているのであれば、女子に継承権が与えられる。なぜなら、いかなる慣習も言葉によって調整できるのに、あえてそうしないということは、慣習を尊重するという意思の自然な表れだからである。

〈**人情を推定することにもとづく継承もある**〉継承に際して頼るべき慣習も遺言状もない場合は、次のように見立てるべきである。第一に、「君主は、統治形態として君主制の存続を望んでいる」。というのも君主は、本来的にそのような統治形態を是《ぜ》としてきたからである。第二に、「君主にとってだれよりも好ましい後継者は、男女を問わず自分の実子である」。というのも、人間は生来、他人の子よりも自分の子を（そして、実子の中では女子より男子を）贔屓《ひいき》する傾向にあると考えられるからである。なぜ女子より男子なのかというと、男子は生まれつき女子よりも、骨の折れる危険な活動に適しているからである。第三に、「直系の子孫が途絶えている場合、君主にとって他人よりも兄弟が、遠い血族より近い血族が後継者として望ましい」。というのも、血のつながりが濃い者には、常に深い情《じょう》を注がれるからである。また、君主と最も近い血筋という偉大さに恵まれるなら、だれよりも大きな名誉を、いわば「七《なな》光《ひか》り」によって常に与えられることが明らかだからである。

〈他国の国王に王位を継承させても違法ではない〉 しかし、君主が同意書や遺言状によって継承問題を処理することが合法だとしても、人々は、重大な不都合が生じるという理由で反対するかもしれない。なぜなら、そのようなことをすれば統治権が有償または無償で外国人に譲渡されるかもしれないし、そうなれば臣民は抑圧の憂き目を見るかもしれないからである。というのも見知らぬ者は互いに、同じ統治のもとで生活することに慣れていないし、同じ言語を話さないので、一般的に相手を軽んずるからである。臣民が抑圧されるなら、確かに重大な不都合である。だがそれは、必ずしも外国人の統治を戴くことに起因するのではない。むしろ、統治者が政治の真の約束事に無知であるために、統治の手腕を欠いていることに起因するのである。

このような次第で古代ローマ人は、数々の民族を征服するにあたって服従を得やすくするために、被征服民の不満をできるだけ取り除こうとするのが常であった。だから時には被征服民全体に――時には各民族のうち重要な人物に――特権を与えたりローマ人と名乗ることを許したりした。さらには、そのうち少なからぬ者を元老院やローマ市の要職に就けることもあった。イングランド史における最も英明な国王、ジェームズ一世(1)（在位一六〇三～二五年）が、イングランドとスコットランドという二つの領土の統一を図るにあたって企てたのもこれである。これが狙いどおりにできていたら、内乱を防ぐことは十中八九、可能であったろう。だが実際には、両方の王国は目下のところ、内乱のために悲惨な状況に置かれている。

このような次第であるので、君主が意志によって王位の継承を取り計らうからといって、人々の権利が侵害されることはない（ただし、過ちを犯す君主が多いために、そのような王位継承が時として不都合なものになることはあるけれども）。そうしたやり方が合法的であるということに関しては、以下の類比《アナロジー》も論拠となる。すなわち、ある王国を外国人に任せることによって何か不都合が生ずるとすれば、そのような不都合はいずれも、「私人が」外国人と結婚することによって生ずる不都合と同じである。

確かに、外国人と結婚すれば、相続権が外国人に継承されることになるかもしれない。しかし、だからといって国際結婚を違法と見なす者はいるだろうか。そのように見る者は皆無である。

第二十章　父権的支配と専制的支配

〈**獲得にもとづく国家**〉 獲得による国家とは、主権の獲得が力尽くでおこなわれた国家のことである。そのようなやり方で主権の獲得がおこなわれるとどうなるか。人々はおのれの死や身柄の拘束への恐怖から、特定の個人または合議体に生命および自由を握られ、個々に——あるいは多数決によって集団的に——そうした個人または合議体の行動をことごとく是認する。

〈**制定による国家との違いはどこにあるのか**〉 この種の支配ないし主権は、制定による主権とどのように異なるのか。違いは次の一点に尽きる。後者（すなわち制定による主権）の場合、人々は相互に恐れているから主権者を選ぶのであって、主権者として任命する人物を恐れてそうするのではない。それに対して前者（獲得された国家）の場合、人々は、自分たちの恐れている人物に服従するのである。いずれのケースにおいても、人々の動機は恐怖にある。「死または暴力に対する恐怖に駆られて結んだ契約は無効である」と考えている人々は、このことを念頭に置くべきである。仮にそうした考えが正しいとするなら、いかなる国家のいかなる人間も服従の義務を負わない、ということになる。確かに、制定または獲得によってひと度国家が成立すると、死または暴力に対する恐怖に駆られて結んだ約束は、それが法律に違反しているのであれば、契約にはならない。したがって、拘束力を持たない。しかしそれは、約束が恐怖心にもとづいているからではなく、約束した人間が約束した事がらについて「法律に違反しているがゆえに」何の権限も持っていないからである。また、合法的に履行できるにもかかわらず、それをせずに免責されるとすれば、それは契約が無効だからではなく、主権者の裁定によるのである。そうではなく、合法的に約束した場合は常に、約束を破れば違法であるが、主権者（すなわち代理人）が免責したのであれば、その免責は、約束を強いた当の人物が、免責者本人としておこなったことになる。

〈どちらにおいても、主権にそなわる権利に違いはない〉 しかしどちらにおいても、主権にそなわる権利および威力に違いはない。主権者の権利は、当の主権者の同意なしに他人に譲り渡されることはない。剝奪されることもない。主権者はまた、臣民から権利侵害を理由に告発されたり、罰せられたりすることはない。主権者は、安寧秩序にとって必要なものを判断し、［国の］基本方針を定める。主権者は唯一の立法者であり、［国内の］紛争を裁定し、開戦と講和の時機を決定する至高の判定者である。執政官・顧問官・司令官やその他のあらゆる行政官および執行人を選任し、褒賞を与え、処罰を下し、爵位・勲等・官位を叙するのも主権者の役目である。

主権者にはなぜそうした権能がそなわっているのか。その理由は、前の章〈第十九章〉で挙げた理由、すなわち、制定にもとづく主権が同様の権利および重みをそなえているのと同じである。

〈父権的な支配権はいかにして獲得されるか〉支配権を獲得するには二つの方法がある。すなわち、子を儲けることによる場合と、征服による場合である。子を儲けることによる支配権とは、親が自分の子に対して及ぼす支配権を指す。それは父権的な支配権と呼ばれるが、子が生まれたことによって生ずるわけではない。子ができたからといって［自動的に］支配権が得られるわけではない。

〈父権的な支配権が得られるのは、子の誕生によるのではなく、子を儲けた男女が契約を結ぶからである〉父権的な支配権が成立するのは、子が明示的に同意するか、あるいはその他の十分な、公的に定められた意思表示を通じて同意していると解されるからである。

子が生まれただけでは父権的支配が成立しないのは、以下のような次第だからである。男が子を儲けるためには協力者が必要である。神によってそのように定められている以上、子には必ず、対等なふたりの親がいることになる。したがって、子に対する両親《ふたおや》の支配権は互いに対等であるはずだ。だから、子は両者に等しく服従することになる。だが、そのようなことは不可能である。二人の主人に仕えることはできないからである。中には、男のほうが女より優れているとして、子に対する支配権は父親だけのものだと主張する者もあるが、それは間違いである。というのは男女間の腕力や知力の差は、よしんば存在するにせよ、実際に対決することもなく権利を定められるほどの、確たる差であるとは限らないからだ。

国によっては、こうした見解の相違は民法によって解決している。そして大抵の場合（ただし、いつも必ずというわけではないが）、裁定は父親のほうに有利なものとなる。なぜなら、国家というものは大部分、家族のうち母親ではなくて父親の立場にある人々によって樹立されてきたからである。

しかし、今問題となっているのは純然たる自然状態である。そこでは、婚姻に関する法律や子女の教育に関する法律は想定されていない。想定されているのは自然法である。また、男女が相互に、また子どもに対して抱く生来の愛着である。このような純然たる自然状態にあるとき、男女は相互の契約によって子に対する支配権を取り決めるか、あるいはまったく取り決めないかのいずれかである。取り決めが成立すると、今度は同じその契約にもとづいて支配権の引き渡しがおこなわれる。歴史上の話になるが、女だけの部族アマゾネスは、子を儲けるために周辺諸国の男たちとの間で契約を結び、その助けを借りたという。その契約は、男児が生まれれば父親のところに送り返し、女児であれば母親のもとにとどめることを趣旨としており、それによって女児に対する支配権は母親の手に残されるのであった。

〈養育を引き受けることによって得られる父権的支配もある〉何の契約もない場合、支配権は母親のものになる。それは次のような理屈による。純然たる自然状態においては、婚姻法が存在しない。［父親に関する規定がない以上］生まれてきた子の父親がだれなのかは、母親が宣言しない限り分からない。ということは、子どもに対する支配権は母親の意志次第であり、したがって支配権を手にするのは母親ということになる。また、幼子《おさなご》は最初、母親の手中にあり、それを育てるのも遺棄するのも母親の勝手である。そうであるからには、母親に養育してもらうなら子は母親のおかげで生きていることになり、真っ先に母親に従う義務がある。その論理的帰結として、子に対する支配権は母親のものとなる。しかし、子が母親によって遺棄され、だれかに保護され養育されるなら、支配権はその新たな養育者のものとなる。それはそうだろう。守られる者は、守る者に従わねばならないのだから。人は、生命を維持するために他の者に服従するのだから、生殺与奪《せいさつよだつ》の権を握っている人物に服従を誓うのは当然である。

〈そもそも両親の一方が他方の配下にあることから、父権的な支配が生じることもある〉子は、母親が父親の配下にある場合、後者（父親）の権力のもとに置かれる。父親が母親の配下にある場合（たとえば、主権をそなえた女王の配偶者が臣民である場合）、子は母親の配下に置かれる。なぜなら父親も母親の配下にあるからだ。

それぞれの王国の君主である男と女が子を儲け、どちらがその子を支配するかに関して契約を結ぶなら、支配権の行き先はその契約によって決まる。契約を結ばない場合に決め手となるのは、子の住んでいる場所がどちらの支配下にあるか、である。なぜなら、それぞれの主権者の支配は、その国に住む者全員に及ぶからである。

子を支配する者は、子の子どもたち［つまり孫たち］に対して、さらには孫の子どもたちにも支配を及ぼす。なぜか。ある人間の人格を支配するなら、その支配は、被支配者に属するものすべてに及ぶからである（さもなければ支配は名ばかりのものとなり、何の効力も持たないであろう）。

〈継承権は所有権の方式に準拠する〉 父権的支配を継承する権利は、君主国を継承する権利と同じ要領で得られる。それについては前の章で言葉を尽くして論じた。

〈専制的支配はどのようにして達成されるか〉 征服すなわち戦勝によってもたらされる支配もある。一部の文筆家はそれを、専制的《デスポティカル》な支配と称している。デスポティカルという単語はギリシア語のデスポテース（領主ないし主人）に由来し、僕《しもべ》に対する主人の支配を意味する。勝利者がこうした支配を獲得するのはいかなる場合か。征服される側が、迫り来る死の一撃を免れようとするあまり、明白な言葉によって、あるいはその他の意思表示によって「生命と身体の自由さえ許されるなら、それを好きなように使ってもらっても構わない」と約束する場合である。したがって、征服された者が僕婢《サーヴァント》となるのは、このような契約が成立した後であって、それ以前ではない。

それは、次の理屈を考えてみれば分かる。サーヴァントという言葉は――語源的にセルウィレ（仕える）の系統に属すにせよ、セルワレ（救う）の系統に属すにせよ（語源の問題は言語学者の議論に任せよう）――虜囚《りょしゅう》を意味するわけではない。虜囚とは、征服者によって、あるいは征服者から虜囚を買い取った者によって、処遇を決められるまでの間、獄につながれるか、あるいは枷《かせ》をはめられるかしている者のことである。このような人々は（通常、奴隷と呼ばれるが）、何の義務も負わない。それどころか、勝手に枷をはずし牢を破り、所有者を殺害または拉致しても、正当な行為として認められる。これに対してサーヴァントは、囚われの身でありながら身体の自由を許されており、逃亡したり刃向かうことを慎むと約束することによって、所有者から信頼されているのである。

〈**専制的支配は勝利にもとづくのではなく、被征服者の同意にもとづいて成立する**〉したがって、被征服者を支配する権利が得られるのは、勝利したからではなく、当の被征服者が契約に応じるからなのだ。被征服者は、征服された（すなわち打ち負かされて捕まるか、敗走させられた）からといって義務を負うわけではない。勝利者の側にみずから進んで服従するからこそ義務を負うのである。勝利者のほうでは、（生命の約束なしに）敵が投降してきたとき生殺与奪《せいさつよだつ》の権を得たのであり、相手の命を救う義務はない。自分の裁量に従って妥当と判断する以上のことをする義務は生じないのである。

いわゆる助命《クォータ》（ギリシア人の言うゾグリア、すなわち生け捕り）を請《こ》うということは、服従することによって勝利者の当面の殺気をしのぎ、身代金または奉仕と引き換えに猶予を得て、延命を図ることにほかならない。したがって、助命がかなったということは、生命を許されたということではなく、むしろ勝利者が処遇を決めるまでの間、生命［の保障］を先延ばしされたということにほかならない。それはそうだろう、命を助けてもらうという条件で屈したのではなく、生殺与奪の権をゆだねたのだから。勝利者から信頼され身体の自由を与えられてようやく被征服者の生命は保障され、［その見返りとして］勝利者への奉仕が義務となる。くどいようだが、獄につながれて、あるいは枷《かせ》をはめられて働く奴隷は、義務としてそのようなことをしているのではない。現場監督に酷《ひど》い目に遭わされるのを避けようとしてそうしているのである。

僕婢《サーヴァント》の所有するものは、すべてその主人の所有に帰する。だから主人は、僕婢の家財・労働・僕婢・子女について、自分の都合次第で「利用させろ」と強要できる。

なぜなら、僕婢は服従を約することによって――言い換えるなら、「主人の行為はすなわち私の行為である」と認め、そこに正当性を与えるのと引き換えに――生命を保つからである。したがって、服従を拒否し、不服従のかどで殺されるか牢につながれるか、あるいはその他の罰を受けた場合、当の僕婢は刑の執行者本人であるので、権利侵害を理由に主人を訴えることはできない。

以上を要約すると、父権的支配および専制的支配の権利と論理的帰結は、制定による主権者のそれとまったく同じということになる。その理由は、前章で説明済みである。一個の人物が複数の国の君主を兼ねていて、ある国では合議によって制定された主権を有するのに対して、別の国では征服によって――すなわち、命を惜しみ身柄の拘束を恐れる人々を服属させることによって――主権を得ているとしよう。そして、一方の国民に対しては征服の名のもとに、言い換えるなら征服された国民だからという理由で他方より多くのものを要求するとしたらどうか。それは主権者の権利の何たるかをわきまえない行為である。なぜなら、主権者はいずれの側にとっても等しく絶対的なものだからである。さもなければ、主権はそもそも存在しないことになる。そして、各人が（もし可能なら）自分の剣でわが身を守るなどということが、合法的ということになる。これは戦争状態にほかならない。

〈家族と王国の差異〉以上のことに照らせば、大規模な家族はそれ自体（何らかの国家の一部を構成していないと仮定すれば）、主権者の権利に関しては、小規模な君主国であるかのように見える。もちろん家族構成はさまざまである。「一人の男＋子供たち」という組み合わせもあれば、「一人の男＋僕婢」という組み合わせもある。あるいは、「一人の男＋子供たち＋僕婢」という組み合わせもある。だが、いずれにしても父親ないし家長は、主権者なのである。

しかし、そうであるにもかかわらず家族は本来的には国家ではない（もっとも、構成員の数が非常に多いなどの有利な条件ゆえに実力をそなえ、征服をもくろむ外敵に戦争の危険を覚悟させることができるのなら話は別であるが）。なぜそう言えるのか。一体となって自衛しようにも明らかに人手が足りないので、危急の秋《とき》を迎えればだれしも理性を働かせ、逃亡するなり投降するなり最善と思われる方法で自分の命を守ろうとするからである。それはちょうど、一握りの兵卒がどこかの軍団に急襲されると、敵の刃にかかって命を落とすよりも武器を捨てて命乞いするか、逃げ出すかするのと同じことである。

国家を樹立し、保護してもらうのに十分な権力を君主または合議体に付託し、その支配下に入る——。そうしたことをおこなうにあたっての、人間の本性・必要・企図はいかなるものか。それを踏まえつつ私が思索し演繹によって主権者の権利について見出した事がらに関しては、これだけ言葉を尽くせば十分であろう。

〈**聖書から導かれる君主制の権利**〉次に、まさにこの点について聖書がどのように教えているか、検討しよう。モーセに向かってイスラエルの子孫は言う。「汝われらに語れ。われらは聴かん。されど、神のわれらに語り給うことあらざらしめよ。さもなくば、われらは死なん」(「出エジプト記」二〇・一九)。これはモーセに対する絶対的服従である。

国王の権利に関する神自身の見解はどうか。神はサムエルの口を借りて次のように言う。「汝らを治むる王の権能はかくのごとし。汝らの息子を徴用し、あるいは戦車兵《チャリオット》、騎兵となし、あるいは王の戦車の前駆《さきがけ》となさん。また、作物を刈らしめ、武器と戦車の用具を造らせん。また、汝らの女子《むすめ》を駆り出し、香料作り、料理女、パン焼き女となさん。また、汝らの田畝《たはた》とぶどう畑とオリーブ畑を召し上げ、王の家臣に与えん。また、汝らの穀物とぶどうの十分の一を召し上げ、王の官吏と家臣に与えん。汝らの僕婢と優れた若者を徴用し働かせん。また、汝らの羊の十分の一を徴収せん。かくして汝らは王の下僕とならん」（「サムエル記・上」八・一一、一二ほか）。これは絶対的な権力であって、その要諦は最後の「汝らは王の下僕とならん」という文言に示されている。

また、人民は、国王がいかなる権力を持つことになるのかを知らされたとき、それに同意し、次のように述べている。「われらも他の国々の如くありたし。われらが願いは、王が裁きをおこない、みずから陣頭指揮することなり」（同上八・一九）。ここには、主権者が軍事と司法全般の両方に関して有する権力が確認されている。そこに含まれるのは絶対的な権力である。「絶対的な」とは、各人が移譲できる限りの権力を移譲しているという意味である。

また、ソロモン王は神に、次のように祈っている。「汝の僕《しもべ》に知恵をさずけよ。汝の民を裁き、善悪をわきまえるためなり」（「列王記・上」三・九）。人を裁き善悪を見定めるための規範（すなわち法律）は主権者に属する。そして、主権者には立法権がそなわっているということになる。

ダヴィデは主君サウルに命を狙われていた。サウルを討つための力を得たとき、下僕どもが事を起こそうとするのを、ダヴィデは制止した。「主《しゅ》が聖油を注がれたわが君を相手に、かくなる挙に出よと言うのか。主はそのようなことをお許しにならぬ」(「サムエル記・上」二四・六)。

下僕の服従について聖パウロは次のように言う。「僕《しもべ》たる者よ、すべての事みな主人に従え」(「コロサイ人への手紙」三・二二)。また、「子たる者よ。すべての事みな両親に従え」(同三・二〇)。父権的ないし専制的な支配のもとに置かれている者にあっては、単純な服従がおこなわれる。

また、「律法学者とパリサイ人はモーセの座にあり。されば、すべてその命ずるところは、守りておこなえ」(「マタイによる福音書」二三・二、三)。ここにもまた、単純な服従がある。

また、聖パウロは言う。「人々に、支配者と権威者に服し従うべきことを思い出させよ」(「テトスへの手紙」三・一)。これもまた単純な服従である。

最後に、ほかならぬ私たちの救世主イエスは、君主によって課された租税を納める義務があると認め、「皇帝のものは皇帝に返せ」(「マタイによる福音書」二二・二一)と述べ、自分でもそのような税を支払った。君主の命令は、必要があればいかなる臣民から何を召し上げるにも十分である。そして、その必要の有無を判断するのは君主である――。これが、イエスの認めるところである。実際、イエス自身ユダヤ人《びと》の王として、エルサレムまで乗って行くためのロバの親子を徴用するよう弟子たちに命じたことがある。そのときイエスはこう言った。「向かいの村へ行け。つながれたロバの、その仔とともにいるのが見つかる。それを解き、牽《ひ》いてくるがよい。もし見とがめる者あれば、『主《しゅ》のご用です』と答えよ。ロバは放たれよう」（「マタイの福音書」二一・二、三）。「主のご用」は十分な根拠になるのか。また、イエスはそうした必要性の有無を判断する立場にあるのか。イエスの弟子たる者は、それを問うことはしない。主の意志に従うのみである。

右に列挙した箇所に加えて、「創世記」の一節を挙げることもできよう。「汝ら神のごとくなりて善悪を知るに至る」（「創世記」三・五）。また、同じく「創世記」の第三章第一一節にはこうある。「誰《た》が告げたりしや、汝の裸なるを。彼《か》の樹から取りて食うなかれと命じたるに、汝食いたりしや」。これらの箇所を取り上げたのは、善悪に関する識別ないし判断の権限が知恵の木の実という名のもとに禁じられ、アダムの従順さを試すものとなっているからである。悪魔は、その木の実を疾《と》うから美しいと感じていた女の邪念を煽り、説いた。その木の実を味わえば、ふたりは善悪を知り神のようになれる、と。実際に食べたらどうなったか。ふたりは確かに神の役目を負った。それは、善悪を裁定する権限であった。ふたりは、善悪を正しく見分ける新たな能力を獲得したわけではなかった。

ふたりは、木の実を食べた後で自分たちが裸であることを知ったと言われている。しかし聖書のその箇所を、「それまで盲目だったので自分の肌を見たことがなかった」かのように解釈する者はいない。その意味は明白である。すなわち、ふたりはそのとき初めて、裸でいることは（神の思し召しでそのように拵《こしら》えられたのだが）醜いことだと判断し、恥じることによって暗に当の神をとがめた、ということなのだ。それに対して神が「彼《か》の樹から取りて食うなかれと命じたるに」云々《うんぬん》と言っているのは、あたかも、「おまえは私に服従する義務がありながら、私の命令を裁くのか」と言っているかのようである。神が（寓意的にではあるけれども）言わんとしていることは明らかである。命令権者の命令を下の者がなじるとか、いぶかるとかしてはならない、ということである。

〈主権はどこの国家でも絶対的であらねばならぬ〉 以上のような次第で、理性と聖書の両方にもとづいて解釈するなら、次のことは明らかであるように思える。主権者の権力は、君主制のように一個の人間の手中にあろうとも、民主制や貴族制のように合議体の手中にあろうとも、同じように強大であり、人間業で可能と想像される極限にまで達している。このような無制限の権力はあまたの罪悪の発生源になる——そう想像する向きもあろうが、むしろ、そうした権力の欠如から生ずる結果のほうがはるかに悪いのである。というのは、各人が常に隣人とのあいだで戦争をしている状態に置かれるからである。この世の人間の境遇には必ず不都合がつきまとう。だが、いかなる国家においても、臣民が反抗し、国家出現の契機となる契約を破るなどして生ずる不都合ほど深刻な不都合はない。主権があまりにも強大だと考えて主権の縮小を目指すなら、主権を制限することのできる権力、すなわち主権を上回る権力に服属せざるを得なくなる。

これに対する最大の反論は、現実性を衝《つ》く反論である。それは、「そうした権力はいつ、どこで臣民によって承認されたのか」と、問いかけてくる。だが、そのように問われたら、次のように問い返すがよい。「長期にわたって叛乱や内戦を免れている王国は、いつ、どこにあったか」。統治機構の寿命が長く、外国との戦争に負けた場合を別としてその崩壊を経験したことのない国では、臣民は主権に異議を唱えたことがない。

しかし、である。大抵の人は、国家の目的や本質を徹底的に検討したこともないし、理詰めで考察したこともない。そして、そのような事がらについて無知であるために陥った窮状に、日々苦しんでいる。このような人々の、実地体験にとらわれた立論は、根拠薄弱である。

例を挙げて説明しよう。世界中で、砂上に家屋の土台を設けるという慣行が広まっているとしよう。しかし、だからといって「そうあるべきだ」と推断することはできない。国家を樹立し維持する技術は、算術や幾何と同じように確たる原理のうちに見いだされるのであって、(テニスのように)実地体験だけを支えとしているわけではない。貧乏人は、そうした原理を見いだすための時間的な余裕を持たない。時間的余裕がある人々はこれまで好奇心を欠いていたか、あるいは原理発見の方法を知らなかったかのいずれかである。

第二十一章　臣民の自由について

〈自由とは何か〉自由とは（本来的に）、抵抗がない状態を指す。ここで言う抵抗とは、運動を妨げる外部要因のことである。自由は人間のみならず、理性を持たない生物や無生物にも当てはまる。というのも、一定の空間内でしか動けないように縛り付けられるか閉じ込められるかして、その空間が何らかの外的な物体の抵抗によって区切られているとき、私たちはその状態を、外に出る自由がないと称するからだ。したがって、すべての動物について、その動物が壁または鎖によって閉じ込められるか括《くく》り付けられるかしている場合、「自由がないために、外的な障害がなければできたはずの運動ができない」という言い方をするのが常である。また、水が堤防または容器によって封じ込められていて、外の広い空間に広がることができない場合も、同様である。

しかし、物それ自体の構造によって運動が妨げられているとき、通常、自由を欠いているとは言わず、動く力を欠いているという言い方をする。たとえば石が静止しているとき、また、人間が病気で寝付いているときがそれである。

〈自由な状態とはどのようなものか〉 このように本来的な、広く受け入れられた意味での「自由な人」とは、どのような人間か。それは、「自分の力と才知によって実行に移すことのできる事がらに関してであれば、自分の意志の貫徹を妨げられることのない人間」をいう。しかし、自由という言葉を運動の主体以外のものに当てはめると、それは言葉の誤用になってしまう。なぜなら、運動しなければ妨げを受けることもないからである。したがって、たとえば、「道が自由である」と言うときの自由は、道そのものではなくて、止められることなく道を闊歩する人間の自由を意味しているのである。また、「贈与が自由である」と言うときの自由は、贈与そのものではなく贈与する者が、いかなる法律や契約にも縛られることなく贈与をおこなう自由を意味しているのである。同様に、私たちが自由に話すときの自由は、声や発音の自由ではない。それは、いかなる法にも縛られず、自分の話したい通りに話す人間の自由である。最後に、自由意志という言葉を取り上げよう。その使い方から抽出される自由は、意志・願望・志向の自由ではなく人間の自由である。その眼目は、自己の意志・願望・志向にもとづく行動をとるにあたって他からの制約を受けない、というところにある。

〈恐怖感と自由は両立する〉恐怖感と自由は両立する。たとえば、船が沈没するのではないかと恐れるあまり、積み荷を海中に投棄する者は、いたって自発的にそうするのである。したがって、その気になれば投棄を拒否することもできる。したがってそれは、自由な人間の行動と言える。それと同様に、延滞を理由に投獄されることを恐れ、借金を返済するケースがある。これは、だれも無理やり返済させようとしたわけではないから、自由な人間の行動である。

一般的に、国法に対する畏《おそ》れを動機とするあらゆる行為について言えることだが、人間には、そのような行為をしない自由がある。

〈自由と必然は両立する〉自由と必然性は矛盾しない。水は自由に水路を下ると同時に、水路を下る必然性もある。人間が自発的におこなう行為もそれと同じである。人間の行為は、意志に端を発する以上、人間の自由を淵源とする。だがそうは言っても、人間の意図的な行為や、さらには個々の欲求や意向は、やはり何らかの原因に端を発する。そして、その原因も、別の原因から生ずるのであり、連鎖はどこまでも続く。

連鎖の最初の環は、万物の創造主である神の手中にある。したがって、それぞれの原因は必然を淵源としているのである。

このような次第で、原因相互の連鎖を「根源まで」見通せる者にとっては、あらゆる人間の自発的行為が必然的であることは自明のことに見えるだろう。したがって、万物を見通し万物を差配する神には、次のことが見えている。すなわち、人間がしたいことをする自由には必ず、神の求めを果たすという必然性がともなっており、それ以上でも以下でもないということだ。というのも人間は、(神が命じていないこと、したがって神が企てていないことを多々おこなうとはいえ)神の意志によって持たされた欲求以外には、いかなる対象に対しても欲求や欲望を持つことはないからだ。仮に、神の意志が人間の意志の必然性を、したがって人間の意志に左右されるあらゆるものの必然性を、必ずしも保証しないとしよう。そうだとすると人間の自由は、神が全能で自由であることと対立し、その妨げになってしまう。

自然状態における自由については、ここまで述べれば、当面の問題に関する限り十分であろう。ちなみに本来、自由と呼ばれるのにふさわしいのは、自然状態における自由だけである。

〈人工の紐帯《ちゅうたい》、すなわち契約〉　しかし人々は、平和を実現し自己保存を図る目的で、国家と呼ばれる人造人間を作り出し、しかも法律と呼ばれる人工的な紐帯を編み出した。そして人々はみずから、相互の契約によって、その紐帯の一方の先端を、主権の移譲先である個人または合議体の口唇に結びつけ、他方の先端を自分たちの耳朶に結びつけた。この紐帯は本質的にすこぶる弱いが、それにもかかわらず耐久性を持たせることはできる。それは、切断の困難さによるのではなく、危険性ゆえである。

〈臣民の自由は、契約にもとづく自由に帰着する〉　このような紐帯に関連して、差し当たりここでは臣民の自由について述べるにとどめよう。というのも、人々の言動を網羅的に規制するのに十分な決まりを設けている国は、世界のどこにも存在しないからだ。そもそも、そのようなことは不可能である。このことから必然的に次の結論が導かれる。すなわち、いかなる種類の行為であろうとも、それが法律によって不問に付されている限り人間は、理性の勧めに従って自分にとって最も有益なことをおこなう自由をそなえている――。人間の自由が、法律によって不問に付されている行為に限定されるのはなぜか。それは、次の理屈を考えれば明らかである。仮に自由を本来の意味でとらえ、身体の自由、すなわち手かせ足かせからの自由あるいは牢獄からの自由と解するなら、すでに享受している自由のためにかくもかまびすしく騒ぎ立てていることになり、それはまったく道理に合わない。また、仮に自由を、「法の適用を免除されること」と解するなら、自分の生命が他のすべての人々によって恣意的に支配される事態をかくも一途《いちず》に要求していることになり、これまた道理に合わない。もっとも、これと同じほど不合理なことは他にもある。それは、「一個の人間または複数の人間の手中に武力がない限り、法は人々を守る力を持たない」という事実をわきまえずに、それらの法を執行せよと要求することである。このような次第で臣民の自由は、主権者が臣民の行動を規制するにあたって不問に付する事がらに限られるのである。それに当てはまるものとしてはたとえば、売買の自由、その他の相互契約の自由、住居・食事・生業を選択する自由、自分たちが適当と判断するやり方で子弟を教育する自由などが挙げられる。

〈臣民の自由は、主権者の無制限の権力と両立する〉とはいえ、そのような自由は主権者の、生殺与奪の権を廃止したり規制したりするものだと解するべきではない。これはすでに述べたことだが、主権を持つ代表者が臣民に対してやってのける事がらを、いかなる口実を設けるにせよ不正とか加害行為と呼ぶことはできない。なぜなら主権者のいずれの行為も、臣民一人ひとりが発案したものだからである。したがって、主権者はいかなる事がらについても、それをやってのける権利に不自由しない（ただし、主権者自身も神の僕《しもべ》であり、したがって自然法を遵守《じゅんしゅ》することを義務づけられてはいるけれども）。したがって、国家にあっては、臣民と主権が互いに相手側に対して非がないのに、臣民が主権の命ずるところに従って死に追い込まれるというケースはあり得るし、それは実際、頻繁に生じている。一例を挙げよう。イスラエルの士師エフタは、［おのれの誓願に縛られて］自分の娘を犠牲《いけにえ》にするという結果を招いた。このような状況において（あるいはこれと似たような状況において）エフタの娘と同じようにして死ぬ者には、［それに先だって］ある行為をおこなう自由があり、その行為のために死に追い込まれたからといって権利の侵害をこうむったことにはならない。

以上のことは、主権をそなえる諸侯が罪のない臣下を死に至らしめるケースについても当てはまる。確かにそうした行為は、ダヴィデによるウリア殺害がそうであったように、正義に反するので自然法を犯しているかもしれないが、それは神に対する加害行為であって、ウリアに対する加害行為ではない。というのも、ダヴィデは自分の好むことをおこなう権利を、他ならぬウリア自身から与えられているからである。一方、同じことが神に対しては加害行為となるのは、ダヴィデが神の僕《しもべ》であり、あらゆる不正が自然法によって禁じられているからである。ダヴィデ自身、自分の仕業を後悔したとき、この区別をはっきり認め、次のように述べた。「主《しゅ》よ、私が罪を犯した相手はあなただけです」。

同様にアテナイの市民は、アテナイの最有力者を向こう十年の予定で国外追放したとき、自分たちが不正をおこなっているとは考えもしなかった。しかも彼らが問題にしたのは、その最有力者がこれまでにいかなる罪を犯したのかではなく、将来いかなる害を及ぼすのかということであった。もっと言うと彼らが命じたのは、自分たちの知らない人物を追放することだったのである。各市民は、追放すべきであると考える人物の名を記した貝殻を市場に持ち込み、実際には非を暴くこともなく追放処分を決めた。追放された者の中には、アリスティデス(1)のような人物もいれば、ヒュペルボルス(2)のような低俗な道化師もいた。前者は廉直の士としての名声が仇《あだ》となって追放され、後者は、物笑いの種にするために追放されたのであった。それでも次のような言い方はできない。「アテナイの主権者たちは、アリスティデスらを追放する権利を欠いていた」。「アテナイ人は、冗談半分の態度をとる自由、正しい姿勢を貫く自由を欠いていた」。〈文筆家が賞賛する自由は、主権者の自由であって私人の自由ではない〉自由は、古代ギリシア人やローマ人の史書や哲学書において、また、それらの書物から政治に関する知見を得た人々の著書や談話において、幾度となく、敬意をもって取り上げられている。だがそれは、個々人の自由ではなくて国家の自由である。すなわち、法律も国家も存在しないときに各人が手にする自由と同じである。派生する結果についても同じことが当てはまる。

その論拠はこうだ。共通の主人を持たない人々のあいだでは、隣人相互の戦争状態が絶え間なく続く。そこには、息子に伝えるべき、また父親に期待すべき相続権は存在しない。動産および不動産については、所有権もないし、安全を確保する手段もない。あるのは個々人の完全かつ絶対的な自由だけである。それと同様に、相互に依存していない国家群のあいだでは、（各人ではなく）各国家が、自国の利益にとって最も役立つと判断すること（すなわち、国家を代表する個人または合議体がそのように判断すること）をおこなう絶対的自由をそなえているのだ。

しかし同時に、それらの国家は絶えざる戦争状態のもとを生き延びているのであり、いつ何時《なんどき》実戦状態に陥るか分からない。だから国境を武力で固め、火砲を据えつけて周辺諸国に睨みを利かせているのである。アテナイ人やローマ人は自由であった。すなわち、自由な国であった。だがそれは、個々人がおのれの代表者に反抗する自由をそなえていたということではない。代表者が他国民に対し抵抗、侵略を企てる自由をそなえていた、という意味なのである。今日《こんにち》でもルーカ市(3)の櫓《やぐら》には、自由《リベルタス》という言葉が大書《たいしょ》されている。だからといって、ルーカの個々の市民がコンスタンチノープルの市民と比べて自由だったとか、国家に対する奉仕義務を免除されていたとか推論することはできない。君主制であろうと民主制であろうと、国内の自由はいずれも同じである。

だが人間は、自由というもっともらしい言葉にたやすく欺《あざむ》かれる。そして、違いを見分ける力を欠いていることから、国の独占的権利を個人の相続権ないし生得の権利と勘違いしてしまうのである。こうした誤解が、この問題に関する著作によって名声を博している人々の権威によって裏づけられると、往々にして騒乱が起こり、政体の変更を余儀なくされる。それは何ら不思議なことではない。

西洋に住んでいるだけに、私たちは国家の樹立および権利に関する学説を、知らず知らずのうちにアリストテレスやキケロ[4]、その他のギリシア、ローマの学者たちから受け入れている。民主制の国で生活を営むそれらギリシア、ローマの学者たちは、国家の権利を自然の原理から導くのではなく、自分たち自身の住んでいる民主制の国の慣行から導き出して著書にまとめた。それはちょうど、文法学者が言語の規則を、その時代の言葉の慣用にもとづいて記述するのと同じである。また、ホメロスやウェルギリウス[5]の作品をもとにして詩の規則を記述するのと同じである。

そしてアテナイ人は、「お前たちは自由人であるが、君主制のもとで生きる者は全員奴隷なのだ」と、教えられていた（それは、政体の変更を望む気持ちを萎《な》えさせるためである）。このような次第でアリストテレスは、その著書『政治学』の第六巻第二章において次のように述べている。「民主制の下では自由を前提とすべきである。他のいかなる政体においても人間は自由ではないと、一般に考えられているのだから」。アリストテレスの場合と同じパターンになるが、キケロやその他の文筆家は政治理論を築くにあたって、君主制を嫌悪するように教えられたローマ人の学説を基礎に据えた。そうした教えを最初にローマ人に吹き込んだのは、ローマの主権者を放逐し主権を仲間内で分かち合った連中であり、後にはその後継者たちであった。そして、このようなギリシア、ローマの文筆家の著作を読むことにより、人々は子どもの頃から、ある習慣を身に付けた。それは、〈自由という見せかけのもと〉騒擾《そうじょう》を好み、自分たちの主権者の行動に恣意的に掣肘《せいちゅう》を加え、さらに今度は、そのような挙に出た者をおびただしい血で制圧するという習慣である。西ヨーロッパでは、ギリシア、ローマの学問を購《あがな》うためにはなはだしい犠牲を払った。これほど高い買い物は世界にも類例がない。間違いなくそう断言できると思う。

〈臣民の自由はどのように見積もるべきか〉 さて次に、〈臣民の正真正銘の自由を細かく論じよう。すなわち、主権者に命じられた事がらのうち、実行を拒んでも不正にならない事がらはどのようなものかを明らかにしよう。そのためには、以下の事がらを検討しなければならない。私たちは国家を樹立するとき、いかなる権利を譲渡するのか。また、それと同じことだが、私たちは、主権の譲渡先である個人または合議体のすべての行動を（一切例外なく）自己のものとして認めることによって、いかなる自由をあきらめたことになるのか——。こうした事がらを検討する必要があるのはなぜか。私たちの主権の譲渡という行為には義務と自由の両方が含まれており、この二つの事がらについては、主権の譲渡という行為から導き出される論拠をもとに推論しなければならないからだ。念のために言っておくが、人間はみな、生まれつき等しく平等である以上、自分自身の行為から発生したのではない義務を負わされることはない。

そして、そのような論拠を成り立たせるものは二つしかない。一つは明示的な言葉である。たとえば、「私は主権者の行為をすべて正当であると認める」のような言葉がそれである。もう一つは、みずからを主権者の権力に服従させる意志である（これは、服従の目的に照らして判断される）。したがって臣民の義務と自由は、そうした言葉（または、それに相当するもの）か、そうでなければ主権を制定した際の目的から導き出さなければならない。主権制定の目的とは、臣民相互の平和を保ち、共通の敵から身を守ることにある。

〈臣民は、合法的な加害者を相手にする場合でも身を守る自由を持っている〉以上述べたことに加えて、制定にもとづく主権が構成員相互の契約によって成り立っていること、また、獲得にもとづく主権が勝者に対する敗者の契約、あるいは親に対する子の契約によって成り立っていることを考え合わせてみよう。そうすれば第一に、次のことが明らかになる。すなわち、事がらによっては契約を盾に取ったとしても権利を譲渡することはできないのであり、その種のすべての事がらにおいて、各臣民は自由を有する。すでに第十四章で示したが、自分自身の身体を守らないという契約は無効である。

〈臣民は自傷行為を強制されない〉そこから次のことが導き出される。主権者から自殺を命じられたとしよう。あるいは、おのれの身体を傷つけ障害を負えと命じられたとしよう。あるいは、攻撃してくる者に対して抵抗を差し控えろとか、食糧・空気・医薬品など生きていくのに必要不可欠なものをあきらめろとか命じられたとしよう。その場合、罪に問われるだけのことを犯した者であっても、そのような命令には従わない自由を有するのである。

また、自分の犯した罪について、主権者すなわち官憲によって取り調べを受ける場合、（赦免される保証なしに）自白する義務はない。なぜか。何人《なんぴと》も（同じく第十四章においてすでに指摘したとおり）、契約に縛られて自分自身を告訴する義務を負うということはあり得ないからである。

繰り返しになるが、主権に対する臣民の同意は次の言葉によって言い尽くされている。「私は主権者のすべての行為を正当と認め、それを自分のものとして受け止める」。このような言い方をしたからといって、本人が前からそなえている自然な自由を狭めることにはならない。言い換えるなら、主権者によって殺される事態を認めるからといって、主権者から自殺を命じられたときに自殺する義務はないということだ。「お望みとあらば、わが命を、あるいはわが仲間の命を奪い給え」と言うのと、「私はみずからの命を、あるいは仲間の命を絶とう」と言うのとは別のことである。ここから次のことが導き出される。

何人《なんぴと》も、言葉そのものによって自分自身または他人を殺すよう義務づけられることはない。したがって、主権者から何らかの危険な、あるいは不名誉な役目を遂行するよう命令されたときに負う可能性のある義務は、服従するとの言葉によって決まるのではない。決め手となるのはその役目が何を狙いとしているのかということである。それは、服従の究極的な目的に照らして了解される。したがって、仮に服従を拒否することによって主権設定の目的が阻まれるのであれば、拒否する自由はない。そうでなければ、拒否する自由はある。

〈臣民は自発的に同意しない限り出征を強制されることはない〉　一兵卒として敵と戦えと命令されながら、それを拒むとする。主権者の側には、命令を拒否した者を、死刑をもって処罰するための十分な権限がある。にもかかわらず、そのような拒否が不正に当たらないケースは珍しくない。右に述べたことが根拠となるからだ。たとえば、能力のある兵士に身代わりになってもらう場合がそれである。この場合は、国家に奉仕する義務を放棄したことにはならない。また、生来のひよわさについても斟酌《しんしゃく》が必要であるが、その際、（出征のような危険な義務に耐えられない）女性はもちろんのこと、女性並みに柔弱《にゅうじゃく》な男もそうした斟酌の対象とすべきである。

敵味方のあいだで戦闘が始まるといずれかの側に、あるいは双方の側に、脱走兵が出てくる。しかし、背信のためではなく臆病風に吹かれて脱走するのであれば、それは不正ではなく、不名誉な行為と見なすべきであろう。同じ理由により、戦闘を忌避《きひ》することは不正ではない。胆力に欠けているだけである。しかし、事前に兵士として登録しているか、あるいは前払いの支度金を受け取っている場合は、生まれつき柔弱であるなどと遁辞《とんじ》を弄《ろう》することは許されない。それどころか、以下の義務を課される。すなわち、まず戦地に赴かなければならない。また、上官の許可なく戦列を離れてはならない。また、国家を守るために、武器を持つことのできる者全員が一致団結して協力することが必要になった場合、各人はそうする義務を負う。なぜなら、もしそうでないとすれば、人々は国家を維持する動機も勇気も欠いていることになり、その国家の制定は徒労だったということになるからだ。

他人を守るために国家の武力に抵抗するなどという自由は——その他人が罪人であろうと無辜であろうと——だれにもない。なぜなら、そのような自由が認められるなら、主権者は私たちを守る手立てを失い、したがって統治の根幹そのものも破壊されてしまうからである。しかしおびただしい数の人間が、主権に対して一斉に不当な抵抗をおこなったり、あるいは、重罪を犯したりしたために全員の死刑が見込まれるとき、盟を結び、力を合わせ、互いを守る自由はないのだろうか。そのような自由は確かにある。なぜなら、彼らは自分の生命を守っているにすぎず、それは身の潔白な人間のみならず、罪を犯した人間にも許されることだからである。最初義務に背いたときは、確かに不正があった。だが、それに引き続いて武器を手に取るのだとすれば、既成事実を維持することになるにしても、何ら新たな不正行為とはならない。また、自分の身体を守ることだけを目的としているのであれば、いささかも不正ではない。しかし、ひとたび赦免を申し渡されると、もはや自己防衛を口実にすることはできなくなるし、他の人々を助け、守るために努力を重ねることも違法行為となるのである。

〈臣民の最大の自由は法の沈黙にかかっている〉　その他の自由はいずれも法の沈黙

にかかっている。つまり、主権者が決まりを事前に定めていないのであれば、臣民には、みずからの裁量に従って行動する自由、または行動を差し控える自由がある。したがってこのような自由は、時と場に応じて、主権をそなえている者が最も好都合と判断するところに合わせて加減される。たとえばイングランドでは、自分自身の私有地に（不法占拠している者を退去させるべく）力尽くで立ち入ることが許されていた時代がある。しかし時代が下ると、立ち入りを強行する自由は、議会において（国王が）制定した法律によって召し上げられた。また、世界の中には一夫多妻の自由を認めている地域もあれば、認めていない地域もある。

ある臣民が現行法にもとづき主権者を相手取って不服を申し立てるとしよう。争点は債務や土地・動産の所有権のこと、主権者みずから要求してくる［兵役などの］役務《えきむ》のこと、刑罰（身体刑や罰金刑）のことなど、さまざまである。臣民はこの場合、他の臣民を相手取るのと同じ要領で、主権者が任命した裁判官の目の前で自分の権利のために訴訟を起こす自由がある。

それは次のような理屈にもとづく。主権者は請求をおこなうに当たり、おのれの権力ではなくて既存の法の効力を拠《よ》り所とする。その事実に鑑《かんが》みるなら、主権者は、法に照らして妥当と判断されるものしか求めないと宣言しているに等しい。したがって、臣民が主権者を相手取って起こす訴訟は、主権者の意志に反するものにはならない。だからこそ臣民には、申し立てを聞いてもらう自由、法に見合った判決を求める自由があるのだ。

しかるに、請求または収用が主権者の権力を拠《よ》り所としているのだとすれば、その場合、法に訴える余地はない。なぜなら、主権者が権力を行使して実行する事がらはいずれも、各臣民の権威のもとでおこなわれる以上、主権者を相手取って不服を申し立てるなら、それは自分自身を相手取って不服を申し立てるのと同じことになるからだ。

君主または主権をそなえる合議体が、臣民全員に（あるいは、臣民のうちのある者に）自由を与えたとしよう。そうした自由の条件下で臣民の安全を確保できないとすれば、ただちに主権を放棄するか、または他に譲渡するのでない限り、その自由の付与は無効となる。それは、次のように考えれば納得がいくであろう。公然と分かりやすい言葉を用いて主権を放棄または譲渡することは、（その気になれば）できたはずだが、実際にはそうしなかった。そうである以上、自由を与えたのは本意ではなく、そのような自由が主権者の権力と背馳《はいち》することを知らなかったからだと解すべきである。したがって主権は依然として保持され、それゆえ主権の行使に必要なすべての権限――宣戦布告し講和を結ぶ権限、司法権、行政官や顧問官を任免する権限、課税権、そのほか第十八章で列挙したもろもろの権限――も保持されているということになる。

〈臣民が主権者に対する服従を免除されるのは、いかなる場合か〉臣民は、主権者の、臣民を保護するのに十分な権力が保たれている限りにおいて、主権者に服従する義務があると解される。というのは、人間は生まれつき自分自身を守る権利を持っており、他のだれからも保護してもらえないのであれば、いかなる契約によろうともそのような権利を譲渡することはできないからだ。主権は国家の魂に相当する。ひとたび魂が肉体から遊離すると、各器官はもはや運動を指令されることはない。人間が服従するのは、身を守るためである。どこに保護を見出すにせよ、自力で身を守るか、他人の力を借りるかのいずれかである。いずれにせよ人間は自然の計らいによって、身を守るために服従し、その状態を保つために努力するように仕向けられているのである。

以上のような次第で主権は、それを制定した人々の意図においては不滅であるが、本質的にそうだとは言えない。主権はまず、外国との戦争によって横死を遂げる可能性がある。そればかりではない。制定当初から、人々が〔国家の成り立ちを〕知らなかったり感情的になったりするために内部の不調和に起因する自然死の種を孕《はら》んでいるのである。

〈虜囚《りょしゅう》になった場合〉ある臣民が戦争において捕虜となるか、あるいは身柄や生活の具を敵の監視にゆだねたとしよう。しかし、勝者に服従するという条件のもとで生命と身体の自由を取り戻せることになったとしよう。そのような場合、そうした条件を受け入れるのは自由である。そしてひと度それを受け入れれば、それまで身柄を拘束していた者の、一臣民となる。なぜそうするのかと言うと、それ以外にわが身を守る術《すべ》がなかったからである。外国で同様の条件を受け入れて留め置かれている場合も、事情は同じである。

しかし、獄につながれるか手かせ足かせを嵌《は》められるかして、身体の自由を奪われているとすれば、契約によって服従の義務を負わされているとの解釈は成り立たない。したがって、逃亡することは――それが可能なら――許される。その際、いかなる手段を講じても差し支えない。

〈主権者が自分自身および世嗣《せいし》のいずれに関しても統治権を投げ出した場合〉君主が

自分自身および世嗣のいずれについても主権を放棄した場合、臣民は、自然状態の絶対的な自由を取り戻す。なぜなら、ありのままの実態に照らせば君主の息子にあたる者、あるいは君主に最も近い血縁者は明らかでも、だれが君主の世嗣となるかは君主自身の意志にかかっているからである（それについては前の章で説明した）。したがって、君主に世嗣を立てる意志がないと、いずれ主権も臣従も絶えることになる。また、君主が、血族として世に知られる者を得られないまま、しかも世嗣を宣言せずに没した場合も、事情は同じである。というのはその場合、いかなる世嗣も世に認知されないし、したがって臣従の義務も生じないからである。

〈追放の場合〉 臣民は、主権者によって追放されている間は臣民ではない。しかし、使命を帯びて派遣される場合や、旅行の許可を得ている場合は、依然として臣民のままである。しかしそれは、臣民が誓約するからではなくて主権者が相互に契約を結んでいるからである。ちなみに、よその領土に立ち入る者はだれでも、その国の法律に従わなければならない。ただし、主権者の厚誼または特別の許可にもとづく特権があれば話は別である。

〈主権者が他の主権者の臣民となる場合〉 君主が戦争に敗れ勝者に臣従すると、臣民はそれまでの義務から解放され、君主を制した者に対して義務を負う。しかし、主権者が虜囚になるか、あるいは身柄を拘束されるかした場合、その主権が放棄されたと解釈することはできない。したがって、以前君主によって任命され、自分の名ではなく君主の名によって統治している為政者は、臣民からすれば依然として服従を尽くすべき相手なのである。なぜか。君主の権利がそのままである以上、問題は行政、すなわち為政者およびその下僚をどうするかに尽きるのであるが、君主が新たに指名する手立てを持たないのであれば、以前任命した者を承認していると考えられるからだ。

第二十二章　国家に従属する集団、公的な集団、私的な集団

〈各種の人間集団について〉以上、国家の形成・形態・権力について説明した。次は、国家を構成する各部分について説明する番だ。まず手始めに、人間の集団について述べよう。それは、人体の縮図とも言うべき器官すなわち筋組織に似ている。集団という言葉によって私が意味しているのは、利害または目的を同じくする複数の人間の集まりのことである。集団には組織的なものと、そうでないものとがある。組織的な集団においては、一個の人間または合議体が全員を代表している。それ以外の集団はいずれも非組織的である。

組織的な集団の中には、絶対的で独立した集団もある。このような集団は、自分たちの代表以外のだれにも支配されない。このような集団は国家だけである。それについてはここまでの五つの章において説明した。それ以外の集団は独立していない。す

なわち、何らかの主権に従属しており、その構成員は代表者も含めて主権の支配下に置かれる。

従属的集団には、公的集団と私的集団がある。公的集団（別の言い方をするなら公的な機関や法人）は、国家の主権に由来する権限によって設けられる。私的集団には、臣民が相互間で設立するものと、外国人の権限にもとづいて設立するものがある。後者が私的集団に分類されるのは、外国の権力に由来する権限はその国の外では、公的なものではなくて私的なものにすぎないからである。

私的な集団には、合法的なものと非合法的なものがある。合法的な集団は、国家によって許されたものを指す。それ以外のものはすべて非合法である。ちなみに非組織的な集団は、代表を置かず、ただ単に人が集まっているだけのものを指す。もしそれが国家によって禁止されておらず、また、動機に悪意がないのであれば、合法的である（たとえば、市場《いちば》や見せ物、その他の罪のない目的のために群がる人々がそれに当たる）。しかし、動機に害意があったり、（相当数の人間が）意図を明らかにせずに集まっている場合は、非合法となる。

〈いかなる公的機関においても、その代表者の権力は制限される〉公的機関の代表者の権力は常に制限される。その限度は、主権者の権力によって定められる。これは理不尽なことではない。なぜなら無制限の権力は、絶対的な主権と同じことになってしまうからだ。それゆえいかなる国家においても、主権者こそが臣民全員の絶対的な代表者となり、したがって、それ以外の者は（主権者が許す範囲でしか）国民のいかなる部分の代表にもなれないのである。臣民の公的機関に、事実上の絶対的な代表を置くことを認めるなら、国家統治のうちそれに相当する部分が公的機関に引き渡されることになり、その結果、支配は分割されることになる。それは臣民の平和と防衛に反することである。だから、主権者がいかなる許可を出してもそのようなことを企てているのだと解すわけにはいかない（もっとも、明白かつ直截《ちょくせつ》に臣民を服従から解放することを許可するのなら話は別であるが）。なにしろ言葉から導かれた結論は、それ以外の結論が逆のことを示しているのであれば、主権者の意思を示しているのではなく、むしろ主権者が錯誤と誤算を犯していることを示しているからである。ついでに言うと、人はみな、なかなかそのような過ちを免れることができない。

公的機関の代表者に与えられる権力の限界については、二つの方法で注意喚起がおこなわれる。一つは主権者の発する勅許《ちょっきょ》であり、もう一つは国家の法律である。

〈**公的機関の代表者の権力は、公開勅許状によって制限される**〉独立した国家を制定または獲得するにあたって、それを成文化する必要はない。なぜなら国家を代表する者の権力は、自然法という不文律によって課される制限を別とすれば、何の制約にも縛られないからである。

ところが従属的な集団については、その任務・期限・場所などに関する制限が必要である。そうした制限ははなはだ多岐にわたっているので、勅許状がないと覚えておいてもらえないし、注意を向けてもらえない。だからこそ勅許状は、人々に読んでもらえるように公開されていて、しかも、印璽《いんじ》など主権者の権限を示す不変の印によって保証ないし証明されていないといけないのである。

〈**公的機関の代表者の権力は、法律によって制限される**〉こうした制約を文書として記述することは必ずしも容易ではないし、恐らくは可能でもなかろう。そうである以上、勅許状に示されていないすべてのケースについては、臣民全員に共通の、一般の法律に照らして、代表者が合法的におこなうことのできる範囲を決めなければならない。

〈**代表者がひとりであるとき、越権行為はもっぱら代表者本人に帰せられる**〉したがって、公的機関に代表者がひとりだけいるとしよう。そのような代表者が機関の人格において何をおこなうにせよ、それが勅許状に照らしても一般の法律に照らしても越権行為であるなら、それは、代表者個人の行為となり、機関全体の行為とはならない。また、代表者以外のいかなるメンバーの行為にもならない。なぜなら、勅許状や法律による制限を超えると、代表者は自分以外のだれの人格をも代表しないからである。だが、公的機関の代表者の行為が勅許状や法律にもとづいている限り、それは当該機関に属する各人の行為でもある。なぜか。まず、主権者は絶対的な代表者の立場にあるので、主権者の行為は、各人が生み出していると言える。そして、主権者の勅許状から逸脱していない公的機関の代表者の行為は、すなわち主権者の行為である。したがって代表者の行為は、公的機関の各構成員その人の行為だからである。

〈公的機関の代表が合議体である場合、越権行為はそれに同意した人々だけに帰せられる〉しかし、代表者が合議体である場合、勅許状または法律によって認められていない命令を下すと、それはいずれも、合議体すなわち公的機関の行為ということになる。それは、命令を下すことに賛成票を投じた者全員の行為であるが、出席して反対票を投じた者や、欠席した者の行為ではない（欠席者が委任によって賛成票を投じていれば話は別である)。

このような行為は、過半数の賛成を得ている以上、合議体の行為である。仮にそれが犯罪行為であるとすれば、可能な範囲で合議体を罰しても差し支えない。処罰の方法はさまざまある。たとえば、合議体を解散させる。勅許状を剝奪する(これは、人為的で疑制的な機関にとっては極刑に等しい)。あるいは(合議体が共同の蓄えを持っていて、その所有権を潔白な構成員が共有していない場合)罰金を科す等々である。ただし、合議体に適用される処罰には制約がある。というのも、自然の道理からして機関に身体刑を科することはできないからだ。

いずれにせよ以上のような次第であるので、票を投じていない人々は責めを負わない。なぜなら合議体は、勅許状によって認められていない事がらについては何人《なんぴと》をも代表できないからだ。したがって、票を投じていない人々は票決にかかわりを持たないのである。

〈代表者が一人であって、金銭を借りているか、あるいは契約によって返済義務を負っている場合、責任を負うのは当の代表者だけであり、それ以外の構成員に責任は及ばない〉一個の人間によって体現されている公的機関の人格が、部外者(すなわち同じ機関に属していない者）から金銭を借りるとしよう（こうしたケースを想定することは見当外れではない。というのも、金を貸すという行為の制限を人の性向に任せている以上、勅許状を出してまで借金を制限する必要はないからだ）。この場合、債務を負うのは代表者である。考えてもみよ。仮に、自分の借金の返済を構成員に肩代わりさせる権限が勅許状から得られるとするなら、代表者は理の当然として、構成員の主権を握っていることになるではないか。したがってそのような権限は、人間の本性に付き物の思い込みや、権限を与える者の意思表示の不備から発生しているのであって、無効である。あるいは、そうした権限が実際に与えられていると仮定すると、代表者は同時に主権者ということになる。その場合の代表者の権限は、従属的集団に焦点を絞っている当面の問題設定の枠からはみ出してしまう。

このような次第であるので、代表者の借金を返済する義務は、代表者本人以外のいかなる構成員にも及ばない。それは、貸し主が以下のように認識しているからである。貸し主は、当該機関の勅許状や資格認定書のことは与《あずか》り知らないので、返済の約束をしている者だけを借り主と見なす。また、代表者の拘束力が本人以外のだれにも及ばないという事実に照らして、代表者だけを借り主と見なすのである。したがって代表者は貸し主に対し、共同の蓄えがある場合にはそこから、もしなければ自分の資産から、支払わなければならない。

代表者が契約を結んだために、あるいは罰金や科料を申し渡されたために支払いの義務を負う場合も、同じことである。

〈合議体の場合、責任を負うのは同意した者だけである〉　しかし代表者が合議体であり、部外者から金を借りている場合、返済の責任はだれが負うのか。決め手となるのは賛成票である。金を借りるという行為、または返済を義務づける契約、または科料や罰金を科された事実――そのいずれかを投票で承認した者はみな、そのような形で支払いを約束した以上、責任を免れない（賛成票を投じなかった者が責任を問われることはない）。端的に言うなら、借金の張本人は返済する義務を負い、全額の返済する義務づけられるということだ。もっともだれかが支払ってくれるなら話は別だが。

〈借入れ先が合議体の一員である場合、返済義務を負うのは合議体だけである〉　しかし、借入れ先が合議体の一員である場合、返済の義務を負うのは合議体だけである。返済金の出所《でどころ》は、共同の蓄えである（ただし、そのようなものがあることが前提になるが）。その理屈はこうである。投票の自由がある中で金の借り入れに賛成票を投じたのであれば、返済にも賛成したことになる。仮に借り入れに対して反対票を投じたか、あるいはその場にいなかったとしても、金を貸せば〔合議体としての〕借り入れに賛成票を投じたことになるので、先に投じた反対票は無効になり、後から投じた賛成票に縛られて、貸し主を兼ねた借り主になるのである。したがって、特定の個人に返済を請求することはできない。共同金庫からの取り立てだけは許されるが、それに失敗するともはや打開策はない。文句をつけるなら、次のように自分自身を呪うしかない。「合議体の行動と支払い資金の内情に通じているにもかかわらず、強制されてもいないのにおのれの短慮ゆえに融資してしまったのだ」。

〈公的機関に対する異議申し立ては合法的なものになることもあるが、主権に対する異議申し立ては決して合法的なものにはならない〉以上述べたところから、次のことは明らかである。主権に従属している公的機関において特定の人間が、代表者である合議体の命令に公然たる異議の申し立てをおこなって、見解の相違を記録させたり、それに立会う証人を申請したりすることは、時には合法的であるばかりか適切でもある。というのは、さもないと、積もった借金の返済を余儀なくされたり、他人が犯した罪の責任を問われたりする羽目に陥りかねないからである。

しかし、主権をそなえた合議体においては、そのような自由は与えられていない。なぜならそのような所にいながら異議を申し立てるなら、合議体の主権を否定していることになるからである。また、主権者の権力によって命ぜられた事がらは、（神の目から見れば常に正当化されるわけではないにしても）臣民との関係について言うなら、その命令ゆえに正当化されるからである。というのは、そのような命令の発案者は他でもない、各臣民だからである。

〈属州・植民地・都市の統治機関〉公的機関の多様性は、無限と言っても言い過ぎではない。というのも公的機関は、その設立を強いるさまざまな事情（そこには言語に絶する多様性がある）によって特徴づけられるばかりか、時・場所・員数によって特徴づけられ、数々の制約をこうむるからである。設立の事情を分類基準にすると、統治を使命とするものもある。その筆頭格の例を挙げよう。属州《プロヴィンス》の統治が、すべての決議を多数決で採択する合議体にゆだねられる場合、当該の合議体は統治機関ということになる。ただし、その権力は委任によって制限されているけれども。

プロヴィンス（属州）という言葉が意味するのは、事業主から委任された事業の面倒を見ることである。事業主に代わって、事業主の監督の下で経営がおこなわれる。

だからこそ、主権者が在住せずに委任によって統治をおこなっている地域を、属州《プロヴィンス》と呼ぶのである。そのような統治がおこなわれるのは、国家の中に異なる法律をそなえたさまざまな地域があり、それが地理的に遠く隔たっていて、国家の経営がさまざまな人々にゆだねられるからである。しかし、属州をそれ自体の合議体が統治する例は少ない。

古代ローマ人は数々の属州の主権を握っていたが、総督を通じて統治をおこなうのが常で、ローマ市やそれに隣接する領土のように合議体を通じて統治をおこなっていたわけではない。同じように、イングランドからヴァージニアやバミューダ諸島に植民がおこなわれた際も、それら植民地の統治をゆだねられたロンドンの合議体は、それを地元の合議体に委任することはせず、それぞれの植民地に総督を各一名派遣したのであった。なぜ統治を地元の合議体に任せることなく、代わりに総督を派遣したのか。人は生まれつきの傾向として、足を運べる範囲内では統治に参加したがるが、それができないところでは共通の利益の管理を、多人数型の統治形態よりも単独型の統治形態に任せることを好むからだ。このような傾向は、大規模な領地を私有している人々の間にも見受けられる。彼らは事業経営のために精を出すのが面倒になると事業を委託するが、委託先としては友人や使用人の寄合よりも単独の使用人を好む。

しかし、現実はそうであるにせよ、属州または植民地の統治を合議体に任すという事態を想定することは可能である。その場合、ここで述べておくべきことがある。第一に、その合議体がいかなる負債を負おうとも、また、いかなる違法な布告を出そうとも、以前に述べた理由により、それは同意した人々だけの行為であって、反対した人やその場にいなかった人の行為とはならない、ということである。第二に、統治の対象となっている植民地の領域外に置かれた合議体は、植民地以外のどの場所においても、植民地住民の身体や財貨に対して、債務やその他の［履行されていない］義務を理由に権力を行使することは許されない。なぜなら合議体は植民地以外の場所では、その土地の法律によって許される救済措置しか期待できないのであって、裁判権はもちろん執行権も持たないからだ。また、合議体は、おのれの制定する法律に違反する構成員に対して罰金や科料を科する権利を持っているが、植民地の外ではそのような権利を持たない。

今、合議体が属州または植民地を統治するためにそなえている権利について説明した。それは、都市や大学、学寮、教会、その他の人間集団を治める合議体にもあてはまる。

一般に、あらゆる公的機関において、特定の構成員が自分の権利をほかならぬその機関によって侵害されたと見なすとき、その訴えを取り扱う権限すなわち裁判権はどこに帰属するのか。まず、主権者である。また、主権者がそのような場合にそなえて裁判官としてあらかじめ指名しておいた人々。あるいは、主権者がその訴訟のために特別に指名する人々。裁判権はこれらの人々に帰属するが、当の公的機関にはない。なぜか。この場合、機関全体は一介の臣民と同じ立場にあるからだ。だが主権を持つ合議体であれば、事情は違ってくる。それはそうだろう。主権者が（みずから訴えられているにせよ）裁判官にならないとすると、だれに裁判官が務まろうか。

〈貿易を統制するための公的機関〉貿易を首尾よく取り仕切ることを目的とする公的機関の場合、最も有益な代表はメンバー全員の合議体である。それは別の言葉で言うと、それぞれの投資者が（もし望むなら）部内のいずれの協議、決定にも臨むことができるような合議体のことである。なぜそのように言えるのか。根拠を明らかにするためには、次の問いに答えるべく考察する必要がある。商人が商品の売買および輸出入を思うままにおこなうことができるにもかかわらず、みずからを縛り、一個の事業組合を設けるのはなぜか——。確かに、国内で買った商品を輸出するにあたって、あるいは国外で買った商品を輸入するにあたって、その商品だけで一隻の船を満杯にできる商人はめったにいない。だからこそ彼らは、寄り集まって一個の互助会を設ける必要があるのだ。互助会に加入すると各商人は、投資の割合に応じて配当に与《あずか》るか、あるいは自分で商品を仕入れ、それを輸出先または輸入先で自分の適切と考える価格で売って利益を得る。しかし互助会は公的機関ではない。なぜならそこには、他の臣民全員にとって共通な法律はともかく、それ以外のルールの遵守を強制する共通の代表者がいないからである。

商人たちが事業組合を設立する目的は、自分たちの利得を拡大することにあり、それは二つの方法で実現される。国内と国外の両方において、独占的な購入をおこなうことと、独占的な販売をおこなうことである。したがって、商人の一団に対して事業組合という公的機関の設立を認めるならば、二重の独占を与えることになる。二重の独占とは何か。一方は購入を独占することであり、もう一方は販売を独占することである。たとえば、どこか特定の外国［への輸出］を対象として商人の事業組合が設けられると、相手国で売れる商品の輸出は、その組合が一手に引き受けることになる。

これは、国内では購入の独占に、相手国においては販売の独占に通じる。なぜなら国内での購入に際しても相手国での販売に際しても、競争相手がいないからである。それは商人にとって有益である。競争相手がいなくなれば、国内では購入価格を押し下げることができるし、海外では販売価格を吊り上げることができるからだ。そして、海外で外国の商品を仕入れる者も、それを国内で販売する者も、その事業組合以外には存在しないわけで、これもまた投資家にとって有利である。

この二重の独占のうち一方は国内の人民にとって、他方は外国人にとって不利である。国内では、商人は輸出を独占することによって自国の農業および手工業に対して思いのままの価格を押しつける。また、輸入を独占することによって、国民が必要とするすべての外国商品に対して思いのままの価格を設定することができる。どちらも国民にとっては迷惑なことだ。一方、海外に行くと商人は、国産品を独占的に販売し、現地の外国産商品を独占的に購入する。その結果、前者すなわち国産品の価格は上昇する。また、後者すなわち外国産商品の価格は低下し、外国人に打撃を与える。それはそうだろう。商品は、売り手が一人しかいなければ値上がりし、買い手が一人しかいなければ値下がりするものなのだから。以上のように見てくると、こうした事業組合は独占体にほかならないということが分かる。もっとも、そうした組合が海外市場で結束して一個の団体を形成し、国内市場では各組合員が「取引相手と」折り合いのつく価格で個別に売買する自由を認められているのであれば、国家にとっては非常に有益である。

こうした商人の事業組合が目指しているのは、組合全体の共同の利益ではない（したがって、船を建造、購入し、食料を積みこみ、船員を乗り組ませる目的で、個々の投資家の出資金から控除されたものを別とすれば、組合に共同の蓄えはない）。組合の目的はそれぞれの投資家の個別の利殖にある。そうである以上、各人が自分の出資金の使途を知悉《ちしつ》しているのは道理である。言い換えるなら、各人は合議体の一員となり、合議体を統制する権力を持ち、その財務に通じているべきである。したがって、このような団体の代表者は合議体であるべきだ。そのようにしておけば、団体の各構成員は、（もしその気があるなら）協議の席に出席することができる。

商人の公的機関が、代表権を持つ合議体の行為を通じて外部の人間に対して債務を負うと、いずれの構成員も債務の全額について責任を負う。なぜか。外の人間は、内輪の決まりには意を介さず、次のように考えるからである。「構成員はいずれも、だれか一人が返済することによって他の全員を債務から解放するまで、全額を返済する義務を負っている」。しかし仲間内の一人に借りがある場合はどうなるのだろうか。その場合、貸した側は同時に、全額について自分自身に対して債務を負う。したがって、共同の蓄えからの返済を別とすれば、返済を求めることはできない。

機関が国家から課税された場合は、各構成員が課税されたと解され、仲間内での出資比率に応じて税を分担することになる。なぜなら、機関には共同の資産が（個々の出資によるものを別とすれば）ないからである。

機関が違法行為のかどで罰金や科料を科せられたとき、責任を問われるのは、実行を決断するにあたって賛成票を投じた人々、また、実行にあたって力を尽くした人々に限られる。なぜなら残りの人々には、機関の一員であるということを別として、それ以外に何の罪もないからである。しかも機関の一員であることは、よしんばそれが罪だとしても（機関は国家の権限によって定められているのだから）、彼らの罪ではないのだ。

機関に対して構成員のうち一人が借りを作ると、場合によっては機関の側から訴訟を起こされることもある。しかし構成員は、機関の権限によって財産を没収されたり投獄されたりすることはない。そのようなことは、国家の権限がなければできない。なぜか。機関の権限によってそのようなことができるとすると、債務を支払う義務があるとの判決を、機関の権限によって下すことができるということになるが、それは、係争中の事件の当事者でありながら同時に裁判官を務めるのと同じだからである。

〈**主権者の諮問に答える機関**〉人々を統治するために、あるいは貿易を統制するために設けられる機関には、恒久的なものと、文書によって時限を決められているものがある。しかし［その他にも］、職務の性質上、［文書がなくても自動的に］活動の期限が決まるものもある。たとえば、主権を持った君主または合議体が、領土内の各都市やその他の地域に対し、「代表者を一名送ってよこせ」と命令を下すことが適当であると判断したとしよう。主権者は代表者に何を求めるのか。それは、臣民の暮らし向きや困り事を報告することであったり、優れた法律を制定するために、あるいはその他の事業を成し遂げるために、国を代表する人格としての主権者に対して建言することであったりする。これらの代表者は会合の場所と期間を指定され、会合が開かれている間はその場において、領土の臣民全員を代表する一個の公的機関となる。しかしそのようなことは、主権にもとづいて代表者の派遣を命じた個人または合議体が、それら代表者に対して諮問した案件に関してだけ認められるのである。もはや何も諮問されなくなり、代表者の審議案件がなくなったと宣言されると、諮問機関は解散する。

それは当然である。もしそれら代表者の一団が国民の絶対的な代表であるなら、その一団は主権を持った合議体ということになり、その場合、主権をそなえた二つの合議体または二人の人間が並立して同一の国民を治めることになる。そのような事態は国民の平和と両立しない。したがって、主権が確立している国では、それにもとづく機関でなければ、国民の絶対的な代表者にはなり得ない。

そして、主権にもとづく機関が国民全体をどこまで代表するのかという限界については、当該機関を招集するための文書に成文化されている。言い換えると、国民は、主権者から送られてきた文書に示されているのとは異なる趣旨で代表を選ぶことはできない、ということだ。

〈組織的で合法的なもの、たとえば家族〉 組織的で合法的な私的団体とは、他の臣民全員に共通な法律を別とすれば、勅許状その他の成文化された権限に支えられずに構成されている団体のことをいう。構成員が、代表者である一個の人格によって統一されているので、この団体は組織的団体と考えられる。いずれの家庭もこれに当てはまる。家庭では父親ないし家長が家族全体を秩序立てているからだ。具体的に言うと家長は法律の許す限り、しかし法律を越えない範囲で、子女および使用人を縛る。家族に対する縛りにそのような条件がつけられるのはなぜか。何人《なんぴと》も、法律によって禁じられていることまでして家長に服する義務はないからだ。それ以外のすべての行為となると、家庭内の統治のもとにある間は、最も身近な主権者とも言うべき父親や家長に服さなければならない。なぜなら、父親や家長は国家が制定される前には、自身の家庭における絶対的な主権者であり、国家の制定後は、国家の法によって取り上げられるもの以上の権限は失っていないからだ。

〈組織的ではあるが非合法的な私的団体〉組織的ではあるが非合法な私的団体とは、代表者である一個の人格のもとにまとまっているけれども、いかなる公的な権限も持たない団体を言う。たとえば、乞食や盗賊、ジプシーなどが、物乞いや盗みなど自分たちの稼業を按配するために徒党を組むのがそれである。また、外国人に使嗾《しそう》されて徒党を組み、国家権力を弱めるために教宣活動を促進し党派を結成するというのもある。

〈非組織的な集団、たとえば私的な同盟〉非組織的な集団は、その本質において同盟にすぎない。時には、単に人が集まっているだけのこともある。特定の企図のために結束しているわけではないし、構成員が相互に束縛されているわけでもない。そのような集団は、望みや好みが似ているということだけを発生源とするのである。そして、構成員の個々の意図が合法的であるか否かに応じて、合法的なものにもなれば、非合法にもなる。各構成員の意図は、生じる結果によって解されるべきである。

同盟というものは通常、相互防衛のために結成される。一方、国家は臣民全員による同盟と同じことである。したがって、国内の臣民の同盟は大抵の場合、無用であり、非合法な陰謀の気味を帯びる。国内の同盟はまさにそうした理由から非合法なものとされ、一般的に徒党とか陰謀団といった通り名で呼ばれるのである。

もう少し詳しく説明しよう。同盟は契約によって結ばれた人々の結びつきである。したがって、それらの人々に契約を履行させるための権力を（自然状態においてそうであるように）いかなる個人にもいかなる合議体にも持たせないとすれば、疑惑の原因となるようなことが生じたとたんに同盟は合法性を失う。

したがって次のように言えよう。確かに国家相互の同盟は、その頭上に、すべての国家を畏怖させるような、制度化された人間の権力を戴いているわけではない。だからそのような同盟は、存続する間は合法であるばかりか有益でもある。しかし、一個の国家の中ではどうか。国内では、各人が主権者の権力によって初めて権利を獲得する。臣民が結ぶ同盟は、平和と正義の維持にとっては無用であるし、同盟の目的が邪《よこしま》であるか、あるいは国家から見て不明であるなら、そのような同盟は非合法ということになる。

まとめると、こういうことだ。私的な人間による力の糾合《きゅうごう》はいずれも、害意が働いているなら不正であり、意図が不明であるなら国民にとって危険である。また、力の糾合を、人目を盗んでおこなうことも不正である。

〈**秘密結社**〉規模の大きい合議体が主権を握っているとき、その構成員のうち若干の者たちが権限もないのに一部と語らって、残りのメンバーを指導しようともくろむなら、それは非合法な分派ないし陰謀団である。なぜそのように言えるのか。そのような行為は、自分たちの特定の利益のために合議体を欺いて道を誤らせる行為だからである。

しかし、ある個人が個人的利害について合議体によって審判されるとき、できるだけ多くの味方を得ようと努めたとしても、それは不正行為ではない。その個人は、分派ではないからだ。しかも、金銭で味方を買収したとしても、それを禁止する法律が明文化されていない限り、不正行為にはならない。なぜなら正義は、時には（世の習いとして）金で贖《あがな》わなければ得られないこともあるし、また、各人は自分の訴えが聞き届けられ裁かれるまでは、それを正しいと考えても差し支えないからである。

〈**官職を帯びていない氏族相互の争い**〉いかなる国家においても、官職を帯びていない人間が使用人を、領地経営など合法的な使用目的に必要な数を超えて召し抱えるなら、それは徒党であり、非合法である。なぜなら、国家の保護を受けている以上、私兵による防衛は不要だからである。文明化が徹底していない国では、氏族と氏族が対決を繰り返しながら生活し、私兵を用いて互いに相手を侵略してきた。しかし、そのような慣行は不正であるか、さもなければ、国家が存在していなかったということになる。そうであることは、十分に明らかである。

〈**統治のための党派**〉血縁による徒党と同じように、カトリックやプロテスタントのような宗教を運営するための派閥や、古代ローマにおける貴族派と平民派、古代ギリシアにおける貴族派と民主派のような国家統治のための党派も、正当性を欠いている。国民の平和と安全を損ない、主権者の手から武力を奪うものだからである。

人々がただ単に集まっているのは、非組織的な集団である。それが合法的か否かは、集まった理由と集まった人数の多寡によって決まる。理由が合法的で明白であれば、その集まりは合法的である。たとえば教会や一般向けの催し物に、普段と同じ程度の聴衆が普段と同じように集まっている場合がそれである。別の言い方をするならこうだ。人出が異常に多くて、しかも集まりの大義名分がはっきりしない場合、自分がそこにいる理由を詳しく、かつ説得力をもって説明できないと、非合法で不穏な企てをもくろんでいると判断される。

裁判官または書記官に対して提出される請願書に千人の人間が署名するのは合法かもしれないが、しかし請願書を提出するために千人の人間がやって来るなら、それは物騒な集会である。請願書を提出するためなら、一人か二人で十分だからだ。しかし今挙げたケースの場合、集会は、ある特定の人数を超えたからといって非合法扱いされるわけではない。集まった人々が、その場にいる役人の力では制圧できないほど、したがって、司直の手にゆだねることができないほど大勢になったとき、非合法とされるのである。

一人の人間を訴えるために異常な数の人間が集まるなら、それは非合法な騒動である。若干名または一人いれば、書記官に訴えを伝えることは可能だからだ。

一例として、エフェソにおける聖パウロの事例が挙げられる。このときは、デメトリオと他の大勢の者どもが声を合わせて「エフェソ人のディアナは偉い方！」と叫びながら、パウロの仲間ふたりを書記官の前に引きずり出したのであった。彼らがそのようなやり方に訴えたのは、自分たちの宗旨や稼業に反する教えを人々に説いたことを根拠として、パウロの仲間を裁くよう求めるためであった。このような理由は、当時の世の掟《おきて》に照らせば正当であった。しかし彼らの集会は非合法と判断され、書記官はそれについて彼らを次のような言葉で叱責した。「デメトリオと仲間の職人ら何事かにつき、誰《たれ》かを訴え出んとせば、裁きの日もあり、かつ裁きを任せられたる者もあり、双方互いに相手を訴え出るべし。汝《なんじ》ら他の事につきて求むる所あらば、汝らの訴えは、正しく呼び集められたる衆会《しゅえ》にて裁かるべし。かく申すは、われら今日の騒擾《さわぎ》につきて、かくも大勢の人々を集めたる理由を申し開きすべき義なきにより、咎《とが》めを受くる恐れあればなり」(「使徒行伝」一九・三八～四十)。

ここで書記官は、人々が正当な理由を説明できない集まりを騒擾であり、集まった人々に責任のとれないものもまた同様であると見なしている。

これで、私が人々の集団や団体について述べようとすることは、すべて語り尽くした。人々の集団や団体はすでに述べたとおり、人体の相似の器官に擬せられる。合法的なものは筋肉に、非合法のものは有害な体液の異常な混入によって生ずる嚢腫《のうしゅ》、胆汁、膿瘍《のうよう》に擬せられる。

第二十三章　主権者に仕えて国政を代行する者

前の章では、国家の各器官に相当するものについて説明した。この章では、統合的な器官すなわち〔主権者に仕えて〕国政を代行する者について述べよう。

〈国政の代行者とは何者か〉国政の代行者とは、国家統治において（君主であるか合議体であるかを問わず）主権者によって用いられ、しかも国家の人格を代表する権限を持っている者を指す。主権を有する個人または合議体は、二つの人格を代表している。あるいは、もっと普通の言い方をするなら、二つの資格をそなえている。一方は、個人または合議体が自然的にそなえているものであり、他方は政治的なものである。たとえば君主は、国家の人格のみならず個人の人格もそなえている。また、主権を持つ合議体は、国家の人格のみならず合議体の人格もそなえている。ただ単に自然的な資格により君主や合議体に仕えている者は、国政の代行者ではない。国政の代行者と見なされるのは、主権者に仕えて国政の運営にあたる者だけである。したがって、以下の人々は国政の代行者ではない。貴族制または民主制のもとで合議体に仕える受付係、衛視、事務職員。彼らの職務は議員に対して便宜を図ることに尽きる。また、君主制のもとで君主の家政にたずさわる家令、侍従、出納係、その他の職員。

〈**一般行政の代行者**〉国政の代行者の中には、領土の全体（または一部）の一般行政を任されている者もある。領土全体を対象とするものとしては、たとえば、幼君が成年に達するまでの間、先代の国王が国の行政全体をあらかじめ摂政に託しておくケースがある。この場合、摂政が下す布告や命令が国王の名において発せられ、しかも主権と矛盾しない限り、各臣民はそれに服従する義務がある。国の一部すなわち属領《プロヴィンス》を対象とするものとしては、君主または主権を持った合議体が、その地域全般の責任を総督なり副総督なりにゆだねるケースがある。こうした場合も、当該地域の全住民は、総督あるいは副総督が主権者の名においておこなうことに、（それが主権と矛盾していない限り）従わなければならない。もう少し厳密に説明しよう。こういう摂政や総督、副総督は、主権者の意志にもとづく権利の他には何の権利も持たないし、よしんば委任が得られたとしても、主権を譲渡するという趣旨が明確に、しかも誤解の余地なく述べられているのでなければ、そうした意思が宣明されているとは解釈されない。この種の国政の代行者は、人体の四肢を動かす神経および腱《けん》に似ている。

〈財政など特殊な行政を代行する者〉 上記以外の国政代行者の中には、特殊な行政すなわち国内外における特殊事業を受け持つ者もある。具体的に言うと、国内においては、第一に、国家財政を運営するために、貢租や地租を含む租税、科料その他の公的収入などの財務に関して、それらを徴収・受領・給付・管理する権限を持つ者。これは国政の代行者である。なぜ「代行者」なのか。代表権を有する人格に仕えていて、その命令に逆らうか、託された権限を剝奪されるかすると、もはや何もできないからである。「国政の《パブリック》」という言い方をするのは、政治的な資格において仕えているからである。

第二に、軍事関係の権限を有する者も、国政の代行者である。軍事関係の権限としては、武器・要塞・軍港を管理すること、兵卒を徴募し、手当を支給し、部隊を統率すること、陸海の戦争に必要な物資を調達することなどが挙げられる。しかし、指揮権を持たない兵士が国家のために戦っても、それは国家の人格を代表することにはならない。考えてもみよ。その場合、いったいだれに対して国家を代表するのか。なにしろ指揮権を持っている者ですら、各自の指揮下にある者に対してのみ国家を代表するにすぎないのだから。

〈国民教育を代行する者〉主権に対する義務を国民に直接教えるか、あるいは人を介して教えられるよう取り計らうこと。また、何が正しくて何が正しくないかの知識をさずけること。それによって、人々がおのずと互いに敬虔《けいけん》と平穏のうちに生活したくなるように、また、公共の敵に対抗したくなるように仕向けること。こうした「国民教育の」権限をそなえている者は、国政の代行者である。

「代行者」という言い方をするのは、そうした行為が、当人自身の権限ではなくて他人の権限にもとづいているからである。また、「国政の」という言い方をするのは、そうした行為がもっぱら主権者の権限によっておこなわれ（るべきであり）、それ以外の権限によってはおこなわれないからである。国民を教導する権限を直接神からさずけられているのは、君主あるいは主権を持つ合議体だけである。主権者だけが、ほかならぬ神の恵みによって権力をさずけられるのである。それ以外の者はいずれも、神と主権者の恵みと計らいにより権力をさずけられるのである。たとえば君主制の場合、権力の授与は神の恵みと王の恵みによって、または神の計らいと王の意向《こころざし》によって、という形をとる。

〈**司法を代行する者**〉司法権を与えられている者も、国政の代行者である。裁判の席では主権者の人格を代表し、したがって、その判決は主権者の判決ということになる。なぜそう言えるのか。(すでに明らかにしたとおり)司法はすべて本質的に主権に付属しており、それゆえに裁判官は全員、主権を有する一人または複数の代行者にほかならないからだ。

論争には二種類ある。事実に関する論争と、法律に関する論争である。それと同様に判決にも、事実にかかわるものと、法律にかかわるものがある。したがって、同一の裁判において、二人の裁判官が立つことがある。一方は事実を担当し、他方は法律を担当するのである。

いずれの論争においても、裁かれる側と裁く側との間で論争が生ずる可能性がある。しかし、双方ともに主権に服しているのだから、そうした論争は双方の同意する人々によって公平に裁かれるはずである。その理屈を説明しよう。まず、何人《なんぴと》も自分自身の裁判において裁判官を務めることは許されない。その代わりに主権者が、裁判を預かることについて双方の同意を事前に取りつけておいて、みずから申し立てを聞いて判決を下すか、あるいは双方が合意するような裁判官を改めて任命するのである。裁判官の任命に関して双方の合意が成立していると解される状況は、一つだけではない。第一に、（原告がすでに自分の側の裁判官を選んでいる形になるので）被告が裁判官の中から、利害関係があって［中立性が］疑われる裁判官を忌避《きひ》することが許されているならば、にもかかわらずその裁判官を忌避しないということは、すなわちその裁判官［の起用］に同意したということになる。第二に、いったん他の裁判官を選んで上訴すると、さらにそれを越えて再上訴することは許されない。なぜなら最初の上訴は、そもそも被告が自ら選択しておこなったことだからである。第三に、被告が主権者自身に上訴し、それを受けて主権者がじきじきに、あるいは当事者双方の合意する代理の裁判官を通じて判決を下すなら、それは最終的な判決となる。なぜならこの場合、被告は自分自身の裁判官によって、すなわち自分自身によって裁かれたことになるからだ。

公正にして理性的な司法であればそなえているこれらの特性に照らすとき、イングランドでは民事、刑事いずれの裁判についても、見事な法廷の構成が確立していることに気づかないわけにはいかない。ちなみに民事裁判とは、原告と被告がともに臣民である裁判のことである。刑事裁判は（王座裁判とも呼ばれるが）、主権者が原告となる裁判のことである。

　イングランドの法廷の構成は、どのように優れているのか。貴族と平民という二つの社会階層がある中、貴族は死刑に値する罪を犯した場合、裁判官として貴族しか宛てがわれないという特権を享受していた。しかも裁判に出席する裁判官の人数は、被告である貴族の意志で決まった。そのことは常々［神の］恵みによる特権として認められていたので、貴族を裁くのは、当の貴族が望んだ者に限られた。また、あらゆる民事裁判において各臣民は（民事裁判になると貴族も同様だが）、係争中の問題が起こった土地の人間を裁判官とした。そして、それに対しては異議の申し立てが許されており、それは、十二人の裁判官が異議なく承認されるまで許された。判決を下すのは、この十二人であった。したがって自分自身の裁判官を戴くのであるから、その判決を仰いでおいて、それが最終的なものとならない理由を申し立てる余地など、あろうはずがない。

　以上のように、国民を教育、裁判する権限を主権から託された公的人格は、国家の一部分である。それは、国家を人体に見立てるなら、発声器官になぞらえるのが妥当である。

〈執行を代行する者〉主権者から以下の権限を与えられた者はみな、国政の代行者である。下された判決の代執行。主権者の命令の公布。騒擾《そうじょう》の鎮圧。犯罪者の逮捕および投獄。その他、平和の維持に役立つ行為。というのもそうした権限にもとづく職務は、いずれも国家の行為だからである。それは、人体における手の働きに相当する。

海外における国政の代行者とは、外国を相手として主権者の人格を代表する人々のことである。公的な権限にもとづき、かつ公務を帯びて派遣される大使・特使・密使・軍使などがそれである。

しかし、内戦中の国家の一党派の権限だけを根拠として派遣される者は、よしんば相手国に受け入れられたとしても、公私いずれの形にせよ国家に仕える代行者ではない。なぜならその行為は、行為の主体としての国家を背負っているわけではないからだ。同様に、君主の命《めい》で奉賀《ほうが》や弔問《ちょうもん》のために、あるいは式典に出席するために派遣される大使も、私的な人格にすぎない。なぜなら権限こそ公的であるけれども、用向きは私的であり、それは自然人としての大使に任されているからである。

他国の謀《はかりごと》や兵力を隠密に探るために送り込まれた者は、権限も職務も公的であるが、本人以外の人格を体現しているわけではない。そうである以上、内々に国に仕えているにすぎないが、にもかかわらず、やはり国政の代行者である。このような任務に就いている者は、人体で言うなら目に相当する。

国民の嘆願書やその他の訴えを受理するために職務に就いている者は、いわば公共の耳であり、国政の代行者である。したがって、その職務において主権者を代表しているのである。

〈進言するだけで、それ以外の職務を持たない者は国政の代行者ではない〉顧問官は公的な人格ではない（国家顧問団も同様である。ただし国家顧問団が、裁判または命令の権限を持たず、求められた時に主権者に助言し、求められていない時には助言を申し出るだけの機関にとどまっていることが前提となるが）。なぜなら、助言はもっぱら主権者を相手としておこなわれるのであるが、主権者本人がいるところで、その人格を他の人間が代表することは不可能だからである。

しかし顧問の一団が、司法や身近な行政についてまったく権限を持たないということはあり得ない。たとえば君主制の場合、顧問団は、国政の代行者に君主の命令を伝達するという形で君主を代表する。民主制においては、顧問団または元老院はみずからの資格で審議の結果を国民に提起する。他方、裁判官を任命するときや事件を審理するとき、また、外国の大使を引見するときは、そうしたことを、国民に仕える者として代行する。さらに貴族制の場合、国家顧問団はそれ自体主権を持った合議体である。助言を与える相手は自分自身である。

第二十四章　国家の栄養摂取および増殖

〈国家の栄養源となるのは陸海の産物である〉国家に栄養を補給するということは、生活に役立つ物質が潤沢にあって、それを［全体に］行き渡らせるということである。すなわち、有用な物質を吸収し、（吸収した後）適切な経路を経て運び、公共の利用に供するということである。

物質の豊富さについて言うと、それは、神が（私たちの共通の母の、両の乳房とも言うべき）陸と海から通常は無償で、時には労働の代価として人類に与えるものに限られる。それは自然の摂理による。

労働の代価として与えられるものについても「豊富」という言い方をするのはなぜか。動物・植物・鉱物に宿る栄養物を、神は私たちの眼前の地表またはその近くに潤沢に用意してくれているので、それを手に入れるには孜々《しし》として働くだけで十分だからである。なぜそう言えるのか。物資が豊富にあるか否かは、神の恵みがあることを大前提とすれば、あとはただ一つ、人間の、孜々たる勤労によって決まるからである。

こうした物質は通常、産物と呼ばれる。それには、国産のものと外国産のものとがある。前者は国家の領域内で得られるもの、後者は海外から輸入されるものを指す。そして、一つの国家の支配する領域だけで、その国家全体を立ち行かせるのに必要なものを遺漏なく生産することはできない（領土が途方もなく広大であるなら、話は別であるが）。一方、必要以上に生産される品目が一つもないようなところもこれまた稀である。したがって、国内で得られる余剰の産物は決して余ったままになるわけではなく、［それと引換えに］海外の産品を輸入することによって国内の不足を賄《まかな》うことになる。外国産品の輸入は、交易によっておこなわれる。あるいは、正当な戦争にもとづいて［賠償金と相殺《そうさい》する形で］おこなわれることもある。あるいは、労働を代価とすることもある。それというのも、人間の労働も、他のあらゆる産品と同様、利益を得るために交換される商品だからである。人口を養うのに役立つ領土しか持っていない国家が、国力を維持、増強することがあるが、その源は、一つには、ある国から他の国への貿易という労働にあり、一つには、他国から買い入れた原材料をもとに作る製品を［海外で］売ることにある。

〈産物の適切な配分〉国家にとって栄養となる物資を配分するということは、「私のもの」「君のもの」「彼のもの」を画定することに等しい。言い換えるなら、所有権を定めるということである。それは、いかなる種類の国家においても、主権者の権力に属する。それは以下の理屈による。国家がないとすれば、すでに述べたとおり、隣人同士が相争《あいあらそ》う状態が果てしなく続くことになる。したがってあらゆるものは、それを力によって獲得、保有する者に帰することになるけれども、所有権を得るには至らず、不確実な状態にとどまる。それはあまりにも明らかである。だから、自由を熱烈に擁護したキケロですら公開の弁論の場で、すべての所有権の淵源を法律に求め、次のように述べたほどである。「法を廃止するか、あるいは（法を封じ込めるとは言わぬまでも）法に対する保護を蔑《ないがし》ろにするなら、その場合、確信をもって祖先から受け継ぎ、子孫に引き継ぐことのできるものは皆無になろう」。キケロはまた、次のようにも述べている。「法を奪い去られたら、何が自分のもので何が他人のものか、たちまち分からなくなる」。

したがって、所有権の導入は国家のなせる業《わざ》である。それでいて国家は、おのれを代表する人格に仮託しない限り何もできない。それを踏まえるなら、所有権の成立はもっぱら主権者に帰せられる。その土台となるのは、主権がなければ作ることのできない法である。それは、昔から人々がよく知っていることである。人々は、私たちが法と呼ぶものをノモス（配分）と呼んだ。そして正義を、「各人に各人の持ち分を配分すること」と定義した。

〈すべての私的な土地所有はもともと、主権者の恣意的な配分に端を発する〉配分に関して根幹となる法は、土地の分割そのものに関するものである。それによれば主権者は、各人に土地を割り当てるにあたり、ある一人の、あるいは複数の臣民に従うのではなく、自分自身が公平と全体の利益に照らして適切と判断するところに従うのである。

かつてイスラエルの子孫は曠野《こうや》にあって国を成していたが、大地の産物に恵まれなかった。それが解消されたのは、彼らが約束の地を征服し、次いで分割したときである。分割は、彼ら自身の裁量によるのではなく、祭司エルアザルと彼らの指導者ヨシュアの裁量によっておこなわれた。そこにはもともと十二の部族がいた。ヨセフの子孫を二つに割ったために部族の数が十三に増えたにもかかわらず、エルアザルとヨシュアは、土地を十二に分割した。そして、レヴィ族に対しては土地を定めず、全収穫の十分の一を割り当てた。したがって、土地の分割の仕方は恣意的であった。

ある民族がある国を戦争によって手に入れることになっても、（ユダヤ人がしたように）古くからの住民を滅ぼすとは限らない。逆に、住民のうち少なからぬ者に、あるいは大半の者に、場合によっては全員に、所有地をそのまま保有させることもあろう。しかし、住民が事を振り返って、それを勝利者による配分と見なすことは明らかである。たとえばイングランドの住民は、自分たちのすべての土地はウィリアム征服王によって配分されたものであると見なしていたのである。

〈臣民の所有権が及んでいるからといって、主権者の支配権は排除されない。排除されるのは、他の臣民の所有権だけである〉以上のことから次のように推論される。ある臣民の、自分の土地に対する所有権は、他のすべての臣民をその土地の利用から締め出す権利に帰する。それは主権者を排除する権利ではない（主権者が合議体であろうと君主であろうと同じことだ）。なぜ主権者は排除されないのか。それは、以下の論理が働いているからだ。

主権者すなわち国家（その人格を代表するのが主権者である）はもっぱら共通の平

和と安全のために行動するものであると解される以上、こうした土地の配分も同じことを目的としておこなわれると解すべきである。したがって、この目的に抵触しておこなわれる配分は、各臣民の意志に反することになる。臣民はおのれの平和と安全を主権者の裁量と良心に託しているからだ。したがって、そのような土地の配分がおこなわれたとすれば、そもそも各臣民の意志によりそれは無効の烙印を押されるはずである。

確かに、主権を持つ君主または合議体の多数派が、情念に駆られて良心に反する事がらをあれこれ実行せよと命じることはある。それは、信頼を裏切り自然法に背く行為である。しかしそれだけのことでは、主権者を相手に戦争を仕掛けるなどという臣民の所業は正当化されないし、主権者を不正のかどで弾劾したり何らかのやり方で非難したりすることも許されない。臣民は、主権者のあらゆる行為に権限を持たせ、主権を託すにあたっては主権者の行為をおのれの行為としたのだから。

しかし、それでは、主権者の命令はいかなるケースにおいて公平の原則と自然法に反することになるのだろうか。それについては、以下、別の箇所［第三十章］で考察することにする。

〈**国家には食餌制限をさせるべきではない**〉土地の配分については、国家自体、土地を割り当てられており、その所有および改良を代表者に任せている、と想定しても差し支えない。国家に対する分け前は、共通の平和と防衛にどうしても必要な費用を賄《まかな》うことができれば十分と見なされるかもしれない。そのような見方は、人間としての情念や精神的な弱さを免れた代表者が存在すると想定されるのであれば、まったく妥当である。

だが、人間の本性は理想とは異なる。公共の土地や一定の財源を国家に割り当てることは無駄なことである。なぜならそれに囚われると、経済観念に乏しいために、あるいは冒険心に駆られて、長期にわたる戦争あるいは犠牲の大きい戦争に国有資産をつぎ込むことを辞さない君主または合議体が主権を握った場合、政府はたちまち破綻に向かい、あからさまな自然状態、そして戦争状態がにわかに近づいてくるからである。国家は、食餌制限には堪えられない。なぜか。国家［の維持］にかかる費用は、国家そのものの食欲によって決まるのではなく、外界の不慮の災難［すなわち、自然災害およびそれによって引き起こされる凶作や飢饉などの現象］、さらには近隣諸国の食欲によって決まるのであり、したがって国庫の蓄えは、他でもない、不測の事態に対処するのに必要なものによって決まるからだ。

イングランドの征服王ウィリアム(1)(在位一〇六六〜八七年)は(自分の娯楽のための、あるいは樹木を保全するための御料林や狩猟場を定めたほか)さまざまな土地を囲い込み、みずからの利用に供していた。また、臣民に土地を払い下げておいて小作人としての義務を課した。ウィリアム王がそのようなことをしたのは、国王としてのウィリアムではなく、一個人としてのウィリアムの生活を維持するためであったように思われる。実際のところウィリアム王とその後継者たちは、御料地や小作料では飽き足らず、必要と判断したときにはあらゆる臣民の土地に対して恣意的に課税するのが常であった。

あるいは、このような御料地や小作料を、国家を維持するのに十分な財源と定めるなら、それは国家樹立の趣旨に反している、とも言える。なぜなら、王室の土地や小作料は(その後の課税ぶりから明らかなとおり)そもそも不十分であったし、しかも(最近の王室の収入減から明らかなとおり)ともすれば払い下げられ、減少する傾向にあるからだ。したがって、国家のために一定の割当をあらかじめ決めておくのは無駄である。国家はそれを売却したり払い下げたりするかもしれない。そして、実際にもそうしているのである。もっともそれは、代表者を通じておこなわれるけれども。〈**貿易の相手国と品目は、土地の配分と同様に主権者の方針によって決まる**〉国内での土地配分と同じように、臣民がどこの国を相手にどのような品目を商うかを決めるのは、主権者の仕事である。なぜなら、貿易を民間人の裁量に任せると、中には不届きな事をする者もいるからである。不届きな事とは、欲に目がくらんで、自分の国に害を与えるような財貨を敵国側に供給したり、大衆の欲求を満たすとはいえ実は有害な——少なくとも無益な——品々を輸入して自分の国に害を与えることをいう。だからこそ、貿易の相手国と品目について許可するか否かは、国家に（すなわち、主権者だけに）任されるのである。

〈**所有権の移転に関する法律も主権者が決める**〉さらにまた、国民一人ひとりが幾分かの土地または稀少な産物を所有しているか、あるいは何らかの有益な技術に生まれつき恵まれているとしても、それだけでは国家を維持するのに十分ではない。一方、大多数の人々が生存のためにも福祉のためにも必要としない技術などというものはあり得ない。そうである以上、余裕のあるものを交換するなり相互の［譲渡］契約を結ぶなりして融通し合い、所有権を相互に譲渡することが必要である。したがって、臣民相互の各種契約（たとえば、売買・交換・貸借・雇用などに関する契約）をいかなるやり方でとり結ぶべきか、またその際、いかなる文言と記号を使えば有効と認められるのか、それを定めるのは国家（すなわち主権者）の職掌に属する。

ここまで紙幅を費やして、国家のさまざまな器官にとっての栄養とはどのようなものか、また、それがどのように全身に送られるのかを説明した。（全体の作用のモデルを描くには）これで十分であろう。

〈国家の血液としての貨幣〉私の理解するところでは、［国家にとっての］消化・造血作用とは、現在は消費されないけれども将来の栄養源として蓄えられるすべての産物を、等価の、しかも荷厄介にならない何らかの物に変換することである。その目的は、どこにいようとも、そこで産出される栄養源を取り込めるようにすることにある。その「何らかの物」とは金銀および貨幣にほかならない。というのも金銀は、（図らずも）世界中のほとんどの国において高い価値があると見られており、金銀以外の、国家間で取り引きされるあらゆる品目の価値を見極めるのに絶好の道具となる。また、貨幣を使えば（国家の主権者が貨幣の鋳造にあたっていかなる素材を用いていようとも）、臣民の間で取り引きされるあらゆる品目の価値を測ることができる。金銀にこのような測定の機能があることから、あらゆる産物は（本来的に持ち運びできるか否かを問わず）、行く先々に携行することのできるものとなり、居住地の界隈だけではなく、その外のあらゆる場所にまで持ち出すことが可能になるのである。こうして、貨幣は国家の中を人から人へと移動し、あちこちを巡り、その途次で各部分に栄養を与えるのである。その限りにおいて、国家にとっての消化はいわば造血作用に等しい。これはこじつけではない。論より証拠、自然の血液もこれと同様に大地の実りから作られ、人体の各部分を巡り、その過程で栄養分を供給しているではないか。

金銀は素材そのものに由来する価値をそなえていることから、第一に、次の強みを有する。それはすなわち、一、二の国家が権力を行使したからといって金銀の価値は変わらない、ということである。それは金銀が、あらゆる国で産出される商品にとって共通の尺度になっているからである。粗悪な貨幣であれば、その価値は恐らく上がったり下がったりする。第二の強み。金銀の力を借りれば国家は、行動を起こすことができるし、必要ならば他の国に対して触手を伸ばすことも可能になる。また個人の旅行者のみならず軍隊全体にも、金銀があれば食糧を供給することができる。しかし、素材ゆえにではなくその国の刻印のおかげで価値を保っている鋳銭《ちゅうせん》は、転地には耐えられないので国内でしか通用しない。しかも国内にあっては、法律の変更に従わねばならず、したがって、価値を切り下げられて所有者に損害を及ぼすという事態がたびたび起こる。

〈貨幣が公共の用に供せられるまでの経路および流れ〉貨幣が公共の用に供せられるまでの経路および流れには、二種類ある。一方は貨幣を国庫へ運ぶもの。もう一方は公共の支払いのためにふたたび支出されるもの。前者に属するものとしては、徴税官や受領官、経理官などがある。後者に属するものとしては、同じく経理官や、それぞれの公的・私的代行者［の手当］を支給するために任命された役人がある。

そしてこの点でも、国家という人造人間は、生物としての人間とのあいだで類似性を持っている。人間の静脈は人体の幾つかの器官から血液を受け取り、それを心臓に運ぶ。そこで活力を得た血液を、心臓は動脈から再び送り出す。こうして身体のいずれの部分も活力を得て運動することが可能になるのである。

〈国家から生まれる子、すなわち植民地〉国家から生まれる子とは、私たちが植民地と呼ぶものにほかならない。それは、国家から送り出された人々が、総督と呼ばれる指導者の指揮の下で他の国の領地に入植することによって形成される。彼らが新たに入植する土地は、もともと居住者がいないか、あるいは戦争の結果居住者がいなくなったかのいずれかである。

人々が入植してくると、そこは入植者自身の国家となる。そして入植者は、自分たちを送り出した国の主権者に服従する必要はなくなる。そのようなことは昔の国家にはよく見られた。入植者の出身国はその場合、宗主国または本国と呼ばれる。宗主国の要求事項は父親が家庭内での支配から解放した子に要求する程度のもの、すなわち敬意と友好的姿勢にすぎない。

それとは異なり、植民地が出身国に対する結びつきを保つこともある。かつて古代ローマ人の入植地がそうであった。この場合、入植者はみずから国家を形成するわけではなく、出身国の属州や地方となる。したがって、入植者の権利は(出身国とのあいだで信頼関係や同盟関係がないとすれば)、主権者の発給する入植認可状に全面的に依存することになる。

第二十五章　助言について

〈助言とは何か〉日常的な、［意味の］揺らぐ言葉を用いることによって物事の本質を判断すると、どれほどはなはだしい誤りを犯すことになるか。そのことを何よりも如実に示すのは、助言と命令の混同である。それは、動詞の命令形が助言と命令の双方、さらにはその他のさまざまな場合に用いられることから起こる。たとえば、Do this（これをしなさい）というフレーズは、命じるときばかりか、勧めたり促したりする場合にも用いられる。もっとも、いかなる人がいかなる状況のもとで、誰に向かって話しかけているのかが分かれば、混同は避けられよう。命令形の各種用法が互いに大きく異なっていることが分からないとか、その違いが見分けられないとかいったことは、まずあるまい。

しかし、命令形を人の著作に見いだしたときに前後の文脈をよく見極めなかったり、あるいは見極める気がなかったりすると、往々にして助言者の教えを命令と取り違えたり、その逆の間違いを犯したりする。取り違えの度合いは、自分の推理する結論や自分の是認する行為に当てはまっていればいるほど大きくなる。こうした取り違えを避け、命令・助言・勧誘などの用語に対して本来の明確な語義をあてがう必要があるので、私はこれらの用語を次のように定義する。

〈命令と助言の違い〉 命令は、Do this（これをせよ）とかDo not this（これをするな）という言葉を発する者が、自分自身の意志以外にそうした行動を引き起こす原因を想定していない場合の叙法である。言うまでもないが、ここから次のことが推論される。それは、「命令する者は命令することによっておのれの利益を計ろうとする」ということである。というのも命令は、もっぱら命令した者の意志に由来し、しかも人間の意志は、本来、何らかの自己利益［の追求］を目的とするからだ。

助言とは、Do this（これをしたらどうか）とか、Do not this（これはしないほうがいい）と相手に向かって言うとき、そう述べる理由を相手にとっての利益から導く場合の叙法である。そしてこのことから明らかであるが、助言する者は（内心はどう考えていようとも）、助言される者の利益だけを願っているという体裁を装う。

したがって、助言と命令との間には大きな違いがある。すなわち、命令は、命令する者の利益を追求するのに対して、助言は他の者の利益を追求する。そしてここから、さらにもう一つの違いが生ずる。それは、命じられた事がらは実行を余儀なくされることがある、ということである。たとえば、従うという契約をした場合がそれである。しかし、助言されたことを、義務として押しつけられるということはあり得ない。なぜなら、助言に従わなかった場合の損失は本人自身に帰するし、また、もし助言に従うとの約束があったとすれば、その助言は本質的に命令と化しているからである。

第三の違いは、何人《なんぴと》も人の助言者になる権利を要求することはできないということだ。なぜか。人に助言することによって自分の利益を計ってはならないのに、助言する権利を要求するなら、相手方の意図を探ろうとする意志か、あるいは自分自身のために何らかの利益を計る意志があることを露呈することになるからだ。ちなみに（すでに述べたように）、自分の利益を計るという所為は、人間の意志が本来目指すところである。

これもまた助言の本質に関わることであるが、助言を求めたのであれば、いかなる助言が返ってこようとも、それに対して非難や懲罰で報いるのは道理に反する。というのも助言を求めるということは、相手が最善と信じて助言することを、そのまま許すことだからだ。したがって、主権者（君主または合議体）に求められて進言したかどで処罰されるなどということは、道理に照らすなら、あり得ない。その助言が大多数の人々の意見に一致していようといまいと同じことである。それは、審議中の問題についても同様である。それは、こういうことだ。そもそも、合議体の総意がどのようになるか、審議を終える前に見極めがつくのであれば、合議体は諮問をすべきではない。また、それ以上意見の具申を受け入れるべきではない。というのも合議体の目的は、議論の収束を図り、審議を終えることにあるからだ。しかも一般的に、助言を求めるのはそれを思い立った本人である。したがって、助言に対して懲罰で応じるわけにはいかない。そして主権者にできないことは、他のだれにもできるはずがないのである。

しかし、ある臣民が他の臣民に何らかの違法行為をやれと助言するなら、国家の懲らすところとなろう。その助言が悪意に由来するものであろうと、もっぱら無知に由来するものであろうと同じことである。念のために言っておくと、後者の場合、自分の服している法律をよくわきまえていることが各自の義務となっているとすれば、法律を知らなかったと言い訳したとしても正当化はできない。

〈**勧告および制止とは何か**〉勧告および制止は助言の一種であるが、そこには、是非従ってほしいという助言者の強烈な熱意がこもっている。それは端的に言うなら、「強く押しつけられた助言」である。なぜそのように言えるのか。勧告は、助言した事がらの結果を示すにあたって正確な推論の厳密さにこだわるのではなく、むしろ勧告を受ける者を行動に向けて煽るものだからである。それは、制止が「情に訴えて」行動を思いとどまらせるものであるのと同じである。したがって勧告の場合、根拠を示すにあたって、人々の共通の情念や通念に対する訴えかけがおこなわれる。また、助言に従うことによって得られる効用・名誉・正義を聞き手に飲み込ませるために、さまざまな雄弁術（直喩、隠喩、例示など）が用いられる。

ここから以下のことが推論される。第一に、勧告および制止が志向するのは、助言を求める者の利益ではなくて、助言者の利益である。それは助言者の義務に反する。というのも助言という言葉の定義からして、助言する者は本来、おのれの利益ではなく助言を求める者の利益を尊重すべきだからである。しかし、助言者が助言に際して自分自身の利益を追求していることは、延々と続く猛烈な説得や、わざとらしい助言ぶりに照らせば十分に明らかであろう。それは、助言者が頼まれてしているのではなく、自分自身にとって必要だからしているのである。目指すところは主として助言者本人の利益である。助言を受ける者の利益はついでに考慮されているだけであるか、あるいは、まったく考慮されていない。

第二に、勧告と制止の効果が上がるのは、群衆に向かって語りかけるときに限られる。なぜなら、聞き手が一人なら、相手の話を遮ることもできるし、語りかけられる理由を吟味する姿勢も、群衆の場合よりも厳しくなるからである。ところが群衆は、人数が多すぎるので、全体に対して無差別に話しかけてくる相手とは、討論したり対話したりすることができない。

第三に、助言を求められて［その代わりに］勧告や制止をするなら、それは不純な助言者である。それはいわば、自分自身の利益によって買収されているようなものである。というのも、助言［の内容］がどれほど立派であろうとも、その種の助言をする者は正しい助言者ではないからだ。それは、報酬目当てで正しい判決を下す裁判官が、正しい裁判官でないのと同じことである。

もっとも、家庭における父親や軍隊における指揮官のように、合法的に命令することが許されているのであれば、その勧告なり制止なりは合法的であるばかりか、必要でもある。また、立派なことでもある。しかし、それはもはや助言ではなくて命令である。そのような命令は、辛い労働の遂行を求めるために発せられる場合には、時には必要に迫られて、また、常に人道上の配慮から、伝達にあたり励ましたり、厳しい命令口調の代わりに助言に適した口調と言葉遣いを用いるなどして、和らかく表現することが求められる。

命令と助言の違いを示す実例は、命令や助言を表現する聖書の中のさまざまな言葉の中に見いだすことができる。以下に「申命記」のフレーズを列挙しよう。「我《われ》のほかに何者をも神とすべからず」「おのれのために何の偶像をも刻《きざ》むべからず」「神の名をみだりに唱うべからず」「安息日を守りてこれを清くせよ」「汝《なんじ》の父母《ちちはは》を敬《うやま》え」「殺すなかれ」「盗むなかれ」（五・七〜五・十九）。

これらはいずれも命令である。なぜそのように断言できるのか。これらの言いつけに従わなければならない理由が、私たちの従うべき主《しゅ》なる神の意志によって説明されているからである。

しかし、次の言葉は助言である。「行きて汝の持ち物を売りて貧しき者に施せ。かつ来たりて我に従え」（「マタイ福音書」、十九・二十一）。なぜなら、これに従わなければいけない理由が、私たち自身の利益によって説明されているからである。私たちの利益とは、「天の財宝《たから》」を手に入れることである。

次の言葉は命令である。「向かいの村にゆけ。やがて、つなぎたるロバの、その仔とともにあるを見ん。解きて、牽《ひ》き来たれ」（「マタイ福音書」、二十一・二）。なぜこれが命令かというと、このように述べる理由が、主の意志から導き出されているからである。

しかし、「悔い改めて、イエスの洗礼を受けよ」（「使徒行伝」、二・三十八）は、助言である。なぜか。全能の神の利益ではなく、私たち自身の利益に結びついているからである。神は、私たちがいかに背《そむ》こうとも、主《しゅ》であることに変わりはない。私たちは、自分たちの罪のせいで降りかかってこようとしている罰を避けたいと思っても、そのための方法を他には持たされていない。

〈**適切な助言者と不適切な助言者**〉今、助言が命令とは異なるということを、助言の本質から導き出した。助言は結局のところ、助言者の提案する行為の、避けることのできない（あるいは、ほぼ確実な）結果に照らして、助言を受ける者の身に起こる利益または損失を推論することにほかならない。

それと同様に、適切な助言者と不適切な助言者の違いも、助言の本質から導き出すことができる。それは、こういうことである。経験は、かつて観察された行為の結果を記憶しているということであり、助言は、そうした経験を伝えるための言葉にすぎない。したがって、助言の巧拙は知力の優劣と同じことである。そして、国家という人格に対して助言者は、記憶および思考を代行する。

しかし国家と人間との相似性は、非常に重要な相違点と抱き合わせになっている。自然界の知覚の対象は、情念や関心を持つことなく人間に働きかけ、人間はそこから経験を受け取る。他方、国家の代表者に助言を与える者は、自分独自の目的や情念を抱いている可能性があるし、実際にそうであることも多い。そのため、助言は常に胡《う》散臭《さんくさ》さをともなうし、二心が働いていることも少なくない。したがって、正しい助言者の最重要の条件として、「助言者の目的や利害が、助言を受ける者の目的および利害と矛盾しないこと」を挙げてもよかろう。

第二に、助言者はその役割上、ある行為を吟味するにあたって、当該の行為の結果を明らかにし、それを、助言を受ける者に正しく、はっきりと伝えなければいけない。

したがって、自分の助言を提案する際、真実をできるだけ鮮明に浮き上がらせるような話し方を心掛けないといけない。すなわち、証拠が許す範囲内で、できるだけ確かな推論をおこない、できるだけ意味の通じる適切な言葉を用い、できるだけ簡潔に述べることが求められるのである。

したがって、以下の推論や語法は（助言を受けた者を惑わし、本来の目的から逸脱させるばかりだから）助言者の役割と相容れない。軽率で根拠薄弱な推論（たとえば単に実例や書物の権威を鵜呑みにしているもの、「根拠としての」適否を吟味することなく事実あるいは意見をそのまま述べているもの）。明晰さに欠け、辻褄が合わず、二様に解釈できる表現。感情に訴えるあらゆる比喩的な語法。

第三に、助言の能力は、経験と長年にわたる学習によって身につく。ところが、大規模な国家を経営するために心得ていなければならないあらゆる事がらについて網羅的に実体験を積んでいる者など、いるはずがない。したがって、何人《なんぴと》も、単に詳しく知っているばかりか徹底的に考察、考究してきた事がらについてでなければ、優れた助言者であるはずがない。

もう少し具体的に説明しよう。国家の課題は、国民のために国内の安寧を保ち、外敵の侵入を防ぐことにある。それを踏まえれば分かることだが、そうした課題を遂行するには、ありとあらゆることを知悉《ちしつ》していなければならない。すなわち、人間の性向や政府の権利、さらには公平・法律・正義・名誉の本質などに関して、研究の結果として初めて獲得されるような、本格的な知識がなければいけない。そのような知識は、自分自身の国と近隣諸国の国力・産物・地理についても求められるし、国民を何らかの方法で悩ますかもしれない諸外国の、国家としての傾向および企図についても求められる。それは、豊富な経験がなければ身につかない。右に挙げたそれぞれの問題は、一括して考察対象とする場合は無論のこと、個々別々に取り上げる場合でも、知悉するには年季が必要である。また、年を経た人間に特有の、さらには通り一遍ではない研究に特有の、注意深い観察が必要である。助言のために必要とされる知力とは、すでに第八章において述べたとおり、判断力にほかならない。そして判断力の個人差は、人によって学業や職業の素養が異なるために生ずる。機械製作や建築における幾何学の定理のように、何らかのことをおこなうにあたって依拠すべき絶対的な法則があるなら、どれほど世の経験を積んでいようとも、そのような法則を習得しているか、あるいは自力で発見するに至った者の助言には太刀打ちできない。しかるに、そのような法則がない場合は、その専門分野においてだれよりも経験を積んでいる者こそが、最上の判断力をそなえており、最適の助言者となるのである。

第四に、外交について国家に助言しようとするなら、海外から送られてくる情報や文書、両国間の条約やその他の政府取り決めの記録にくまなく精通している必要がある。国の代表者から適任としてお墨付きを与えられる人物でなければ、このようなことはこなせない。そのことから、助言を求められないような人々は、いざ助言を求められても売り込むべき助言を温めてはいないことが分かるのである。

第五に、助言者の数が同じであるなら、一堂に集めるよりも個別に話をさせるほうが優れた助言を得られる。それにはさまざまな理由がある。

第一に、個別のほうが、それぞれの助言者の意見をくまなく聞き出せる。一堂に会すると、大半の助言者は、自分自身の判断ではなくて他の発言者の雄弁ぶりに影響されて意見を変える。また、反論すれば、先に発言した者またはその場にいる助言者全員から不興を買うのではないかと、不安を感じる。あるいは、自分と反対の意見を支持する人々に比べて理解力が低いと思われるのではないか心配になる。そのために、「イエス」または「ノー」といった短い言葉を用いるか、あるいは相槌《あいづち》を打ったり頭《かぶり》を振ったりするなど身振りに頼るかして、助言を伝えるのである。

個別の助言のほうが望ましい第二の理由。大勢の人が集まると、そこにはどうしても、公共の利益と対立する利益を追求する人々が入り込む。このような人々は自分の利害に囚われて感情的になる。感情的になれば熱弁をふるう。聞いている人々はその熱弁に浮かされ、言われたとおりに踊らされる。それはこういうことである。確かに人間の情念は、個々ばらばらのままであれば、粗朶《そだ》が一本燃えるのと同じ程度の熱しか発しない。だが、寄せ集められた情念は（特に、互いに熱弁をもって相手を煽る場合はそうなるのだが）、助言をしているという口実のもとで実は国家を焚きつけるのである。それはちょうど、たくさんの燃えている粗朶が互いに火を付け合うのと同じである。

第三に、個別に話を聞く場合は、（必要であれば）相手の話をさえぎるとか、あるいは反対意見を述べるとかの行為を繰り返すことによって、助言の理由および根拠の真実性または蓋然性を質《ただ》すことができる。しかし大勢の人々が集まっていると、難問に直面するたびに、それをめぐる議論の多様さに驚き呆れることになり、取るべき方針を教えてもらうどころではなくなる。しかも、助言者として呼び集められた大勢の人々の中には、どうしても若干の不純な輩《やから》が混ざらないわけにはいかない。彼らは、弁が立つ人物、政治にも造詣《ぞうけい》が深い人物と見られたいという野心を抱いている。そして、助言にあたって、提起された問題に意を用いるのではなく、さまざまな著作から色合いの不揃いな断片を寄せ集めた、つぎはぎだらけの講釈を称賛してもらうことに意を用いるのである。これは少なくとも不見識な行為であり、真剣な相談の時間を奪うものである。そのような事態は、個別の相談という互いに人目にさらされない方法をとれば、難なく避けることができる。

第四に、秘密にしておかなければならない審議（公的な事がらの場合、往々にしてそうなる）に際して多数から成る助言者がいると、特にそれが一堂に会している場合、危険な存在となる。したがって、大規模な合議体は審議事項を付託する相手として、一握りの、その問題にこの上なく精通した、しかも信頼の置ける人々を選ばざるを得ない。

以上を要するなら、結論はこうなろう。子弟の結婚、所有地の処分、家政の運営、財産の管理などの問題が生じたとき、骨折り損を覚悟してまで大人数の助言者集団にわざわざ助言を仰ぐ者があろうか。そのようなことをする者はない。まして相談相手の側に、こちらの繁栄を望まない者が含まれているなら、なおさらである。大勢の考え深い助言者から、それぞれの得意分野ごとに個別に助言してもらいながら事を進めると、最上の結果が得られる。それはコート・テニスの試合において、有能なボールボーイをしかるべく配置しておくのと同じである。それに次いで優れた結果を得るのは、自分自身の判断だけを拠《よ》り所にする人である。コート・テニスにおいてボールボーイを使わないプレーヤーと同じである。

しかし、［集団的な］助言の枠の中で行きつ戻りつ事を進めると、進捗《しんちょく》ぶりは最悪になる。なぜなら、過半数の賛成が得られなければ前進できないし、多数派の意見を実行しようとすると大抵は、反対派が（嫉妬心のために、あるいは利害が対立するために）足を引っ張るからである。それはちょうど、重たい猫車か何かに押し込まれたまま、優れたプレーヤーに担がれてボール目がけて進むのと同じである。猫車はそれ自体重いし、それを後押しする人々の判断と努力がちぐはぐであるため、ちっとも前進しない。手を貸す人が多ければ多いほど、事態はますます悪くなる。そして押し手の中に、乗り手を失敗させてやろうと願っている者が一人でもいると、最悪である。

目は複数あったほうが、よく物が見える——。よしんばそれが真実だとしても、ひるがえって助言者が大勢いたほうがよく物が見えるかというと、そうは考えられない。それが当てはまるのは、最終的な決断が一人の人物にゆだねられているときだけである。それ以外の場合、多数の目が同一の対象をさまざまな方向から見ることになり、したがって、それらの目はともすれば個人的な利益に合わせて、歪《ゆが》んだ見方をしがちである。標的を射損《い》じたくないと思う射手は、あたりを見回すのには両目を使うけれども、的に狙いを定めるときは必ず片目を使う。

したがって、次のように言えよう。大規模な共和制の国家がこれまでまとまりを保ってきたとすれば、それは、合議体が公開の審議をおこなってきたからではない。それは、外敵に直面して統一を余儀なくされてきたからである。あるいは、傑出した一個の人物に名望があったからである。あるいは、一握りの人々が内密の助言をおこなってきたからである。あるいは、勢力の拮抗する党派が互いに相手を恐れて「均衡を保って」きたからである。そして、共和制であるにせよ君主制であるにせよ、非常に規模の小さい国家の場合、いかなる人知よりも、強大な近隣諸国に対する警戒心のほうが、国家を長続きさせるのである。

第二十六章　公民法について

ここで言う公民法（civil laws）とは、（あれこれの特定の国家ではなくて）国家一般の構成員であるがゆえに遵守《じゅんしゅ》しなければならない法律のことである。それだけの理由で公民法が遵守されるのはなぜか。特定の法律のことは、各国の法律を専門的に研究する人々でなければ分からないが、公民として遵守しなければいけない法一般については、だれにでも知識があるからである。

古代ローマ法は、英語のcivil lawに相当する言い方で呼ばれていた。それはキウィタス（国家）という言葉に由来する。そして、かつてローマ帝国支配下にあってローマ法によって治められていた諸邦は、その後も、ローマ法のうち自分たちが妥当と判断する部分をそのまま保持し、それをcivil lawと呼んだが、自分たち自身の公民法とは区別した。

だが、私がここで述べようとしているのは、それではない。私の狙いは、国ごとの法を示すことではなく、「法とはいかなるものか」を示すことにある。それは、プラトン[1]やアリストテレス、キケロらが法学研究を専門とせずにやってのけたのと同じである。

さて、第一に明らかなことは、法は一般的に、助言ではなく命令だということである。しかも、命令する者と命令される者がそれぞれだれでもいいというわけではない。支配者がすでに支配下にある者に対して発した命令でなければ、法にはならないのである。そして公民法に関して言うと、命令権者として、ラテン語でいうペルソナ・キウィタティス（国家という人格）の名を付け足すにすぎない。

以上のことを踏まえ、私は公民法を次のように定義する。

「公民法とは、国家が各臣民に対して口頭または文書で（あるいは、意思を表示するのに十分な合図によって）命ずる規範のことである。それは、事の是非、すなわち何が規範に反していて、何が規範に反していないのかを判別するための尺度である」

この定義は、一見して不分明なところはない。念のために補足説明しておこう。まず、次のことはだれが見ても分かる。（一）臣民全体を対象とする法律もあれば、特定の職業を対象とする法律もある。また、特定の地域または特定の人々を対象とする法律もある。したがって、法律は、その拘束力の対象となる者にとっては法律であるが、それ以外の人々にとっては法律ではない。(二) 法律はまた、正・不正の規範である。何らかの法律に反しない限り、不正という烙印は押されない。(三) また、国家以外の何人《なんぴと》も、法律を制定することはできない。なぜなら私たちが臣従する相手は国家だけだからである。(四) 指示内容は、十分に有効な印によって示される必要がある。なぜなら、さもないと、それに従う術《すべ》がないからである。

このような次第で、右の定義から必然的な帰結としていかなる結論が導き出されようとも、それを真実として承認しなければならない。さて、私がそこから導き出すのは次のことである。

〈主権者が立法者となる〉 1. あらゆる国家において立法者となる者は主権者に限られる。主権者が、君主制においてそうであるように一人の人間であるか、それとも民主制または貴族制のように、複数の人間から成る合議体であるかは問われない。それは次のような理屈にもとづく。まず、立法者とは、法律を制定する者を指す。そして、国家だけが、私たちが法と称する規範を定めたりその遵守を命じたりする。したがって、国家はすなわち立法者である。しかし国家は生身の人間ではないので、代表者

（すなわち、主権者）を介さなければ何事もなし得ない。まさにこのような次第で、主権者が唯一の立法者となるのである。同じ理由により、主権者以外の何人《なんぴと》も既存の法律を廃することはできない。なぜなら法律は、その執行を禁ずる別の法律によらないことには、破棄できないからである。

〈主権者は公民法には服さない〉 2. 国家の主権者は、合議体であるにせよ一人の人間であるにせよ、公民法に服さない。なぜか。法律を制定したり破棄したりする権力を握っている以上、いつでも好きなときに既存の法律の支配を脱することが可能だからである。それは、自分にとって不都合な法律を破棄し、その代わりに新たな法律を作ることによる。ということは、主権者はもともと自由だったということである。なぜか。自由になりたいときに自由になれる者は自由である。また、何人《なんぴと》も自分に縛られるということは、あり得ない。縛ることができるのであれば、それを解くこともできるのであり、したがって、自分自身にしか縛られていないとすれば、要するに縛られていないのと同じだからである。

〈慣習が法となるのは時間の効によるのではなく、主権者の同意が物を言うからである〉 3. 長く続く慣習は、法と同じ重みを持つことがある。そのような重みが得られるのは、慣習が長く続くからではない。主権者の、沈黙によって示される意志が物を言うからである（沈黙は時として同意の証拠となる）。だから慣習は、主権者が沈黙している限りにおいて法律となるのである。したがって、もし主権者が、自分の現在の意志ではなく往時の法律に依拠する権利に対して疑義を唱えた場合、その法律が長く続いてきたからといって主権者の権利を蔑《ないがし》ろにするべきではない。この問題については、正当性に照らして判断すべきである。

このようなことを強調するのは次の事情があるからだ。だれも思い出せないほど昔から、数々の不当な訴訟や数々の不当な判決がまかり通ってきたため、わが国の法律家は、合理的なもの以外の慣習を法とは見なさず、悪しき慣習は廃するべきである、と言う。ところが、何が合理的であるか、何を廃するべきかについて判断を下すのは、法を制定する者、すなわち主権をそなえた合議体または君主なのである。

〈**自然法と公民法は互いに重なり合う**〉４．自然法と公民法は互いに重なり合い、その適用範囲は等しい。なぜそうなるのか説明しよう。まず、自然法の本源は、公平・正義・報恩などの徳目や、そこから派生する他の徳目にある。単なる自然状態での自然法は（すでに第十五章の最後のところで述べたとおり）本来的に法ではなくて、人々を平和と服従の方向に仕向ける徳性のことにほかならない。自然法が名実ともに法となるのは、国家の樹立後のことであって、それ以前ではない。というのは、ひとたび国家が樹立されると、自然法は国家の命令と同格になり、したがって同時に公民法となるからである。要するに、人々を自然法に従わせるのは、主権である。なぜなら、私的な人々が相互に対立している状況においては、まず、何が公正、正義、道徳にかなうのかを布告し、そうした布告に拘束力を持たせなければならないし、そのためには主権の力に裏打ちされた法令を定め、また、法令に違反した者を対象とした刑罰を定めておく必要があるからだ。このような法令はかくして公民法の一部を成す。したがって世界中のいずれの国家においても、自然法は公民法の一部となっている。同時に公民法も、自然の命令体系の一部となっている。

公民法が自然の命令体系の一部になるのはなぜか、説明しておこう。まず、正義（すなわち、契約を履行し、各人に各人の取り分を取らせること）は、自然法の命ずるところである。しかるに国家において各臣民は、公民法に従うことを契約している（契約のやり方は次のいずれかである。（一）共通の代表者を決めるために集まった者が、相互に契約を結ぶ。（二）武力によって屈服させられ、命を助けてもらう代わりに服従を誓った者が、国家の代表者とのあいだで一人ひとり契約を結ぶ）。したがって、公民法に従うことは自然法の一部でもある。公民法と自然法は、別種のものではない。法の、異なる部分なのである。一方は成文化されていて公民法と呼ばれるのに対し、他方は不文律で、自然法と呼ばれているということである。

しかし、自然権（すなわち、人間が生まれながらに持っている自由）は、公民法によって縮小、制限されることになるかもしれない。いや、法を制定する目的は、まさに自然権を制限することにあるのだ。そうしないことには、いかなる平和もあり得ないからである。法がこの世に持ち込まれたのは、ほかでもない、個々人が生まれつきそなえている自由を制限するためである。それによって人々は、互いに危害を与えるのではなく、それと対照的に助け合い、結束して共通の敵と闘えるようになるのである。

〈属州の法を制定するのは、慣習ではなく主権者の権力である〉5．ある国家の主権者が、他の成文法のもとで生活してきた他国の人民を征服したとしよう。そして、新たな統治をおこなうにあたり被征服民の既存の法を踏襲《とうしゅう》するとしよう。その場合、それらの法律は征服者の公民法ということになる。それはもはや、征服された国の公民法とは言えない。なぜなら立法者とは、権限を行使して最初に法を制定した者ではなくて、法を法にしておくために現在も権限を行使している者のことを言うからである。

したがって、次のように解すべきであろう。すなわち、ある国家の領域に属州がいくつか含まれていて、それら属州の法（通常、それぞれの属州の慣習法と呼ばれるもの）がまちまちである場合、そうした慣習法が効力を持つのは長い歳月を経ているからではなく、その昔、そこを治めていた主権者が法令として成文化したか、あるいは他の方法で公布した経緯があるからだ。また、今日それが法として扱われるのは、慣行の力によるのではない。現在の主権者がそのように定めるからである。

しかし、ある不文律が領土内のあらゆる地域においてあまねく守られ、それを適用するにあたって何らの不公平も見られないとすれば、それは、人類全体を等しく拘束する自然法にほかならない。

〈立法に関する法律家の愚説〉 6．したがって、成文法であるか不文法であるかを問わず、あらゆる法律が権限と効力の拠《よ》り所とするのは、国家の意思すなわち代表者の意思である。国家の代表者とは、君主制にあっては君主のことであり、それ以外の政体にあっては、主権をそなえた合議体のことである。そのことに照らすなら、いくつかの国の、著名な法律家の著作に見られるような見解が一体何を根拠にして出てくるのか首をかしげたくなる。それらの説は直接に（あるいは推論によって）、立法権力は一般人あるいは下級の裁判官に従属するとしている。

一例を挙げよう。「公民法を司《つかさど》るのは議会だけである」という見解がある。ところが、この命題が真であるのは、議会が主権を握っていて、招集も解散もみずからの裁量によって決めるという仕組みになっているときだけである。議会がみずからの解散権を持たねばならないのはなぜか。議会の解散権が他の何者かの手中にあるとすれば、議会を統御する権限も、したがって議会に対する統御を抑制する権限も、そこに握られてしまうからである。もしそのような権限がないとすれば、立法を司るのはパルラメントゥム（議会）ではなく、レクス・イン・パルラメント（議会における君主）ということになる。また、議会が主権を握っているだけでは不十分である。どれほど頭脳明晰な人材がどれほど大勢招集されようとも、それが議会に服属している国々から招集されるのであれば、招集の大義がどうあろうとも、その結果として成立する合議体に立法権があるとはだれも信じないであろう。

次の見解も妄説の類である。「国家の両腕の役割を果たすのは、力と正義である。

前者は国王に、後者は議会の手中に置かれる」。これではあたかも、何者かが手中に力を握り、そこには正義が統御、支配する権限が及ばないのに、それでいて国家が成立するかのようである。

7. 法律は、理性に反するものであってはならない。わが国の法曹界はその点について見解が一致している。次の点についても同様である。「字句（すなわち字句の個々の解釈）イコール法律ではない。立法者の意思に合致しているものこそが法律である」。

それは真実である。だが、法律として受け止められるのはだれの理性なのか。そこに疑問がある。それは個人の理性を指しているのではない。仮に個人の理性を指すのだとすれば、法律は、スコラ学派の言説と同じほど多数の矛盾をはらむことになる。〈**コーク著『リトルトン注解』二巻六章九十七丁《ちょう》b面**〉それはまた、エドワード・コーク(2)が考えるのとは異なり、「長年の研究・観察・経験の成果としての、後天的に成熟した理性」というのでもない（コーク自身の理性はそうであったが）。長年にわたる研究のせいで、かえって誤った判決が増加したり追認されたりすることはあり得る。そして、基礎に瑕疵《かし》がある場合、建造物の大きさに比例して倒壊の規模も大きくなるのである。また、等しい時間と等しい労力を投入して研究、観察したとしても、人によってその推論および結論はまちまちになる。いや、そうならざるを得ないのである。したがって法は、ユリス・プルデンティアすなわち下級裁判官の知識によって作られるのではない。彼《か》の人造人間（すなわち国家）の理性および命令によって作られるのである。そして国家は、それを代表するただ一つの人格によって体現されるので、法律相互間に簡単に矛盾が生ずるという事態はあり得ない。仮に矛盾が生じても、それは国家理性を働かせれば解消できる。解釈を工夫するなり、法律を修正するなりすればいいのである。あらゆる法廷において裁判官を務めるのは主権者（国家を体現する人格）である。一方、下級裁判官は国家の理性を尊重すべきである。主権者はそうした理性に動かされて、下級裁判官の判決がそれに見合ったものになるように法を制定したのだから。下級裁判官が国家の理性を尊重するとき、その判決はすなわち主権者の判決ということになる。そうでない場合は、下級裁判官が独自の判決を下したことになり、それは公正な判決ではない。

〈**作られても、公布されなければ法律ではない**〉法律は命令である。そして命令は、命令する者の意思を口頭または文書で、あるいはその他の十分な証拠によって宣言または表明することに帰着する。それを踏まえるなら次のことが理解されよう。すなわち国家の命令は、それを知るための手段を持つ者を対象にするときでなければ法律にはならないということである。先天的に愚鈍な者や子ども、さらには狂人に対して法が存在しないのは、獣に対して法が存在しないのと同じことである。彼らはまた、正・不正の極印《ごくいん》を押される立場にない。なぜなら、契約を結ぶ力も、契約の帰結を見通す力もなかったし、したがって、彼らは自分たちの国家を樹立する者として当然しなければならないこと、すなわち主権者の行為を承認するという行為にも加わっていないからである。また、先天的原因または事故により法律一般を知ることができなかったり、何らかの不可抗力の事故によって特定の法律を知る手段を奪われていたりするのであれば、その法律を守らなかったとしても赦《ゆる》される。厳密に言うなら、当該の法律はそうした人間にとって法律ではない。したがって、法律の要諦を心得ているというのに十分な論拠や証拠とはいかなるものかを、この際、考察しておく必要があろう。法律の要諦とは、君主制であるにせよ、その他の政体であるにせよ、主権者の意思にほかならない。

〈不文法はいずれも自然法である〉 自然法——その一。すべての臣民を漏れなく拘束する法でありながら、成文化されてもいないし、また、臣民に向けて周知できる場所に公布されてもいない――そのような法があるとすれば、それは自然法である。なぜか。他人の言葉によって促されたからではなく、各人が自分自身の理性に照らしてみずから法として受け入れるべきものはいずれも、他のすべての人間の理性にとっても同意し得るものであるはずだからだ。自然法以外のいかなる法もそうはならない。したがって、自然法は公布したり布告したりする必要がまったくない。それは、世界中の人々が是認する次の一文《いちぶん》によって言い尽くされている。「他人にされて不当だと思うことは、他人に対してもしてはならない」。

自然法――その二。複数の人々または特定の個人の、何らかの身分にしか適用されない法であっても、成文化も公布もされていないのであれば、これもまた自然法である。それがそれとして知れるのは、身分のある人々を他の臣民から区別する証しや目印のおかげである。なぜこれも自然法なのか。成文化もされず、また法の制定者による公布の手続きもとられていない法は、法に従う側が理性を働かせる以外には、法として認識されない。したがってそれは、公民法であるばかりか自然法でもあるのだ。

この種の自然法の具体例を挙げよう。主権者から宰相の果たすべき役割について文書による指示がなかった場合、宰相はみずからの理性の命ずるところを主権者の指示と受け止める義務がある。また、主権者から裁判官に任命されたならば、自分の下す判決が主権者の理性に沿ったものとなるよう注意を払わなければならない。「主権者はすなわち公正なり」と、常に理解されており、裁判官は自然法によってそうした通念に縛られる。また、もし主権者から大使として起用されたならば、(書面で指示された以外のあらゆる事がらに関して)自分の理性の命ずるところを指図と受け止め、主権者の利益を最大限に計るべきである。宰相・裁判官・大使に限らず、公私いずれかの立場で主権者に仕える者はだれでもそうする義務がある。このような内発的な理性の指図は、「忠実」という言葉で一括されよう。忠実であることは、自然的正義である。

自然法以外のあらゆる法の要諦は、それに服することを義務づけられる人々全員に周知されているというところにある。そのために口頭または文書の、あるいはその他の何らかの布告が発せられる。その際、それらが主権者の権限にもとづいているということが知られている必要がある。

法を周知しなければいけないのはなぜか。他人の意思を理解するためには、当人の言葉や行いを判断材料にするか、あるいは当人の目指すところや狙うところに照らして「その動機を」推測する外《ほか》はないからである。もっとも、国家がそなえる人格の場合、そこに宿る意思は常に、公正および理性と一致するはずであるけれども。

その昔、文字が広く一般に使われるようになる前、法律は詩の形をとることが多かった。そうしておくと、無学な人々でもそれを口ずさんだり人前で披露したりして楽しむので、法律を記憶することが容易になる。同様の理由から、ソロモンはある人に、十戒を自分の十本の指に結びつけよと勧めた（「箴言」七・三）。また、モーセは契約を結び直す際、イスラエルの民に与えた法が閑却されるのを恐れ、次のように命じた。「子らに法を教えよ。家にいるときも歩くときも、就寝するときも起床するときも、法について語り聞かせよ」（「申命記」一一・一九）。「家々の柱と戸口に法を書き記せ。人々を、男も女も子も区別することなく呼び集め、法を読んで聞かせよ」（「申命記」三一・一二）。

〈**立法者が不明では、法は法にならない**〉法は、成文化され公布されただけでは不十分である。法が主権者の意志に発しているという明白な証拠も必要である。なぜなら、不正な企図を温める私人が、野望を難なく達成するための武力をそなえるか、あるいはそなえているという自信を持つと、立法の権限を持たないにもかかわらず（あるいは、立法の権限に逆らって）、好き勝手なことを法として公布しかねないからだ。したがって、法を公布するだけでは不十分である。法を公布する者の身元および権限を証明する十分な証拠も必要である。

いずれの国家においても、法を制定する立場にある者（すなわち立法者）は明らかなはずだ。なぜなら、立法者は万人の同意によって選任された主権者にほかならないのであり、申し分なく万人に知られているはずだからである。確かに大方の人間は無知で呑気である。だから、国家が樹立されたときの記憶が薄らぐと、だれのおかげで常に外敵から守られ、産業を保護され、侵害された権利を回復してもらっているのか、顧《かえり》みない。しかし頭を働かしさえすれば、それは問題にするまでもないことであり、主権の所在がどこにあるのか知らなかったという言い訳は成り立たない。身を守るために保護をみずから進んで求め、それと分かって受け入れている以上、保護を施してくれる権力を骨抜きにするなどという所業は許されない。それは、天の道理の命ずるところであり、厳然たる自然法である。このような次第であるので（不心得者《ふこころえもの》が何と言おうとも）、だれが主権者であるのかという点について疑いを差しはさむ者はない（勘違いをしているケースはあるが）。

しかし難しいのは、主権者に由来する権限をどのように証明するのかというところにある。そうした困難は、［公訴の］記録簿、検察官、執行官、国璽《こくじ》などに関する知識があれば、解消される。それらのおかげで、法律は十分裏付けを得る。

〈裏付けと権威は別物である〉念のために言っておくと、「裏付けを得る」のであって、「権威を得る」のではない。というのも「裏付け」は証明書と記録に過ぎず、法の権威ではないからだ。法の権威はひとえに主権者の命令にある。

〈自然法は下級の裁判官によって裏付けを得る〉したがって、自然法すなわち社会全体の公正に牴触する権利侵害が生じたとき、その事件の審理権限をゆだねられた裁判官が判決を下せば、自然法は当該の事件に関して十分な裏付けを得る。というのも、自然法を研究している専門家の助言は、論争を避けるのには役立つが、しょせんそれは助言に過ぎないからである。論争を審理する際に、法の定めはかくかくしかじかであると人々に告げるのは裁判官の務めである。

〈成文法の効力を裏付ける手立て――［公訴の］公式記録〉しかし、もし問題が成文法に触れる権利侵害すなわち犯罪であるならば、各人はみずから直接に、あるいは人を介して［公訴の］記録に当たっても差し支えない。そうすれば、権利侵害ないし犯罪を企てるのに先だってそれが権利侵害に当たるのか否かを、（もし望むなら）十分に調べることができる。と言うより、むしろそうするのが当然である。言い換えると、こういうことだ。自分の企ての正・不正が疑わしく、その気になれば調べることができるのに、うやむやにしたまま行動を起こすのは不法である。また、同様に、成文法に照らして自分の権利を侵害されたと考える者が、自分で直接に（または人を介して）確かめるなり見極めるなりできるにもかかわらず、法に照らすことなく訴えを起こすとすれば、それは不正な行為である。自分の権利を要求しているというよりも、他人を困らせる性向の持ち主であることを自ら暴露しているに過ぎない。

〈成文法の効力を裏付ける手立て——国璽で認証された公開勅許状〉執行官の命令に従わないといけないのだろうか。そのような疑念が生じたとき、執行官の権限が十分に証明されたと言えるのは、国璽が押捺された委任状を見せてもらうか、読み上げてもらうかしたときである。あるいは、何らかの手立てが確保されていて、（その気になれば）委任状の内容について知り得るのであれば、それでもよい。こうした条件を満たす必要があるのはなぜか。だれしも最大限の努力を傾注して、自分自身の将来の行動に関わるかもしれない成文法を隅々まで知っておく義務があるからだ。

〈**法の解釈は主権者によって決まる**〉法は、その立法者が判明していて、しかも成文化によって（あるいは自然の力に導かれて）十分に周知されていたとしても、それだけでは足りない。強制力を得るには、さらにもう一つ必須の要件をそなえていないといけない。なぜ必須なのか。その要件というのが、法の、字面《じづら》ではなく本旨ないし意味であり、すなわち権威ある解釈（立法者の意向）だからである。法の真価は、権威ある解釈にある。そうであればこそあらゆる法律の解釈は、主権を持った権威者によって決まるのである。したがって法の解釈者になれるのは、主権者が任命した者だけである（ちなみに、主権者は臣民にとって、義務として服従しなければならない唯一の相手である）。さもないと法は、解釈者の奸智によって主権者の意向に反する意味を持たされるかもしれない。法の解釈者はそのような手段に訴えることにより、立法者と化することもある。

〈**あらゆる法は解釈を必要とする**〉成文法にせよ不文法にせよ、あらゆる法は解釈を必要とする。自然法は不文法であるが、分け隔てや好き嫌いを排して生まれつきの理性を働かせようとする人々にとっては難しいものではない。したがって自然法を犯した者にとって、言い逃れの余地はない。しかし、いかなる状況下でも利己心やその他の感情に惑溺することがない人は、非常に少ないか、恐らくは皆無であろう。それを踏まえるなら、自然法はいかなる法よりも曖昧だということになる。自然法が有能な解釈者を必要とする度合いは、他のすべての法を上回る。

成文法は、それが短い場合、その中の一語か二語が多様な意味を持つことから、誤解を招きやすいものとなる。長い場合は、少なからぬ単語が多様な意味を持つことから、ますます曖昧になる。したがって語数の多寡にかかわらず、成文法をよく理解しようと思えば、それが究極的に何を目的として制定されているのかを完璧に理解しておく必要がある。究極の目的を知っているのは、立法者だけである。したがって、立法者にとって解決できない難題というものは存在し得ない。なぜならその立法の権力をもってすれば、難題を解きほぐすための糸口を見いだすか、あるいは（アレクサンドロス大王がみずからの剣でゴルディウスの結び目を断ち切ったのと同じように）思いのままに難題を一刀両断にすることが可能だからである。そのようなことは、その他の［主権を持たない］法の解釈者にはできないことである。

〈権威ある法解釈とは、文筆家の法解釈のことではない〉国家における自然法の解釈は、道徳哲学の書物によって決まるわけではない。文筆家の見解は、それら文筆家に権威があるからといって、法にはならない。国家の権威という裏付けがない限り、どれほど正しくとも法にはならない。たとえば、私は本書でさまざまな徳目について、またそうした徳目が平和を達成、維持するのに必要であることについて、あれこれ論じてきた。しかし、私の所論は、紛れもなく正しいとしても、目下のところ法ではない。世界のいずれの国においても、法が法であるのは、公民法の一部だからである。言い換えるなら、本来的に道理にかなっている事がらであっても、それは、主権者の権力に支えられるからこそ法なのである。そうでなければ、自然法を不文法と呼ぶのは重大な錯誤《さくご》ということになる。自然法については、数々の書物がさまざまな著者によって出版されているが、それらの書物には相互に矛盾が見られるし、また同一の書物においても矛盾が見られる。

〈**自然法の解釈者とは、個々の裁判において口頭で判決を下す裁判官のことである**〉裁判官は主権者の権限によって任命され、担当する争いについて審理し、判断を下す。自然法の解釈とは、そうした裁判官の判決のことである。それは、審理中の事件に自然法を適用するという形をとる。

言い換えると、こういうことだ。裁判官がみずからの司法権を行使するにあたって吟味するのは、ほかでもない、当事者の要求が自然の道理と公正に合致しているか否かである。したがって、裁判官の下す判決は自然法の解釈にほかならない。それは私的な宣告ではないし、主権者の権限を根拠としているのだから、権威がある。だからこそ、それは主権者の判決となり、差し当たって裁判の双方の当事者を法的に拘束するのである。

〈判例があるからといって、その判決を下した当の裁判官も他の裁判官も、以後の同様の裁判において同様の判決を下すことを義務づけられはしない〉しかし、正・不正を判断するにあたって誤りを犯さない裁判官というものはあり得ない。それは、下級の裁判官であろうと、主権を持った裁判官であろうと同じことである。したがって裁判官は、その後の似たような裁判において、以前自分が下した判決とは逆の判決を下したほうが正義にかなうということに気づいた場合、そのように判決する義務がある。何人《なんぴと》もみずからの犯した誤りを法とするには及ばない。また、そのような誤りに固執する義務もない。他の裁判官に対してもそれが法となることはない（理屈は同じ）。それを遵守すると誓っていたとしても、である。

念のために言っておこう。変更可能な法律に関して言うと、主権者の権限によって下された判決は、よしんば誤った判決であったとしても主権者が了承するならば、新しい法律を定めたのと同じことである。それは、細部の条件を同じくする［後続の］事件にも適用される。しかし自然法のように、変更しようのない法に関して言うと、判例はその判決を下した裁判官にとってもそれ以外の裁判官にとっても、その後同様な事件において永久に遵守すべき規範とはならない。

王侯には代替わりがある。裁判官も入れ替わる。天地ですら流転《るてん》する。しかし、自然法という規範だけは不易《ふえき》である。なぜならそれは、神の永遠の法だからである。したがって、過去の裁判官がこれまで下してきた判決を一つ残らず寄せ集めても、自然の道理に反する法律を作ることなど、できるはずもない。また、過去の裁判官のいかなる判例を持ち出そうとも、道理に合わない判決を正当化することはできないし、在職中の裁判官の苦労を取り除くこともできない。現役の裁判官というものは、（審理中の事件において）公正とは何かを吟味するにあたって、自分自身が生まれつきそなえている理性という原理に照らさなければならない。たとえば、「罪なき者を罰すること」は自然法に反する。罪なき者とは、法的に正しく行動し、裁判官から潔白であると認められた者のことである。次のようなケースを想定されたい。死罪に当たるとして告発される。敵には権力や悪意があり、しかも裁判官の汚職や情実が横行していることから、自分にとって不利な判決が出ることを恐れて逃亡する。その後、捕らえられて裁判にかけられる。身の潔白を十分に明らかにし、無罪を申し渡される。ところが、そうであるにもかかわらず財産の没収を宣言される――。これは明らかに、無実の人間に対する有罪宣告である。したがって、言わせてもらうが、このような事態が自然法を解釈した結果であるとか、過去の同様の判例にもとづく法的規範であるとかいうようなことは、世界中のいかなる国においてもあり得ない。なぜか。同じ事例を最初に取り扱った裁判官の裁きは不当であり、不当な裁きは、後に続く裁判官にとって従うべき判例とはならないからである。

無実の者が成文法によって逃亡することを禁じられていて、逃亡すればそのかどで処罰されるという事態はあり得よう。だが、裁判で無罪放免となった後、権利が侵害されることを恐れて逃亡したことを取りあげて「有罪の推定」をおこなうなら、それは推定の本質に反している。ひとたび判決が下された後は、もはや推定の余地はないからだ。にもかかわらず、イングランド法を解説しているつもりで次のように論ずる大法律家［エドワード・コーク］がいる。

いわく、「無実の人間が重罪のかどで告発され、それへの恐怖から逃亡した場合、その重罪について裁判で無罪を宣告されたとしても、逃亡の原因がまさにその重罪にあると判明すれば、よしんば無実であっても全財産および債権を没収される。なぜなら、それらの没収についていうと法は、その種の逃亡を根拠として適用される法の推定に対して、いかなる反証も認めないからである」。ここで読者諸賢は悟るであろう。「裁判で無罪を宣告された無実の者が」「無実であるにもかかわらず」、釈放された後、いかなる成文法に照らしても逃亡は禁じられていないのに「法の推定にもとづいて」全財産を没収されるのである。

もし法が［審理以前の］逃亡を根拠として事実を認定するのであれば、（それは死罪扱いされたので）死罪を下すのが当然だった。しかし事実認定が裏付けのないものだとすると、何を根拠として財産を没収するのか。したがって、これはイングランド法ではない。財産の没収にしても、法の推定ではなく裁判官の［恣意的な］推定を根拠としているにすぎない。

また、法の推定に対する反証を認めないという言い分も、法理に反している。主権を持っている裁判官にせよ下級の裁判官にせよ、およそ裁判官たる者は、証拠を聴取しないのであれば正義を拒否するのに等しい。というのも、よしんば判決が正しいとしても、提出された証拠を聴取することなく有罪判決を下すとすれば、それは不公平な裁判官であるからだ。そのような裁判官の推定は偏見にすぎない。範にしている(と自称する)判例がどうあろうとも、何人《なんぴと》も法廷に偏見を持ち込むべきではない。この種の事例、すなわち、判例を信じることによって判断に錯誤が生ずるケースは、他にも見られる。しかしここまで述べれば、以下のことを示すのに十分であろう。すなわち裁判官の判決は、裁判で争う双方の当事者にとっては法であるが、後任の裁判官にとっては法ではないということである。

自然法と同様、成文法においても意味が問題となることがある。その場合、注釈書を執筆する者が法の解釈者になるわけではない。というのも注釈書は通常、法律の本文以上にあら探しの標的になりやすく、したがってさらに別の注釈書を必要とし、このようなやり方で解釈したのではきりがないからである。したがって、成文法の解釈を担当するのは、職務権限を持った正規の裁判官にほかならない。それは、不文法を解釈する場合と同じことである(ただし、主権者によって権威づけられた解釈者がいて、下位の裁判官がそれに縛られるというケースは別である）。それら裁判官の判決は、裁判で争っている双方の当事者により、その裁判限りの法として受け止められるべきものであって、他の裁判官はそれによって拘束されない。同様の裁判だからといって同様の判決を下す義務はないのである。なぜなら、成文法の解釈においてすら裁判官は誤りを犯すことがあるが、下級裁判官のいかなる誤りも、法律（すなわち、主権者の一般的な判決とも言うべきもの）を変更できるわけではないからだ。

〈法の文面と趣意との違い〉成文法において人は、法律の文面と趣意を区別するのを習いとしている。文面という言い方によって、言葉そのものから読み取れることをあれもこれも指すのだとすれば、法律の文面と趣意とは截然《せつぜん》と区別される。なぜなら、たいていの言葉は額面どおりの意味で使うときも比喩的に使うときも、意味が曖昧であり、議論を進めていくうちにさまざまな意味を持たされるのに対し、それぞれの法律は一つしか意味を持っていないからである。

しかし、文面という言い方によって字義どおりということを指しているのであれば、法の文面と趣意（すなわち法の意図）は同じことを指していることになる。なぜなら字義どおりとは、立法者の意図が法の字句によって表現されていることにほかならないからである。

それはさておき、立法者の意図は公平性［の実現］にあると、常々考えられている。すなわち、裁判官が主権者の意図をそれとは別のところに見出すなら、はなはだしく烏滸《おこ》がましいということである。したがって法が、趣旨としては道理にかなっていても文言による十分な裏付けを欠いているのであれば、裁判官はそれを自然法によって補うべきである。また、判断の難しい裁判においては、証拠がふんだんに得られるまで判決を先延ばしすべきである。

たとえば、成文法によって次のように定められているとしよう。「力によって住居を奪われた者は、力によって原状を回復するものとする」。それでは、迂闊《うかつ》に住居を留守にした隙《すき》を衝《つ》かれ、力によって締め出しを食い、その際特別法による定めもないとしよう。そのようなケースが右の成文法の範囲内にあることは明らかである。なぜなら、そうでないとすれば、何の救済策もないということになり、そのような事態は立法者の意図に反していると考えられるからだ。

念押ししておきたいことがある。それは、法の命ずるところに従うなら証拠にもとづいて裁判をしなければならない、ということだ。ある男が無実の罪に問われて被告席に立たされているとしよう。裁判官自身、被告人ではなく別の人間が犯行に及ぶのを目撃しているとしよう。このような場合、法の字句を鵜呑みにして無実の被告に有罪判決を下すようなことは避けなければならない。また、法の字句と対立するからといって、証人が示す証拠に反するような判決を下してはならない。むしろ、裁判官は主権者に対し、ほかの者を裁判官に充《あ》て、自分を証人とするよう説くべきである。

このようにして、成文法の、書いてあるとおりの文言に従えば不都合が生ずることから、裁判官は法の意図を生かすべく導かれる。そして法の解釈は、それによって優れたものになる。もっとも、不都合があるからといって、法に反する判決が正当化されるわけではない。というのも各裁判官は、事の正・不正を判断するのであって、何が国家の利益（または不利益）になるのかを判断するものではないからだ。

〈裁判官にとって必要な能力〉 法を正しく解釈する者、すなわち優れた裁判官にとって必要な能力は、弁護士に必要な能力とは異なる。すなわち、法律を研究する能力とは別物である。なぜなら裁判官は、法を尊重するに際して、主権者の法令および法規だけを拠《よ》り所とすべきだからである。それは、事実を尊重するにあたって証拠だけを拠り所とすべきであるのと同じである。主権者の法令および法規は、弁論の際「双方の当事者によって」弁論の根拠として示される。あるいは、主権者の代理人から裁判官に対して申し渡される（代理人に、そのような申し渡しの権限が与えられているとしての話である）。裁判官は、どのような判決を下すべきか、前もって頭を悩ませる必要はない。なぜなら、事実についての裁判官の見解は証拠から引き出せるし、法についての見解は、弁論に際して法を示す人々や、与えられた権限にもとづいて法をその場で解釈する人々に求めることができるからだ。

イングランドでは貴族院議員は裁判官を兼ねていた。起こされた訴訟のうち特に取り扱いが難しいものは、結審に至るまで彼らが審理を担当した。しかし、彼らのうち法律の研究によく通じている者は稀であり、法律の研究を専門としている者となると、もっと稀であった。確かに、法廷での助言を任務とする法律家と協議することはあった。しかし、判決を下す権限を持っていたのは、あくまでも貴族院議員を兼ねる裁判官だけであった。

同様に、権利をめぐる通常の［民事］裁判では、平民十二名が裁判官を務め、事実だけではなく権利の観点からも判決を下す。そして、原告側と被告側のいずれかに明快に軍配をあげる。要するに裁判官は、事実のみならず権利についても裁くのである。

刑事裁判になると、犯行の有無だけではなく、謀殺なのか、それ以外の殺人なのか、あるいは「殺人以外の」重罪なのか、暴行するぞという脅迫なのか、そういったことも判断するのである。これは、適用する法を決めるということである。しかし彼らは、法の心得などあるはずもなく、裁判官を務めなければならない個々の審理に際しては、法について指南する権限を持った者の出席を仰ぐのである。しかし指南役の助言を聞き入れずに判決を下したとしても、それを理由に処罰されることはない。ただし、判決を下すにあたって良心を捨てたとか、事前に賄賂で買収されていたとかの事実が明らかにされるなら、話は別である。

優れた裁判官（すなわち、法を正しく解釈する者）となるための要件は第一に、自然法の中でも最重要の、「公平性」という原理を正しく理解することである。それは他人の著作を読んだからといって得られるものではなく、生来の理性に加えて思索に長じていることが肝要である。したがって、そうした問題について思索を好む傾向が顕著な人ほど、また、思索のための時間に恵まれている人ほど、理解は深くなるはずである。第二の要件は、不必要な蓄財や出世をものともしないこと。第三の要件は、判決に際して、恐れや怒り、好悪、同情などあらゆる感情を排すること。最後に第四として、審理を遂行するための忍耐力と、調べにあたっての細心の注意。そして、審理したことを銘記し、咀嚼し、応用するための記憶力が挙げられる。

〈**法の区分**〉法はこれまで、起草者の念頭にある分類法に応じてさまざまに区別、区分されてきた。区別や区分の仕方がまちまちになるのは、それが、ありのままの実態ではなくて起草者の意図に支配され、各起草者に固有の分類法に従っているからである。

ユスティニアヌス帝の『ローマ法大全』(3)では、法(civil law)を次の七種類に分類している。

1. 君主すなわち皇帝が発する布告・勅法《ちょくほう》・勅答《ちょくとう》。それらのものが法として扱われるのは、皇帝が人民の全権力を体現していたからである。これと似たものに、イングランド国王が発する勅令がある。

2. 元老院の発議があったときのローマ全国民令。ここで言う全国民には元老院も含まれる。ローマ全国民令が法律扱いされるのは、第一に、国民が持つ主権ゆえだ。皇帝によって破棄されなかったものが、皇帝の権限に支えられて法としての効力を保ったのである。なぜならば、拘束力のある法はいずれも、それを破棄する権力を持っている者の権限によって、法と見なされるからだ。これに多少似たものとして、イングランド議会の制定法がある。

3．護民官の発議があったときの平民令（ただし、ここで言う平民には元老院を含まない）。それら平民令のうち皇帝によって破棄されなかったものが、皇帝の権限に裏付けられて法としての資格を保ったのである。これに似たものとしては、イングランドの庶民院命令がある。

4．元老院の議決。なぜこれがローマ法なのか。人口増によりローマ国民を招集するのに不都合をきたすようになったため、皇帝が、人々は国民ではなく元老院に諮《はか》るべきであると判断したからである。元老院の議決といくらか似ているものとして、［イングランドの］枢密院令がある。

5．イングランドの裁判所長官に相当する高等司法官および［公共建造物・厚生・治安を司る］高等按察官が発する告示。ただし後者については、法として扱われるのは一部のものだけである。

6．法学者の解答。法学者が皇帝から権限を与えられて法を解釈し、助言を求められている法律問題に対して解答を示すことがある。そのような法学者の結論や見解を、法学者の解答と言う。裁判官は判決を下すにあたって、法学者の解答に従うことを皇帝の勅法によって義務づけられていた。法学者の解答は、［学識裁判官が書き記す］判例集に似ているかもしれない。その他の裁判官が判例集に従うことをイングランド法により義務づけられる場合は、そうであった。このようにローマ法とイングランド法との対比が成り立つのは次の事情による。イングランド法を判断する［学識］裁判官は、本来、裁判官ではなくて法学者であり、法律に関して助言を求められる立場にある。助言を求めてくるのは、裁判官である。こちらは、裁判を管轄する地域の、貴族または十二人の平民である。

7．成文化されていない慣習。これはその本質上、法の代用品である。しかし、もし自然法に反しておらず、しかも皇帝の暗黙の承認が得られているなら、これもまたれっきとした法である。

〈もう一つの分類法〉 法の分類には、もう一つ別のやり方もある。すなわち、法を自然法と実定法とに分けるやり方である。自然法は、はるか大昔から［人間界の］掟《おきて》とされてきたものである。一名、道徳律とも言う。それは、正義や公平のような倫理を始め、平和と博愛に通ずるあらゆる社会通念から派生する。これについてはすでに第十四章および十五章で触れた。

実定法は、はるか大昔から存在したわけではない。それは、主権を有し他人を支配する者たちが、おのれの意志を働かせて法制化してきたのである。実定法は成文化されたものである。あるいは、立法者の意志を示す別の何らかの証拠によって周知されたものである。

実定法はさらに、人間が定めるものと神が定めるもの［すなわち聖書］とに二分される。そして人間が定める実定法は、分配に関するものと刑罰に関するものとに分かたれる。前者すなわち分配に関する実定法は、臣民の権利を定め、何を根拠にすれば土地や財貨の所有権を獲得、保持できるのか、また、何を根拠にすれば行動の権利ないし自由を獲得、保持できるのかを、各自に対して宣言する。対象は臣民全員である。それに対して刑罰に関する実定法は、法を犯せばいかなる刑罰を科せられるのかを宣言する。対象は、法の執行を任された裁判官や［執達吏などの］執行官である。確かに、法に触れた場合いかなる刑罰に処せられるかについては、各人が前もって知らされているべきだ。だが、［処罰に関する］指示を受けるのは、法に違反した当人ではない（当の違反者が忠実に自分自身を処罰するとは考えられない）。指示の受け手となるのは、刑罰の執行を計らうために任命されている裁判官である。

刑罰に関する法は分配に関する法と同じように、大部分は成文化されている。そうした法の異名として、判決を意味する言葉が宛てがわれることもある。おかしなことではない。なぜならあらゆる法は、いわば立法者が下す「一般論としての判決」だからである。それはちょうど、裁判で争っている双方の側にとって、個々の判決が遵守すべき法であるのと同じことである。

〈神の定める実定法が法であることは、いかにして周知されるのか〉 神の定める実定法について説明したい（その前に自然法について一言補足すると、こちらはそもそも永遠にして普遍のものであり、すべて神の定めたものである）。神の定める実定法は、神の掟《おきて》である（ただし、太古からあるわけではない。また、それによって拘束されるのは、すべての人間ではなく、特定の民または特定の人々である）。神の実定法は、宣言する権限を神からさずけられた人々が宣言する。

だが、神の実定法がどのようなものかを宣言する人間の権限は、どのようにして周知されるのか。神がだれかに超自然的な方法で、「法を他の人々に伝えよ」と命じることはあるかもしれない。だが、法に服する者が法を宣言する者の権限を信じることこそが法の要諦であるのに、私たちは、そうした権限が神から発せられていることを自然に知ることはできない。そうである以上、疑問が残る。「超自然的な啓示を得ていない者に、法を宣言する者が得た天啓を、どうして信じさせられようか。また、どうして法を遵守させられようか」。第一の疑問、すなわち「個人的に天啓を受けていない者が他人の天啓を信じるだろうか」という疑問に答えるなら、「そのようなことは明らかに不可能である」。理由を説明しよう。確かに、天啓を得た人物が人前で成し遂げる奇蹟や、その生き方の類まれな気高さ、衆に抜きん出た叡智、並外れた運の良さなど、神の特別な恩寵の印を目《ま》の当たりにすれば、そのような天啓があったことを信じたくなるかもしれない。しかしそれらのことは、特別な天啓があったことを証明する確かな証拠とは言えない。確かに、奇蹟は驚くべき事績である。だが、ある人にとって驚くべきことだからといって、他の人にとってもそうだとは限らない。また、気高さは演技かもしれない。現世における際立った運の良さは、論理的に筋の通った、ありふれた因果関係にもとづく神の業《わざ》であることが非常に多い。したがって人は、自分の生まれつきの理性に頼ったところで、他人が神の意志のお告げを超自然的な形で得たということを確実に知ることはできない。知ることができるのは、天啓を得たという他人の思い込みだけである。それぞれの思い込みは（天啓の徴《しるし》が大きく現れるか、それとも小さく現れるかに応じて）強固なものになることもあれば、弱いものにとどまることもある。

しかし、第二の疑問、すなわち「どのようにすれば法を遵守させせられるか」については、答えはさほど難しくない。宣言された法が自然法（それは疑う余地なく神の法である）に反していない場合、それに従うと誓約するなら、誓約という自分自身の行為によって拘束されるのである。言っておくが、法に服従することが義務づけられるのであって、法を信じることが義務づけられるのではない。それは当然である。なぜなら、何らかのことを信じるとか胸中で考えを巡らすなどの行為を左右するのは、命令ではなく、神の（通常の、または特別の）働きかけだからである。

超自然的な法に対する信仰は、それを履行《りこう》するという意味ではなく、ただ単に同意するということである。それは、私たちが神に対してささげる義務ではなく、神がみずからの意向にかなう者に与える無償の贈り物である。一方、不信心とは、神の法のうち自然法以外のすべてを拒絶するということである。神の法のいずれかに背けばそれだけで不信心になるのかというと、そうではない。

それはともかく、私がここで論じていることは、聖書の、この点に関わる実例や証拠に照らし合わせれば、さらに明白になろう。神がアブラハムとの間で（超自然的な方法で）結んだ契約は、次のようなものであった。「汝《なんじ》らが子孫とともに我《われ》との間で守るべき契約はこれなり」（「創世記」一七・一〇）。

アブラハムの子孫はこの啓示を直接受けたわけではない。それどころか、まだこの世に生まれてもいなかった。それでもこの契約の当事者となる。そして、アブラハムが神の法として宣言するものに従う義務を負う。親への服従という務めに縛られているのでなければ、子はそのような義務を負う謂われはない。ちなみに親というものは（今挙げているアブラハムの例のように、他のいかなる地上の権力にも臣従していないのであれば）、自分の子や使用人に対して絶対的な権力を持っている。

神はまた、アブラハムに次のように言う。「地上のすべての民は汝によりて祝福を得ん。これ、汝がその子らと家族に命じ、主《しゅ》の道を守らせ、正義と公道とを行わしめんことを知ればなり」（「創世記」一八・一八、一九）。神がこのように語るとき次のことは明らかである。すなわち、啓示を受けていないアブラハムの家族がアブラハムに従うのは、自分の主権者に従うという元々の義務ゆえである。

シナイ山で神の御許《みもと》に参上するのはモーセだけだった。一般の人々が近づくことは禁じられており、それに背くのであれば、死刑を覚悟しなければならなかった。それでいて人々は、モーセが神の法として宣言するすべての事がらに服従することを義務としていた。服従の根拠は何か。それは、人々が次のとおり、みずから進んで服従していたということに尽きる。それ以外の根拠はない。「モーセよ、我《われ》らに語れ、されば我らは聴かん。ただ願わくは、神が我らに語り給うことのなからんことを。さもなくば我らは死なん」(「出エジプト記」二〇・一九)。

右の二ヵ所の引用から十分に明らかであるが、国家にあって臣民は、神の意志について確かな啓示を個別に得ていないのであれば、国家の命令を神の意志として従わなければならない。次の一事を考えれば、そう言わざるを得ない。仮に人々が自分自身の、あるいは市井人《しせいじん》の夢や想像を神の掟と見なす自由を許されるなら、何が神の掟であるかについて意見の一致を見ることは、わずか二人の間でも稀であろう。それでいて各人は、自分たちの夢や想像に重きを置くあまり、国家の掟を軽視するであろう。

以上のことから、私の結論はこうなる。道徳律(すなわち自然法)に反していないあらゆる事がらに当てはまることであるが、臣民は全員、ある義務を負っている。それは、国の法によって神の法であると宣言されたものは、そのまま神の法として遵守せねばならないということだ。それはまた、だれの理性に照らしても明らかなことである。なぜならいかなることも、自然法に反しない限り、主権を持つ者の名において法制化することが可能であり、それが神の名において出されたからといって、その分義務を免じられることはないからだ。さらに言うと、国家が神の法として宣言していないものを、人々が神の法と称することは、世界中どこの国でも許されていない。キリスト教国ではキリスト教に対して反逆を起こせば処罰され、その他の国でも例外なく、国禁の宗教を唱道すれば処罰される。言い換えるなら、国家によって規制されていない事がらについては各人が平等に自由を享受するというのが、公平性の原則（すなわち自然法、さらに別の言い方をするなら神の永遠の法）なのである。

〈別のやり方による法の区分〉 法の区分には別のやり方もある。それによると法は、基本的な法とそうでない法とに区分される。しかし、基本的な法とは何を意味するのだろうか。私はいかなる著作においても、その説明を見たことがない。にもかかわらず、このようなやり方を用いれば、法を非常に合理的に区分できるように思われる。

〈基本的な法とは何か〉 それぞれの国家における基本的な法とは、国家にとっての土台のようなものである。もしそれが取り去られれば、土台を破壊された建築物と同じように国家は弱体化し、ついには完全な倒壊に至る。したがって、基本的な法は臣民に働きかけ、君主にせよ主権を持った合議体にせよ、主権者に与えられた権限を支持するよう義務づける。それは国家の存立のために欠かすことのできない権限であり、そこには次のものが含まれる。宣戦および講和の権限。裁判の権限。官職に就く者を任免する権限。その他、公益のために必要と判断するすべてのことを実行する権限。

基本的でない法とは、それを廃止しても国家の解体を招くことのない法のことである。たとえば、臣民相互間の紛争に関する諸法がそれである。

法の区分については、ここまでとしよう。

〈法と権利との違い〉レクス・キウィリス（公民法）とユス・キウィレ（公民としての権利）という二つの用語は、あたかも同一物を指しているかのように混同されている。そうした混同は、学識のある著作家のうちでも特に学識のある人々の間にも見られる。だが本来、そうであってはいけない。なぜなら権利は、公民法が私たちのために取っておいてくれた自由のことであるが、公民法は義務であって、自然法によって与えられた自由を私たちから取り去るものだからである。各人には、造物主から与えられた権利がある。たとえば、自分自身の力によって身を守る権利や、予防の目的で疑わしい隣人を攻撃する権利がそれである。だが、そのような自由は公民法によって奪われる。公民法の庇護が問題なく保たれている場合は、常にそうである。

このように、権利《レクス》と法《ユス》は互いにはなはだしく異なっているのである。それはちょうど、義務と自由とが互いに異なるのと同じことである。

〈法と勅許状との違い〉それと同様に、法と勅許状も相互に混同されている。しかし、勅許状は主権者から贈られるものである。それは法ではない。それどころか、法を免除するものである。法は、「命ずる」とか「課する」などの言い回しで表現される。それに対して勅許状は、「授与した」とか「許可した」などの表現形式をとる。人に授与されたり許可されたりするものが、法によって強制されることはない。法は、国家の臣民全員を拘束するために制定されるが、認可証や勅許状は、国民のうち一人あるいは一部の人々だけを対象とする。国民全体が、何にせよある事がらにおいて自由を持っているということは、その事がらに関して法が制定されていないということである。あるいは、過去に制定されたことはあるけれども、今は廃止されたということである。

第二十七章　犯罪について。罪の減免について

〈罪とは何か〉法を破れば、それは罪である。また、立法者を何らかの形で侮《あなど》るなら、これもまた罪である。なぜなら立法者を侮るということは、立法者の定めたすべての法をまとめて破ることだからである。したがって、法によって禁じられている行為や発言をするとか、あるいは法の命ずることを怠るとかの事実があればもちろんのこと、法を破ろうとする意図あるいは決意を固めるなら、それだけでも罪になるのである。なぜなら法を破ろうと決意するなら、法の履行を職務として監督する者を、ある程度蔑《ないがし》ろにすることになるからだ。

たとえば他人の財貨や使用人や妻を、ただ単にわが物にするという想像にふけって楽しんでいる場合はどうか。実際に暴力や詐欺によって奪う意図がないのであれば、「むやみに欲しがることなかれ」という法を破ったことにはならない。また、生きて

いる限りこちらに損害と迷惑ばかり押しつけてくるだろうと予想される嫌われ者について、「死ねばいいのに」と想像したり夢見たりして楽しんでも、罪にはならない。しかし、それを目指して何らかの行動を起こそうと決意するとなると、話は違ってくる。

なぜ、単なる想像であれば罪にならないのか。現実化すれば愉快に感じられることを心の中で想像して興ずることは、人間のみならずその他の生き物にも根強くそなわった情動であり、したがってそれを罪と見なすなら、人間であること自体が罪になってしまうからである。このことを考慮に入れると、第一波の情動が（神を畏《おそ》れる気持ちから抑えられるにもかかわらず）罪になると主張する人々は、自分自身に対してもその他の人々に対しても、あまりにも厳格であるように思われる。もっとも私の認めるところでは、そのような側での間違いのほうが、それと反対側の間違いよりも危険が少ないのであるが。

〈犯罪とは何か〉犯罪とは、法によって禁じられていることを（行動または発言によって）犯すとか、法律によって命ぜられていることを怠るとかの罪をいう。したがって、犯罪はいずれも罪であるが、罪という罪がすべて犯罪に当たるわけではない。

確かに、窃盗や殺人を意図すれば、発言や行動に現れていないとしても罪になる。なぜなら人間の考えは神に見抜かれており、責めは免れないからだ。しかし、そうした意図が何らかの行動または言葉に現れない限り、そして、それを根拠として現世の裁判官が窃盗なり殺人なりの意図を立証しない限り、罪が犯罪と呼ばれることはない。

古代ギリシア人はこうした区別を、ハマルテーマという言葉とエンクレーマ（あるいはアイティア）という言葉の間に見出している。前者は英語のsinに相当し、何らかの法から逸脱することを意味する。それに対して後二者（crimeに相当）が意味するのは特定の罪だけ、すなわち、それをもとに告訴できる罪だけである。しかし、表立った行為として現れていない意図については、告訴の余地はない。

同様に、古代ローマ人がペッカトゥムという言葉（sinに相当する）を用いるとき、それは、あらゆる種類の、法からの逸脱を意味する。しかし、クリメンという言葉（「見極める」などを意味するケルノという単語の派生語）を用いるときは、裁判官によって裁かれるような、単なる意図を越えた罪を意味する。

〈公民法が存在しないのであれば、犯罪は存在しない〉罪と法との関係を、犯罪と公民法との関係に照らし合わせると、あることが類推される。それは第一に、法が存在しないところには罪も存在しないということである。しかし自然法が永遠のものである以上、「契約を違《たが》える」「恩を忘れる」「横柄な態度をとる」など、道徳に反するすべての行為は時代を超えて罪となる。

第二に、公民法がなくなれば、犯罪もなくなる。これは屁理屈ではない。自然法を別とすればいかなる法もないわけだから、告発は持って行き場がない。したがって、各人は自分で自分を裁くことになる。ということは、自分自身の良心を除けばどこからも責められないということである。そして、本人自身の意図がまっすぐなものであれば、それで嫌疑は晴らされたことになる。そのようなわけで、本人の意図さえ正しければ、その行為は決して罪にはならないのである。そうでない場合は、罪になっても犯罪にはならない。

第三に、主権が存在しないところでは、犯罪も存在しない。そのような権力が存在しないと、法から与えられるはずの保護が受けられない。したがって各人はみずからの力で身を守ってもよい。というのは何人《なんぴと》も、主権の樹立に際して自分自身の身体を守る権利を放棄するとは想定されていないからだ。まさにそうした権利を守るためにこそ、それぞれの主権が定められたのであった。しかし、「主権のないところには犯罪も存在しない」という原則は、自分たちを守っている権力を取り除くことに荷担しなかった人々にしか当てはまらない。なぜなら、そうしたことへの荷担は、端《はな》から犯罪行為だったからである。

〈**何人**《なんぴと》**も、自然法について無知だからといって免罪されることはない**〉あらゆる犯罪は、理解の欠如、推論の誤り、情念の衝動に端を発する。理解の欠如とは、すなわち無知のことである。推論に誤りがあればそれは臆断である。無知はさらに三種類に分類される。すなわち、法についての無知、主権者についての無知、刑罰についての無知である。

何人も自然法について無知だからといって免罪されることはない。なぜなら、理性の働かせ方をわきまえているなら、「おのれの欲せざるところは、人にほどこすことなかれ」という鉄則を心得ているはずだからである。したがって、どこに行くにせよ、行った先で、この法に触れるようなことをすれば犯罪になる。たとえばインドから当地にやって来て未知の宗教の信者獲得工作に取り組んだり、わが国の法に反する傾きのあることを説くなどのことをすれば、本人が布教内容の真実性をどれほど確信していても、犯罪に手を染めたことになり、それを理由に処罰されても仕方ない。それは当然のことである。なぜか。説いている教義の虚偽性もさることながら、人様に対しては許容しない所業（すなわち、自分のところから出向いて行って先方の国で宗旨替えを求めて工作すること）を実行しているからである。

しかし、よその国にいて公民法を知らないということは、その公民法を改めて告知されるまでは、免罪の理由になる。その時点までは、いかなる公民法にも縛られていないからだ。

〈公民法について知らなければ、免罪されることもある〉それと同様に、自国の公民法が十分な形で布告されていないため、望んでもそれを知ることができない状況にあって、しかも当該の行為が自然法に反していないのであれば、公民法を知らないということは、免罪の十分な根拠になる。しかしそうした前提条件がない場合は、公民法を知らなかったからといって免罪されることはない。

〈主権者のことを知らなかったからといって、免罪されることはない〉普通の居住地に住んでいるのであれば、主権者を知らなかったからといって免罪されることはない。なぜなら、その地で保護を与えてくれる権力に、注意を払うのは当然だからである。

〈刑罰について知らなかったからといって、免罪されることはない〉法がすでに布告されている国では、刑罰について知らなかったという理由で免罪されることはない。なぜか。そもそも、後で下る刑罰の恐怖をともなわない法は、もはや法ではなく、空しい言辞に過ぎない。したがって、布告済みの法を破れば、刑罰の内容は知らなかったとしても刑罰そのものは免れない。なぜなら、自発的に何らかの行動を起こすときにはだれでも、知られている限りの結果をすべて覚悟しているからだ。ただし刑罰は、いずれの国でも法を破った場合に受ける周知の結果である。したがって、法によって刑罰があらかじめ決まっているのであれば、法を破った者はそれに従い、そうでない場合は、恣意的な刑罰に従わなければならない。それはそうだろう。いかなる制約もこうむることなく、勝手に他人の権利を侵害した以上、法を犯された主権者の意の範囲で無制限の刑罰を受けるのは当然のことである。

〈事前に布告された刑罰があれば、事後に定められたそれより重い刑罰の適用は免れる〉しかしながら、法において当該の犯罪に対する刑罰が事前に決められている場合、あるいは同様の事例に対して慣例として科せられてきた刑罰がある場合、法を破った者はそれより重い刑罰を免ぜられる。

その理由はこうだ。まず、事前に分かっている刑罰が犯行を抑止するほどには重くないとすれば、それは犯行を促しているに等しい。なぜなら、違法行為から得られるプラスと処罰によるマイナスとを比較考量し、自分にとって得なほうを選ぶのは当然のことだから。したがって仮に、法の事前規定よりも重い処罰が下ったり、あるいは他の者が同じような犯罪を起こした場合に比べてそれより重い処罰を科されたりするならば、ほかならぬその法によって、そそのかされた挙げ句に欺《あざむ》かれたことになるのである。

〈いかなる行為も、事後に定められた法によって犯罪扱いされることはない〉いかなる行為も、事後に定められた法によって犯罪扱いされることはない。なぜか。もしその行為が自然法に反するのであれば法はそれに先立って存在していたことになるが、実定法となると、制定されていない限り顧慮されず、したがって強制力を発揮することもできないからだ。

しかし、ある行為を禁ずる法が事前に定められていながら、その行為をおこなった者に対して、事後に定められた刑罰が適用されることがある。それは、事後に定められた刑罰よりも軽い刑罰が、それまでに文書または前例を通じて周知されていなかった場合である。刑罰をこのように運用するのは、一つ前の節で述べたのと同じ理由による。

〈正・不正に関する誤った原理は犯罪につながる〉 推論における瑕疵《かし》（すなわち錯誤）に気づかずにいると、往々にして法を犯すことになる。パターンは三通りある。

第一に、誤った原理を定立することに端を発する場合。世の中には理不尽なことが多い。たとえば、「不正な行為がその張本人の武力と勝利によって権威を得る」とか、「実力者が国の法の網を逃れる一方で、弱者および事業に失敗した人々がもっぱら犯罪者として扱われる」とかの事例である。この種の事例は時代と国境を超えて見られる。それを観察しているうちに、次のことが原理であるかのように錯覚され、推論の根拠になってしまうのである。

「正義はしょせん空虚な言辞に過ぎない。おのれの努力を尽くし危険を冒して手に入れたものは、おのれのものとなる。あらゆる国に共通する慣行が不正であるはずはない。過去の慣行は同様のことを繰り返すための十分な論拠となる」云々《うんぬん》。

このような錯覚が公理として認められるならば、いかなる行為も、それ自体としては犯罪にならない。それぞれの行為が犯罪になるか否かは、（法ではなくて）事の成否に照らして決めなければならない。そして、同じ行為が運命の女神の気分次第で、罪悪になったり善行になったりする。かくして、マリウス[1]が犯罪と見なすことを、スラ[2]は有徳の行いと見なし、カエサルはそれを（同じ法のもとで）犯罪へ逆戻りさせる。こうなると国家の平和は永遠に定まらない。

〈知ったかぶりで講釈する者が、自然法を誤って解釈する場合〉第二に、知ったかぶりで［法を］講ずる連中も災いのもとである。彼らは自然法を誤って解釈し、それを公民法と対立させる。また、自説や往時の伝統を――それが臣民の義務に反していても――法であるかのように講釈する。

〈講釈者が正しい原理にもとづいて誤った推論をする場合〉第三に、正しい原則にもとづきながら誤った推論をおこなうことも、災いのもとである。それは、何をすべきかについて性急かつ軽率に結論や決意を固める徒輩に共通して見られることである。彼らは自分の理解力を過大評価し、「この種の事がらであれば、わざわざ時間を割いてあれこれ調べるまでもなく、通常の経験と生まれつきの十分な知力もってすれば足りる」と信じている輩《やから》である。このような「十分な知力」とは、だれもが持っているつもりでいる知力のことである。ところが正・不正を判断するということは、それほどたやすいことではない。長年にわたって多大の研究をしてきたわけでもないのに正・不正を判断できるとあえて主張する者はいないだろう。

一介の個人事業主を自称する者ですら、推論にこの種の瑕疵があったからといって犯罪を赦免されることはない（ただし、推論の瑕疵のうち一部のものは情状酌量の対象になるかもしれない）。まして公的責任を負っている者となれば、そのような言い訳はなおさら許されない。というのも、理性があることを自任しているにもかかわらず、免罪の根拠として理性の欠如を持ち出していることになるからだ。

〈犯罪の原因としての情念〉 しばしば犯罪の原因となるさまざまな情念の一つに、虚栄心がある。虚栄心とは、自分自身の価値を滑稽なほど過大評価することにほかならない。そこには、「価値の相違は知力・財力・血統など、生来の資質によるのであって、主権者の意志に左右されるものではない」という思い込みがある。そこからさらに心得違いが生じる。それによると、価値ある人間に対しては、法によって定められ全臣民に等しく及ぶ刑罰を、貧しく、名もなく、卑しい人々（すなわち、一般大衆という名で一括される人々）に対するのと同じように厳格に適用すべきではないという。

〈富についての心得違い〉 そのような次第で、自分の財力に照らして自分を高く評価するような人々は、往々にして犯罪に走りがちである。そこには期待が働いている。

賄賂で社会正義を買収すれば刑罰を逃れられるし、金銭その他の報酬を提供すれば赦免を得られる、と。

〈後《うし》ろ盾《だて》についての心得違い〉また、身内に大勢の有力者を持っている者や、世間の名望を得ている有名人も、あえて法を破ることがある。法の執行を責務とする権力者に対して圧力をかけられるだろうと、期待するからである。

〈知力についての心得違い〉また、自分自身の知力を過大評価する人々もそうした自己評価にもとづき、統治者の行為を非難し、その権威に異を唱え、公の場での議論を通じて、自分たちの企図に照らして必要と判断するもの以外いかなる行為も犯罪にはならないと言わんばかりに法をかき乱そうと企てる。この種の徒輩は、巧妙で隣人を欺くようなあらゆる犯罪に手を染める傾向にある。なぜなら彼らは、自分たちの企図はあまりにも巧妙であり、したがってだれにも気づかれる心配はないと高をくくるからである。以上は、自分自身の知力についての過大評価の作用である。

　ところで、彼らの行動を「自分自身の知力に対する過大評価」と評するのはなぜか。国家の紊乱（それは内戦に転化しないわけにはいかない）を最初に引き起こす人々のうち、長生きして自分たちの企図が実現するのを見届ける者は非常に稀である。したがって彼らの犯罪から得られる利益は、後世の人々やそれをゆめゆめ期待していなかった人々が享受することになる。このことは、彼らが自己評価ほどには賢明でなかったということを証明している。また、人に気づかれていないと思って欺瞞を働く人々は、通常、自分自身を欺いているに過ぎない。というのも、隠れ蓑になっていると本人が信じる周囲の暗闇は、実は、自分で自分の目を塞いでいるだけのことである。したがって彼らは、自分の目を塞げば全身を隠せたと考える幼児より賢いとは言えない。

一般的に、虚栄心の強い人々は（同時に臆病である場合を除けば）おしなべて憤りやすい。彼らは他の人と比べて、日常的な打ち解けた話し方をされただけで「軽んじられている」と解釈する傾向が強いからだ。そして、大半の犯罪は憤りが原因となって発生するのである。

〈憎悪・情欲・野心・貪欲は犯罪の原因となる〉 憎悪・情欲・野心・貪欲などの情念がいかなる犯罪を引き起こしがちであるか、それは各人の経験と理解に照らすならあまりにも明白であり、多言《たげん》を要しない。ただし一点だけ言っておこう。こうした弱点は人間とそれ以外の生き物の双方の天性に付きものである。したがって、弱点が顕在化するのを抑えるには、各人の理性を途方もなく発揮させるか、あるいは、弱点が［犯罪という形をとって］顕在化した場合は常に厳格に懲らすか、しなければならない。一例を挙げよう。人間が相手のことを憎いと思うのは、絶えず、避けようもなく苦しめられていると感じるからである。したがって、辛抱するのであれば際限なくそうせざるを得ない。そうでなければ、自分を悩ます者の力を殺《そ》がなければならない。前者は堪えがたい。後者は多くの場合、法を何らかの形で犯さない限り不可能である。

野心や貪欲も、絶えず人の心にのしかかり行動をけしかける情念である。理性はそれらの情念に対抗するものであるが、常に働いているわけではない。したがって、罰せられずに済むという期待が働くときには、いつでも情念が頭をもたげる。

情欲について言うと、それは持続的ではない。しかしその代わり荒々しい。だから情欲に支配されただけで、いかなる刑罰に対する恐怖心も――その刑罰が甘かったり不確かであったりすると――失《う》せる。

〈**さしあたり危険は遠のいている。しかも、それは身に及ぶ危険ではない。そのような状況で恐怖に駆られて犯罪に走るケースがある**〉法を破る気持ちを萎《な》えさせるという点で、あらゆる情念のうち恐怖心に優るものはない。いや、法を破れば快楽や利益が得られると見込まれる状況で、人を思いとどまらせることができるのは（若干の高潔な性質を除けば）恐怖心だけである。そうであるにもかかわらず、実は、犯罪は恐怖心ゆえに発生することが多い。なぜそうなるのか、説明しよう。

恐怖に駆られてある行為に走ったとしよう。その場合、恐怖は行為を正当化するのだろうか。そうとは限らない。行為を正当化するには、恐怖は二つの条件を兼ね備えていなければならない。第一に、身体に危害を加えられるという恐怖（いわゆる身体上の恐怖）であること。第二に、ほかならぬその行為に訴えない限り逃れることのできない恐怖であること。

何者かに襲われ、死の恐怖に駆られるとしよう。そして、襲ってきた者を傷つける以外に、死を逃れる手立てが見つからないとしよう。このような場合は、相手に怪我を負わせ、死に至らしめたとしても、犯罪にはならない。なぜなら何人《なんぴと》も国家を樹立するにあたって、法による救援が間に合わない場合に自分の生命および身体を守る権利を放棄したとは考えられないからだ。

だが、仕掛けられている暴力行為や脅迫に照らして「殺され得る」と言えるからといって、相手を殺したとしよう。主権の保護を求める時間も手段もあるからには、これは犯罪にあたる。

もう一例挙げよう。相手がこちらの面目をつぶすようなことを言う、あるいはささいな非礼を働く、などの態度に出たとする。立法者は、それについては何の刑罰も定めておらず、また、理性を働かせる者にとって気にとめる価値のないことと判断していたとしよう。このような状況で、「復讐しなければ面目を失う」、そして「他の人々からも同じような不愉快な目に遭うだろう」と不安になり、それを避けるために法を破り、個人的な復讐という暴力行為によって以後の安泰を得たとしよう。これは犯罪である。なぜならこうむっている危害は、実際には身体に及ぶものではなく空想上のものにとどまっており、しかも、勇壮な男や自分自身の胆力を恃《たの》む男なら歯牙《しが》にもかけないような、つまらないものだからである（もっともそうした危害は、わが国では、虚栄心の強い若者の間で近年始まった慣行により、過敏に受け止められるようになってはいるが）。

人はまた、霊を恐れることがある。本人自身が迷信にとらわれるか、あるいは不可思議な夢や幻を告げる者に惑わされ、お告げに従わなければ霊の祟りが降りかかると信じ込まされて、法に触れるにもかかわらず様々なことをやってのける（あるいは怠る）のである。こうしておこなわれたこと（あるいはおこなわれなかったこと）は、恐怖を理由に免罪されるものではない。それは一個の犯罪である。

なぜそれが犯罪となるのか、説明しよう。すでに第二章で論じたとおり、夢は本来、心象《しんしょう》に過ぎない。覚醒中の感覚に刻印された印象が、その後睡眠時に残っていると、夢になるのである。偶然の事情で、夢を見たときに眠っていたという確信が持てないと、それが実際に見えていたかのように思われるというだけのことである。したがって、自分自身または他人が夢の中で見たもの（あるいは他人が現実に見たと自称するもの）を根拠にして、あるいは、目に見えない霊の力に関して国家が容認している［宗教的な］もの以外の観念を根拠にして法を破り、自然法を逸脱するとしよう（これは確かな犯罪である）。しかるに当の本人は、自分またはその他の一般人の頭の中で生み出される心象に従うのであり、そうした心象が何らかのことを意味するのか、それとも何も意味しないのか、まったく知ることができない。また、夢を告げる者が果たして真実を語っているのか、それとも嘘をついているのか、それもまったく知り得ない。仮に個々人がこのようにして法を破ることを許されるとすれば、何が起こるであろうか。（一人でもそのようなことを許されるとすれば、自然法にもとづき全員が許されるはずだから）いかなる法も持ち堪《こた》えることができず、国家全体の崩壊を招くことになろう。

〈**犯罪は均一ではない**〉このように犯罪の発生原因が多岐にわたっている以上、（古代ギリシアのストア学派の主張とは異なり）すべての犯罪が同列に置かれるということはない。それはすでに明らかであろう。たとえば、犯罪には免罪の余地がある。免罪されれば、犯罪と見られていたものが一転して犯罪ではなくなる。また、情状酌量の余地もある。情状酌量されれば、重大な犯罪と思われても取り扱いは軽くなる。

比喩的に説明するならこういうことだ。直線から外れる線は、曲がっているという点では互いに等しい。それと同じようにすべての犯罪は、犯罪の名に値するという点で同列である。それは、ストア派がいみじくも認めていたとおりである。しかしだからといって、すべての曲線の曲がり具合は一様であるとか、すべての犯罪の不正ぶりも一様であるとかは言えない。ところがストア派はその点に気づかず、「法を犯して雌鶏《めんどり》を殺せば、父親殺しと同じ大罪《だいざい》になる」と考えたのであった。

〈**全面的な免罪**〉ある事情に照らして、法の義務が免ぜられることがある。まさにそのような事情があるときに限り、犯罪行為は全面的に赦《ゆる》され、その行為から犯罪としての性格が一掃される。ひとたび法を犯して遂げた行為は、それをやってのけた者が当該の法に縛られている限り、あくまでも犯罪である。

その法を知る術《すべ》がなかった場合は、全面的に赦免される。なぜなら、知るための手立てを用意していない法は、強制力を持たないからである。しかし、本人が調べようと努力しないのであれば、知る手立てがないとは解釈されない。また、自己管理するのに十分な理性があると自負しているのであれば、自然法を知る手立てを欠いているはずはない。自然法を犯しても免罪されるのは、子どもと狂人だけである。

捕虜となっているとき、あるいは敵の権力下に置かれているとき（敵の権力下に置かれるというのは、身柄または生活の手段が敵の権力下に置かれるという意味である）、本人に落ち度がなかったのにそのような境遇を余儀なくされたのであれば、法の強制力は適用されない。なぜなら、その状況で敵への服従を拒めば死ぬしかないわけで、したがって敵に服従したからといって犯罪にはならないからである。言い換えるなら、（法の保護がない状況下では）何人《なんぴと》も、でき得る限りの最善の方法で身を守ることを放棄するよう義務づけられてはいない。

また、眼前に迫った死の恐怖ゆえに法を犯すことを余儀なくされた場合、全面的に免罪される。なぜならいかなる法も、人に自己保存の放棄を強いることはできないからだ。仮にそのような法の強制力が効いているとしても、人は次のように推論するであろう。「行動を思いとどまれば、今死ぬ。行動に出れば、死ぬのは後になる。したがって、行動に出ることによって寿命が延びる」。したがって、人は自然の摂理によりそのような行為を強いられるのである。

食料やその他の生活必需品が欠乏し、法を破らない限り自己保存ができない場合がある。たとえば大飢饉に見舞われ、金銭で買うこともできず施しも受けられず、食料を手に入れることができなくなった状況下で、食料を力尽くで奪うか盗む、あるいは自分の生命を守るために他人の剣を奪う、などの行為に走った場合、そのような行為は、先ほど述べた理由により全面的に免罪される。

〈権限をゆだねた本人を対象とする免罪〉 代行者の、ゆだねられた権限にもとづく違法行為は、権限をゆだねた本人との関係において、その権限ゆえに免罪される。なぜなら何人《なんぴと》も、自分自身の行為を自分の手先にすぎない者のうちに摘発するはずはないからである。その行為はしかし、それによって権利を侵害された第三者との関係においては免罪されない。なぜなら、法を犯したという点では首謀者も代行者も、ともに犯罪人だからである。

ここから導き出されることがある。それは、既存の法に反することを主権者または主権をそなえた合議体から命じられた場合、それを実行したとしても全面的に免罪されるということである。それは次の理屈による。まず、主権者は自分自身が違法行為の張本人である以上、自分で有罪を宣告するのは筋が通らない。主権者による有罪宣告が正当でないとすると、その違法行為を懲《こ》らすのは、主権者以外のだれであれ正当ではないということになる。しかも、主権者が自分の定めた既存の法に抵触することをやれと命じた時点で、その命令によって、法はその特定の行為に関して廃止されたことになるのである。

主権者または主権をそなえた合議体が、主権にとって欠かすことのできない権限を放棄したとしよう。そしてその結果、主権すなわち国家の存立そのものと矛盾する自由が、臣民の側で次第に幅を利かせるとしよう。

このような状況のもとで臣民が、何らかの事がらについて与えられた自由に反する命令に従うのを拒否するとしたらどうか。それはやはり［倫理上の］罪であり、臣民としての義務に反する。なぜなら臣民は、みずからを守るためにみずからの同意によって主権を樹立した以上、何をすれば主権と矛盾するのか顧慮すべきだからだ。そして、主権と矛盾するような自由は、それのもたらす悪影響が見通せなかったために与えられたのだということに思いを致すべきなのである。

しかし、臣民が単に従わないばかりでなく、そうした命令を実行する執行官に刃向かったとすればどうか。それは犯罪である。なぜなら、「穏便に」申し立てをおこなっていれば（平和を乱すことなく）正当な取り扱いを受けていたかもしれないからである。

犯罪の軽重はさまざまな尺度に照らして測られる。第一に、事件の原因すなわち犯行の動機にこもる悪意。第二に、前例の影響。第三に、犯行による被害の大小。第四に、時・場所・人の組み合わせ。

〈「有力者としての」実力に頼る犯罪は、罪が重い〉同一の違法行為であっても、司直にあらがうために腕力・財力・縁故を動員して事に及んだとすれば、罪は重い。それに比べて、「事は発覚しないだろう」と期待して、あるいは発覚したときには逃亡して司直の手を逃れることを見込んで事に及んだのであれば、まだしも罪は軽い。なぜなら、力に頼れば刑罰から逃れられるという考えからは、法を軽んずる姿勢が生ずるからである。それは時代を越えて見られ、あらゆる誘惑を温床とする。一方、後者の場合、逃亡するのは危険を恐れてのことである。そうした気持ちが働けば、人はそれから先、法に対してもっと従順になる。

犯罪であることを承知の上で起こした犯罪を、合法であると信じ込まされてした同一の犯罪と比較してみよう。自分の良心を押し殺して違法行為を遂げる者は、自分の力または他人の力を頼っているのであるが、そうした力があると、ふたたび同じ犯罪に手を染めたくなる。それに対して誤って犯罪に走る者は、その過ちを示されれば法に対して従順になる。したがって、犯罪であることを承知の上で起こした犯罪は、合法であると信じ込まされて起こした犯罪よりも罪が重いと言えよう。

〈**曲がったことを教え込まれていた場合、罪は軽減される**〉公的なお墨付きのもとで法を講ずる者、あるいは解釈する者の権威を信じているために誤りを犯すとすれば、それは、自分自身の原理や推論を独断的に墨守《ぼくしゅ》しているために誤りを犯すのに比べてさほど深刻ではない。なぜなら、公的な権威にもとづいて講ずる者の教えは、すなわち国家の教えであり、それは、同じ権威によって統制されるまでは、法律に似た役割を果たすからだ。そして、そうした教えにもとづいてのことであれば、いかなる行為に及ぼうとも、それが主権の否定を含まず、しかも、れっきとした法にも権威ある教説にも反していないのであれば、全面的に赦免される。

しかし、自分の個人的な判断にもとづいて行動を起こしたのであれば、すべては自分自身の判断の正誤にかかっている。

〈処罰が免除された前例があると、罪は軽くなる〉同じ行為を働いても、それまで処罰を免れた例がないのであれば、そうした前例が多数ある場合に比べて、相対的に罪は重い。

その理屈を説明しよう。まず、そのような前例が多ければ、主権者がみずから、「処罰されずに済む」という期待感をそれだけ煽ってきたということになる。そして、人を違法行為に走らせるような、赦免の希望や推定を煽るなら、それは違法行為に荷担しているに等しいのだから、そうしておきながら、違法行為に手を染めた者に全責任を負わせるのは理に反する。このような次第で、処罰免除の前例が多ければ、その罪は軽くなるのである。

〈犯行が計画的である場合、罪は重くなる〉衝動的な犯罪は、長期間の熟慮にもとづく犯罪よりも罪が軽い。なぜなら前者の場合、人間の本性に共通する弱さに照らして罪を軽減する余地があるからだ。だが、計画的な犯行の場合は事情が異なる。事前に法および刑罰のみならず人間社会に対する影響を念入りに調べ、見極めていながら、そうした事がらをことごとく軽んじ、自分自身の欲求を優先して罪を犯しているからだ。

しかし、犯行が衝動的だからといって、全面的に免罪されるわけではない。なぜか。最初にその法を知ってから犯行に至るまでの時間はすべて、熟考するための時間と見なされるからだ。なぜなら、法について考えをめぐらすことによって、おのれの情動の異常さを正してゆくのは当然のことだからである。

官が民に対する法の講釈や説明に精を出している国もある。一方、官からの指導がない国もある。そこでは、法について調べようとすると、一苦労しなければならず、しかも調べても曖昧さが残り、仕事の中断という犠牲まで払わねばならない。それでいて、教えてくれるのは民間人に過ぎない。

前者のような国で法を破れば、その罪は重い。なぜなら後者の場合、責任の一端は社会全体の腑甲斐《ふがい》なさに帰せられるのに対し、前者においては、犯罪に走った者の怠慢が歴然としており、そこには主権を軽んずる気持ちがなにがしか働いているからだ。

〈主権者の黙認があれば、罪は軽くなる〉一口に犯罪行為と言っても、法に照らせば明らかに有罪でありながら、立法者がそれを、法律以外の明白な意思表示を通じて黙認するケースもある。そのような場合は、同じ犯罪を働いたとしても、法と立法者の双方の側から有罪とされるのに比べて罪が軽い。なぜそう言えるのか。まず、立法者の意志は法に等しい。それを踏まえるなら、この場合、互いに矛盾する二つの法が出現したことになる。人々が主権者の命令によって明示された根拠以外の根拠に左右されて、主権者による黙認のほうを重んじたとしても、責めを負う謂《い》われはみじんもない。しかしこの場合、主権者は、法を犯しても守っても処罰されるという状況を作り出した以上、法律違反が起こった責任の一半は免れない。したがって、当該の犯罪をすべて当の本人のせいにするなら、それは理に反する。

たとえば、決闘は法に触れる。その刑罰は極刑とされている。その一方で、決闘を拒否すれば軽蔑と嘲笑を浴びる。しかも法的救済はない。時には主権者自身の不興を買い、「戦時に責任を負わせたり昇進させたりするには値しない人物」と見なされることもあった。そこで、決闘を挑まれたとき「主権者から高く評価してもらうために努力することは、例外なく合法的である」と考えて決闘に応じたとしても、当然のこ

となが ら厳罰に処せられる謂われはない。落ち度は、処罰する側にもあるからだ。私がこのようなことを主張するのは、私怨を晴らすための復讐やその他の種類の不服従が野放図におこなわれることを望んでいるからではない。統治する側に注意喚起し、直接禁止していることを間接的に黙認することのないようにお願いしたいからだ。

また、王侯が示す手本は今も昔も、それを見ている人々の行動を左右する。しかも、法そのものよりも影響力が大きい。確かに私たちの務めは、王侯の行動ではなくて言葉を範とすることにある。しかし、それが実現するには、いつの日か神の御心により人間が、他には見られない、現実離れした美徳をさずけられ、そうした教えに耳を傾けるようになるのを待つしかない。

〈被害に照らして犯罪を比較すると…〉 さらにまた犯罪を被害の度合いに照らして比較すると、第一に、同じ犯罪であっても、被害が大勢の人々に及ぶ場合は、そうでない場合と比べて罪が重い。したがって、被害が現在ばかりか将来にも（模倣犯を誘発することによって）及ぶのであれば、損害が現在に限定されているのに比べて罪が重い。前者の場合、模倣が模倣を呼び、ネズミ算式に被害が広がってゆくのに対し、後者の場合、犯罪は一回限りである。

国教に反する教説を唱えるという行為について考えてみよう。権威ある説教者がそのようなことをしたとすれば、一般人が同じことをしたのに比べて、過ちは深刻である。このことは、信仰心を欠いたあらゆる行為（たとえば、神を汚すような生き方をすること、ふしだらな生活を送ることなど）に当てはまる。同様に、法を専門とする者が、主権の弱体化を助長するようなことを主張、実行すれば、それ以外の人々が同じことをするのに比べて、罪が重いということになる。また、その叡智ゆえに名声を博し、大勢の人々から助言を求められ、人の鑑《かがみ》と仰がれている人士に違法行為があるなら、同じことを別の人がするよりも、罪が重い。なぜならそのような人々の場合、犯罪に手を染めたばかりか、それを、他のすべての人々に対して従うべき手本として示したことになるからだ。一般的にすべての犯罪は、社会の鑑と見られている人物が起こした場合、弱い人間を動揺させることになるので罪が重くなる。弱い人間は自分の歩む道よりも、他の人々が掲げる松明《たいまつ》のほうに目を向けるからだ。

〈**反逆罪**〉国家の既存の体制に対する敵対行為は、私人を相手にした場合に比べて、罪が重い。なぜなら被害が全体に及ぶからである。たとえば、以下の行為がそれにあたる。国家の兵力を敵の手に売り渡したり、国家機密を敵に漏らしたりすること。君主であれ議会であれ、国家を代表する者の殺害を企てること。国家を代表する者（あるいはその後継者）の権威を、言葉や行動によって損なうこと。こうした犯罪は、古代ローマ人がクリミナ・ラエサエ・マイエスタティス（反逆罪）として理解するものであり、基本的な法体系を損なう企図あるいは行為である。

〈**贈収賄と偽証**〉同様に、判決を無効にする犯罪は、一人または何人かを被害者とする権利侵害よりも罪が重い。たとえば、虚偽の判決または証言をおこなうのと引き換えに金銭を受け取ることは、他の方法でそれと同額の、またはそれ以上の額をだまし取るより罪が重い。なぜならその場合、敗訴した者が害をこうむるのはもちろんのこと、「他の」判決もことごとく無効になり、暴力と私的復讐に訴える口実を与えるからだ。

〈**横領**〉また、公共の資産や資金を盗んだり横領したりすることは、私人から奪い取ったり、だまし取ったりするよりも罪が重い。なぜなら、公共のものを奪うということは、一度に大勢の人々から奪うのに等しいからだ。

〈**権威を装うこと**〉官名を詐称し、公印や通貨を偽造することは、私人の名を騙《かた》り、私人の印章を偽造するよりも罪が重い。なぜならこうした詐欺の被害は大勢の人々に及ぶからである。

〈私人を対象とする犯罪を相互に比較すると…〉　私人に対する犯罪を相互に比較した場合、社会通念に照らして損害が大きいと見なされるものは、より罪が重い。したがって、罪の軽重について以下の関係が成り立つ。

・法に反する殺人は、その他の、命に関わらないあらゆる権利侵害より悪質である

・苦痛を与えた末の殺人は、単なる殺人より悪質である

・被害者の手足を切り落とすことは、財貨を奪うより悪質である

・相手に身の危険を感じさせて財貨を奪い取ることは、密かに掠《かす》め取るより悪質である

・密かに掠め取ることは、だまし取るより悪質である

・暴力によって婦人の貞操を奪うことは、言葉巧みに取り入って貞操を奪うより悪質である

・しかも相手の婦人が既婚の場合、未婚の場合よりも一層悪質である

なぜそのように言えるのか。これらの事がらはいずれも、一般にそのような評価を受けているからである。同じ犯罪行為であっても、人によってそれを重く受け止める

か、軽く受け止めるかの違いはある。しかし法が考慮に入れるのは、人類の個別の事がらではなく、一般的な傾向である。

したがって、ギリシア、ローマ、その他古今の国家の法では、言葉や身振りによって侮辱されたために生じる腹立ちは、(侮辱を受けた者がその場で心を傷つけられるだけで、それ以外には害が及ばない限り)無視されてきた。心が傷つくのは、侮辱されたからではなくて、侮辱を受ける者の小心ゆえだと考えられているのである。そのような侮辱は、自分の力に自信があれば気にならないはずだ、というわけである。

私人に対する犯罪も、加害者と被害者の関係や犯行の時と場所に応じて、罪が重くなる。たとえば親殺しは、他の人間を殺すより罪が重い。なぜなら親は、自分の権力を公民法に譲り渡した後でも、本来、自然の摂理により[子から]主権者として敬《うやま》われる立場にあるからである。また、貧しい者から奪うことは、富める者から奪うよりも罪が重い。なぜならそれは、貧しい者にとって、より手痛い損害となるからだ。

また、礼拝のための場所において礼拝がおこなわれる時に企てられる犯罪は、そうでない犯罪に比べて一層悪質である。そのような犯罪は、法の軽視がはなはだしいがゆえに起こるからだ。

この他にも、罪が重くなる例や軽くなる例を付け加えることはできる。しかし、以上述べたことに照らせば、企てられた犯罪の軽重《けいじゅう》を測ることは、誰にとってもたやすいことである。

〈公的犯罪とは何か〉最後に。大半の犯罪の場合、危害は私人のみならず国家にも及ぶ。したがって同一の犯罪であっても、国家の名によって訴えがあれば、公的犯罪と呼ばれ、私人の名によって訴えがあれば私的犯罪と呼ばれる。訴訟もそれに応じて、ユディキア・プブリカ（公的訴訟）ないし王座訴訟と呼ばれたり、私的訴訟と呼ばれたりする。

たとえば殺人事件を訴え出る場合、私人が訴えると私的訴訟になり、主権者が訴えると公的訴訟となる。

第二十八章　刑罰と報奨

〈**刑罰の定義**〉あることを実行し（または、履行《りこう》せずにいて）、公的権威から違法行為と判定され、制裁が科されると、それを刑罰という。刑罰は、それによって人々に服従の心構えを身につけさせることを目的とする。

〈**刑罰を科する権利はどこから来るのか**〉右の定義にもとづいて推論を進める前に、一つの非常に重要な問いに答えておかねばならない。それは、処罰する権利ないし権限が一応あるとして、それはいかなる門戸《もんこ》から入ってきたのか、という問いである。これはもっともな疑問である。ここまで論じてきたところに照らすなら、何人《なんぴと》も、暴力への抵抗をあきらめるよう契約によって義務づけられているはずはないし、したがって、他人に暴行の権利を与え、自分の身体を暴力にゆだねたとは考えられないからだ。

国家の樹立に際して各人は、他人を守る権利を放棄する。しかし、自分自身を守る権利は放棄しない。各人はまた、主権者による処罰に協力する義務を引き受けるが、自分自身が処罰の対象になる場合は別である。しかし、主権者による他人の制裁に協力するという契約を結ぶことは、みずから手を下して制裁する権利を持たない限り、処罰の権利を主権者に与えることにはならない。そこから明らかなことであるが、国家（すなわち、それを代表する者）が処罰を加えるために持っている権利は、臣民から譲与または贈与されたものではない。先に示したとおり、国家が樹立される以前はだれもが、何に対しても自由を行使する権利を持っていた。また、何であれ自己保存のために必要と思うことを実行する権利を持っていた。自己保存を目的としているのであれば、相手を征服し、傷つけ、殺す権利を持っていたのである。それぞれの国で行使されている処罰の権利は、まさにそれを基礎とする。

別の言葉で説明し直そう。臣民は主権者に処罰の権利を与えたのではない。そうではなくて、自分たちの持っていた処罰権を放棄しただけである。そうすることで、臣民は主権者の立場を強め、主権者が臣民全体の安全を保つのにふさわしいと判断するやり方で処罰権を行使できるようにした。というわけで処罰権は、主権者に与えられたのではなくて残されたのである。しかも独占的な形で。主権者が留保する処罰権は、自然法が主権者に課した制限を別とすれば、欠けるところがない。それは、純然たる自然状態（すなわち、万人の万人に対する戦争の状態）における処罰権と同じである。

〈私的な権利侵害や復讐は処罰ではない〉 処罰の定義から次のことが推論できる。第一に、私人がおこなう個人的な復讐や権利侵害を刑罰と呼ぶのは正しくない。なぜならそれは、公的な権威に裏づけられた行為ではないからだ。

〈昇任が認められない場合も刑罰ではない〉 第二に、公職にあって上からの引き立てを得られず、昇進の道を閉ざされているとしても、それは刑罰を受けているのではない。なぜなら、そうした処遇によって新たな責め苦を与えられたわけではないからだ。それは単に、従来の地位にとどめ置かれているに過ぎない。

〈公的な審理を経ずに与えられる苦痛も刑罰ではない〉 第三に、公的な権威によって与えられる苦痛も、それに先だって公式の有罪判決がない限り、刑罰という名で呼ぶわけにはいかない。それは敵対行為と称するべきである。なぜなら、刑罰の根拠となる行為はまず最初に、公的な権威によって違法行為と認定される必要があるからだ。

〈簒奪された権力によって与えられる苦痛も刑罰ではない〉 第四に、簒奪された権力によって与えられる苦痛や、主権者から権限を持たされていない裁判官によって与えられる苦痛は、刑罰ではない。それは敵対行為である。なぜなら、簒奪された権力のそうした行為は、判決を下すべき者として被告を有罪にしているわけではなく、公的権威を欠いているからだ。

〈善導についての配慮なしに与えられる苦痛も刑罰ではない〉第五に、苦痛を与えるにあたって、犯罪者および（その事例を見せしめにすることによって）その他の人々を遵法《じゅんぽう》の精神になじませる意図および余地がないとすれば、それはいずれも刑罰ではない。敵対行為である。なぜなら、そのような目的がないとすれば、いかなる苦痛も刑罰の名のもとに引っくるめることはできないからである。

〈自業自得による災難は刑罰ではない〉第六に、ある種の行為を働くと、自然の成り行きで、さまざまな有害な結果が身に降りかかる。たとえば、他人に殴りかかったところ、逆に殺される（あるいは、怪我を負わされる）。不法な行為にふけって病魔に冒される、などがそれである。このような災難は、自然の創造主である神との関係においては「下されたもの」であり、したがって神罰と称することも可能である。しかし、人間社会との関係では刑罰の名のもとに引っくるめることはできない。なぜならそれは、人間の権限によって下されたわけではないからだ。

〈刑罰によって科される損害が犯行による利益を下回るなら、それは刑罰にならない〉第七。刑罰によって科される損害が、犯行後に当然生ずる利益や満足感を下回るなら、その損害は刑罰の定義を満たさない。それは、犯罪の罰を受けるというより、むしろ犯罪の代価または代償を払っているに過ぎない。なぜそのように言えるのか。考えてみれば分かる。刑罰はその本質として、人々に遵法の精神を持たせることを目的とする。ところが、刑罰による損害が犯行の利益よりも小さいとなると、刑罰はその目的を達することができない。それどころか、それとは逆の方向に作用することになる。

〈与えられる苦痛が法に付記されている刑罰を上回ると、敵対行為になる〉第八。法そのものに刑罰の規定があるのに、犯行後にそれを上回る刑罰が科されるなら、過剰な部分は、刑罰ではなくて敵対行為となる。刑罰の目的は復讐することにあるのではない。恐れさせることにある。軽い刑罰が宣言されていれば、未知の重い刑罰を恐れる気持ちは弱まる。それを踏まえると、予期されていない追加分は、刑罰として機能していないということになる。しかし、法が何の刑罰も定めていない場合は、科せられる苦痛はすべて刑罰の性質を帯びる。なぜなら、いかなる罰則も決められていない場合に違法行為を企てる者は、不確定な、言い換えれば恣意《しい》的な刑罰を予期しているからである。

〈法の制定前になされた行為を理由として苦痛を与えることは、刑罰ではない〉第九。法制定以前になされた行為を理由として苦痛を与えることは、刑罰ではない。それは敵対行為である。なぜなら刑罰は、法に触れると判断される行為を前提としているのであって、法が制定される前に法を破ることは不可能だからだ。したがって、法の制定前に苦痛を与えることは、刑罰ではなくて敵対行為である。

〈国家の代表者は罰せられない〉第十。国家の代表者に対して加えられる害は、刑罰ではない。それは敵対行為である。なぜなら刑罰の本質は、それが公的な権威によって下されるというところにあるのだが、公的な権威とは国家の代表の権威にほかならないからである。

〈叛逆した臣民に対する制裁は戦争の権利によっておこなわれるのであって、刑罰として科されるわけではない〉最後に。敵をもって自任する者に加えられる制裁には、刑罰という名は当てはまらない。なぜか。そのような叛徒の立場は、次のいずれかだからである。（一）法を受け入れたことがないので、そもそも法を犯すということはあり得ない。（二）これまでは法に服してきたけれども今後は服さない、と公言しているようなものであり、理屈上、法を破る立場にないと申し立てているに等しい。それを踏まえると、叛徒に下される制裁はいずれも敵対行為と見なさざるを得ない。しかし、敵対行為をもって臨む旨布告しておけば、いかなる懲らしめを与えようとも合法である。

以上のことから、次のことが言える。ある臣民が意図的、計画的に何らかの行為または発言によって国家の代表の権威を否定した場合、叛逆罪の刑罰として事前に「法によって」どのようなことが定めてあろうとも、国家の代表は自分の望みどおりに叛徒を処分して差し支えない。それは合法的である。なぜなら叛徒は、服従を拒否することによって、法が事前に定めていた刑罰を拒否したことになり、したがって国家の敵として、すなわち代表の意のままに、処分されることになるからだ。なぜなら法に定めてある刑罰は、臣民を対象とするものであって、国家の敵を対象とするものではないからだ。ここで言う国家の敵とは、自分の「社会契約という」行為によって臣民になりながら計画的に叛逆を起こし、主権を否定する者のことである。

刑罰を分類するにあたって、まず手始めに大まかに区分するとすれば、刑罰は神による罰と人間による罰とに分けられる。前者については、もっと適切な箇所で後述する機会があるだろう［第三部、第三十八章］。

人間による罰とは、人間の戒律を基準として科されるもので、それには次のものがある。身体刑、財産刑、名誉刑、自由刑、追放刑。または、その組み合わせ。

〈**身体刑**〉身体刑とは、刑を科する者の意志にもとづいて被刑者の肉体に直接処罰を加えることをいう。鞭で打つこと、身体に損傷を加えること、被刑者がそれまで合法的に享受してきた身体上の満足を奪うこと等がそれである。

〈**生命刑**〉身体刑には、生命刑と、そうではない刑とがある。生命刑とは死刑のことである。死刑はさらに二分され、単純な死刑と、苦痛をともなう死刑とに分かれる。

生命刑ではない身体刑とは、本質的には致死的でない肉体的苦痛を科されることをいう。以下の刑が含まれる。

・鞭で打つ
・身体に損傷を加える
・手かせや足かせをはめる

念のために言っておくと、罰を下した者の意図に反して被刑者が死に至った場合、その処罰は――予想できない偶然によって死を招いたのは確かだが――死刑と見なすべきではない。それは刑による死ではない。死期が早められたのに過ぎない。

〈**財産刑**〉(1) 財産刑とは、所有物を没収することをいう。金銭や土地に限らず、通常金銭で取引されるあらゆるものが財産刑の対象となる。

財産刑を規定している法が、それを犯す人々から金銭を集めることを目的としているのであれば、それは本来的に処罰ではない。特権の代価を払わせて、法の適用を免除しているのに等しい。そのような法においては、違反行為は無条件に禁止されるわけではない。金銭の支払いができない人々だけが、取り締まりの対象となるのである。

しかし、その法が自然法にかなっているのであれば、あるいは宗教の一部を担っているのであれば、事情は違ってくる。その場合、財産刑を科せられるということは、法の適用を免除されたのではなくて、法を侵犯したということにほかならない。たとえば、「みだりに神に誓いを立てる者には過料を科すべし」と法に定めてあるなら、その過料は、軽々しい誓いを赦してもらうための特免状の代価ではなく、法を侵犯したことに対する免れられない罰である。

同様に、被害者に対してかくかくしかじかの金額を支払わねばならないと法に定めてあるなら、それは被害者に対する弁償に過ぎない。それを支払うことによって被害者の訴えはなかったことにすることができるが、加害者の犯した罪は帳消しにはならない。

〈名誉刑〉 名誉刑とは、恥になるような懲らしめを受けることをいう。また、国家によって名誉あるものと定められている処遇を剝奪されると、それも名誉刑にあたる。なぜ後者も名誉刑にあたるのか、説明しよう。まず、名誉には二種類あり、そのうち一つは本来的な名誉である。それは勇気・度量・腕力・知力など、心身の力量によって裏付けられている。もう一つは、国定の名誉である。たとえば紋章・称号・官等など、主権者の眷顧《けんこ》を示す独特の印がそれである。前者は（名誉の裏付けとなる能力が失われた結果として、あるいは、何となく偶然に失われることもあるが）、法によって剝奪されることはない。したがって、そのような名誉が失われたからといって、処罰されたことにはならない。しかし後者（紋章・称号・官等）は、その名誉を保証している公的な権威によって剝奪されることがある。それは処罰と呼ぶのが妥当である。処罰の具体的な形としては、有罪判決を受けた者が、与えられている紋章・称号・官等を減ぜられるか、あるいは、「将来にわたってそのような待遇に浴する資格はない」と不適格宣言を下されるか、いずれかである。

〈自由刑〉自由刑とは、公的な権威によって身の自由を奪われることである。自由刑は、当局の目的に照らして二種類に分けられる。一方は、訴えられた者が逃亡するのを防ぐための勾留である。もう一方は、有罪判決を受けた者に苦痛を与えることを目的とする。前者は刑罰ではない。なぜなら裁判によって審理され有罪を宣告されるまでは、何人《なんぴと》も処罰されないからだ。したがって、審理がおこなわれる前に、身柄の拘束を確かなものにするためだからといって、必要以上の監禁ないし拘禁によって被疑者に苦痛をなめさせるなら、それは自然法に反している。しかし後者は刑罰である。なぜならそれは、公的な権威が違法と判定したことについて科する苦痛だからである。

自由刑という言葉を私なりに解釈すると、それは、障害物に取り囲まれて運動が何らかの形で制限されることである。その障害物というのは、一般に監獄と呼ばれる建物であったり、人々が幽閉される場合の島であったり、囚人が苦役に服する徒刑場(古くは鉱石の採掘現場、現代ならガレー船)であったりする。さらには手かせや足かせなど、身体の自由を束縛する器具であったりする。

〈追放〉追放とは、ある犯罪を遂げた場合に、国の領土全体または領内の特定の地域から立ち退くよう宣告され、元の居場所に戻ることを禁止されることを言う。その際、期限が設けられることもあれば、無期限の場合もある。追放は、他の事情がない限り、それ自体としては刑罰とは考えられない。それはむしろ逃亡させてもらうということである。あるいは、遁走することによって刑罰から逃れよと命令されているのである。キケロに言わせれば、ローマ市では追放という刑罰が定められたことはない、それは、危地に陥った者の避難である。その論拠はこうである。追放されたにもかかわらず自分の財貨や地代を享受することを許されるなら、そのような単なる転地は処罰ではない。また、追放処分は、あらゆる刑罰の制定にあたって追求すべき国家の利益（人々に遵法の心構えを持たせること）を増進しない。それどころか、多くの場合は国家の利益を損なう。なぜなら、追放された者はもはや国家の構成員ではないので、法理的には国家の敵となるからである。さりとて、追放された者に対して所有地や家財の剝奪をもって臨むなら、その刑罰は本質的には追放ではなく、財産刑と見なされるべきである。

〈無辜《むこ》の臣民を罰することは自然法に反する〉無辜の臣民を罰することは、刑罰の軽《けい》重《じゅう》を問わず、いずれも自然法に反する。なぜか。刑罰の根拠は法の侵犯にしか求められないので、無辜の者を罰することは許されないからだ。というわけで、無辜の者を罰するなら自然法を犯すことになるのである。第一に、「悪を懲らす者はみな、将来の善以外のものを求めず」という条に触れる。なぜなら、罪なき者を罰しても国家には何の益もないからだ。第二に、「善に悪をもって報いてはならぬ」という条に触れる。それはこういうことだ。主権はいずれも元来は、臣民が各人の同意にもとづき［国家に］引き渡したのである。その目的は、服従と引き換えに保護してもらうことにある。それを踏まえるなら、罪なき者を罰するということは、善に報いるに悪をもってするのと同じである。第三に、公平を命ずる条に牴触する。公平とは、正義が平等に分配されていることをいう。罪なき者が罰せられるようでは、公平が保たれていることにはならない。

〈しかし、無辜であっても交戦相手となっている者に対しては、危害を加えても自然法に牴触しない〉しかし、相手が罪なき者であっても自国の臣民でないのであれば、いかなる危害を加えようとも自然法に牴触しない（その前提として、そうした行為が国家の利益にかなうものであり、しかも、以前のいかなる契約にも反していないことが必要であるが)。なぜなら、臣民でない者は、元から敵であるか、さもなければ、以前の何らかの契約にもとづく臣民の資格を放棄したか、そのいずれかだからである。もっと言うなら、敵から危害を加えられかねないと判断した国家が、戦争を仕掛けることは合法である。というのも国家は本来的に、そのような天与の権利をそなえているからだ。そうした戦争において、兵馬の権は事の理非を裁くわけではない。勝者は、相手が過去に罪を犯したか否かを区別しない。また、その配慮は、自国民の利益に資するか否かという一点にしか置かれない。

そして、このことを根拠として次のことも導かれる。それは、既存の国家がそなえている権威を計画的に否定した臣民の場合、懲らしめの対象は父祖ばかりではなく、三代四代先の子孫にも及ぶということである。それら子孫はまだその時点では生まれておらず、したがって懲らしめの原因となる行為については何の非もないのであるが。こうした扱いは合法的である。この種の犯罪は本質的に、国家に対する服従の放棄である。服従が放棄されれば、一般に叛逆と呼ばれる戦争状態に逆戻りする。したがってこのような犯罪に走る徒輩は、臣民として罰せられるのでなく敵として罰せられるのである。というのも、叛逆が起こったということは、戦争が再開されたということにほかならないからである。

〈報酬には、俸給と恩恵がある〉 報酬には、贈与としての報酬と、契約にもとづいて与えられる報酬がある。後者すなわち契約にもとづく報酬は、俸禄あるいは俸給などと呼ばれる。それは、働きの実績または見込みに応じて支払われる給付金である。それに対して、前者すなわち贈与としての報酬は、それをさずける人々の厚意に発する給付である。その目的は、仕える人々の奉仕の意欲や能力を引き出すことにある。

したがって、国家の主権者が何らかの官職に対して俸給を定めるとき、俸給を受け取る者は、それに見合っただけ職務を果たす義務がある。そのような規定がないときは、徳義上、主権者の厚意に感謝し返報する義務がある。

おのれの営む事業をなげうち、報酬も俸給もなしに公共のために奉仕せよ、と命じられた場合、法的な救済措置は何もないが、それは自然法によって義務づけられるわけではない。また、国家の制度によって義務づけられるわけでもない（奉仕を促すのにそうするしか方法がないというのであれば話は別であるが）。なぜなら主権者は、人々の所有するあらゆる手段の利用を許されており、［主権の末端を担う］最下級の一兵卒ですら、戦闘の際の報酬を、受け取るのが当然のものとして要求するほどだからである。

〈**恐怖心に駆られてさずけた利益は報酬ではない**〉主権者が、ある臣民に利益を供与したとする。その動機が、その臣民の力量と才能が国家に危害を及ぼすのではないかという恐れにあったとすれば、供与された利益は厳密に言うと報酬ではない。なぜそう言えるのか。まず、これは俸禄ではない。なぜならこの場合、各人は、国家に対して危害を与えないという既存の義務を負ったままであり、契約と見なされるようなものは存在しないからだ。さりとて、供与された利益は恩恵でもない。なぜなら、本来主権の側に生ずるはずのない恐怖心につけこんで強要がおこなわれたのだから。

供与された利益はむしろ、主権者が〈理屈上、国家の代表としてではなく個人の資格で〉、自分より力量があると思われる人物の不満をなだめるためにささげた供え物なのである。だがそれは、服従を促しはしない。相手は相変わらず強要を続け、さらにはそれをエスカレートさせてくる。

〈**俸給には、定期的に支給されるものと随時支給されるものとがある**〉俸給には、定期的に国庫から支給されるものと、随時支給されるものとがある。

後者の場合、職務の遂行に応じて、定められた額がその都度支給さる。これは、場合によっては国家にとって有害であることもある。たとえば、裁判の場合がそれである。なぜなら、裁判官や執行官の利益が、裁判所に持ち込まれる訴訟件数に連動するなら、必ず不都合が生ずるからである。第一に、訴訟件数が増加する。訴訟が多ければ多いほど、利得も増えるからである。もう一つの不都合は、裁判所相互の競争である。それぞれの裁判所は、できるだけ多くの訴訟を引き寄せようと努力することになる。

行政に関する職務の場合、このような不都合は生じない。なぜなら、いくら努力しても業務はふえないからである。

刑罰と報酬の本質については、ここまで述べれば十分であろう。刑罰と報酬は、いわば神経や腱《けん》のようなものである。国家の手足や関節は、それによって動かされているのである。

以上、人間の本質がどのようなものであるのかについて（人間はおのれの自負心やその他の情念に衝き動かされるので、統治に服さないわけにはいかない）、統治者の強大な権力と併せて論じてきた。私は統治者をリヴァイアサンになぞらえた。この比喩は、聖書の「ヨブ記」第四十一章の最後の二つの節から借りてきた。「ヨブ記」において、神はリヴァイアサンを「誇り高ぶる者の王」と呼び、その強大な力について述べている。いわく、「地上にこれと並ぶ者なし。こは、恐れを知らぬ者として造られたり。すべての高き者を見下し、すべての誇り高ぶる者の王たるなり」。

だが、他のすべての地上の被造物と同じように、リヴァイアサンにも寿命がある。衰えは免れない。また、（地上はともかく）天上には、リヴァイアサンを畏怖させる者、リヴァイアサンを従わせる掟を作った者がいる。そこで、私は以下の各章において、リヴァイアサンがかかる病気や、寿命を迎える原因について、さらには、リヴァイアサンがいかなる自然の法則に従うことを余儀なくされているのかについて、説明する。

第二十九章　国家を弱体化させ、解体へと導く要因について

〈国家の解体は、国家が樹立の時点ではらむ欠陥から起こる〉人間の寿命には限りがある。したがって、人間の作るものに永遠の寿命を持たせることはできない。しかし、人間がそなえていると自称する理性を利用するならば、国家は、少なくとも内発的な病弊によって自壊することは避けられるであろう。なぜなら国家は、国家樹立の本質ゆえに、国家に生命を吹き込む者（すなわち、人類あるいは自然法、あるいは正義そのもの）が続く限り寿命を保つように設計されているからである。したがって、国家が外から仕掛けられる暴力によるのではなく、内部の混乱によって解体に至るとすれば、その責任は、国家の素材としての人間にあるのではなく、国家を作った者あるいは国家に秩序を与えた者としての人間に求められるのである。

国家に混乱が生じるのは、いかなる事情によるのか。無法状態の中で互いに角突《つの》き

合わせ、干戈《かんか》を交えてきた人々も、いつかはついにそのような状況に倦《う》み疲れ、丈夫で長持ちする建造物に身を寄せたいと、心から願うようになる。しかし、自分たちの行動を律するのにふさわしい法を制定する技術を欠き、しかも、自分たちにとって喫緊の、まだ手を付けていない厄介な問題点が解決されるのを待つだけの謙虚さと忍耐強さもないということになると、この上なく有能な建築家の助けを借りない限り、ひよわい建物しか作ることができない。そのような建物は、彼ら自身の世代を越えて長持ちすることはない。いずれ彼らの子孫の頭上に崩れ落ちてくることは必定である。

そのような次第であるので私は、国家の弱点のうち、国家が制定される際にはらむ欠陥について考察し、受胎の不全に起因する人体の病気と比較しようと思う。

〈**絶対的権力の欠如**〉そのうちの一つを挙げよう。それは、国家の平和と防衛を維持するためにはどうしても一定の権力が必要であるのに、王国を手に入れようとするとき、それを下回る権力で満足する者があるということだ。ここから次のことが生ずる。すなわち、中断されていた権力の行使が公共の安全のために再開されるとき、あたかもそれが不正な行為であるかのように見られてしまうということである。このことは、大勢の人々を（機会があれば）叛乱に向けて立ち上がらせる原因となる。それはちょうど、病気の両親がもうけた子どもが、早死にするか、あるいは受胎の不全による病的体質を胆汁や疥癬《かいせん》として排出することによって体内を浄化せざるを得ないのと同じである。

そして、王たる者がこのような、なくてはならぬ権力を自制するのは、自分が引き受ける任務にとって何が必要かを必ずしも知らないからではない（時にはそういうこともあるが）。大抵の場合、それを自分の意のままに回復することができると予想しているからである。だが、この推論は正しくない。なぜなら王を最初の約束に縛っておこうとする者たちは、反国王の姿勢を保つにあたり、外国からの支持を頼りにするからである。頼られた国は自国の臣民の利益を計るためであれば、隣国の立場を弱める機会を見逃さない。

カンタベリー大司教トマス・ベケット(1)（一一一八～七〇年）の場合もそうだった。ベケットはヘンリー二世(2)に刃向かうためにローマ法王から支持を得た。その約百年前、国家に対する聖職者の服従はすでに廃止されていた。それは、ウィリアム征服王が戴冠式に際して教会の自由を犯さないと誓ったときのことである。

ウィリアム・ルフス(3)（ウィリアム二世、在位一〇八七～一一〇〇年）の後押しを得て権力を伸ばした貴族も同様である。ウィリアム・ルフスは、父であるウィリアム征服王の没後、長兄から王位継承権を譲り受けようとして貴族の助けを求めた。貴族はその結果、主権者の権力と真っ向から対立するほど強い権力を持つに至り、ジョン王④（在位一一九九～一二一六年）に対して叛乱を起こすにあたり、フランスから支援を得た。

以上のことは君主制に特有の現象ではない。実例を挙げよう。古代ローマ国家はみずからを「ローマの元老院および人民」と号していたが、元老院も人民も、全権力を掌握しようとはしなかった。このことが災いして、まず前二世紀にグラックス兄弟⑤やルキウス・サトゥルニヌス⑥その他の騒動が起こった。前一世紀になるとマリウス対スラの形で、さらにその後はポンペイウス⑦対カエサル⑧の形で元老院と人民との争いが起こった。その結果、ついには古代ローマの民主制は消滅し、それに代わって君主制が興ったのである。

アテナイの人民はあることを、それだけはしてはならじと自戒していた。それは、サラミス島をめぐる戦いの再開を提起してはならぬ、提起するなら死を覚悟すべし、というものであった。しかし、ギリシア七賢人のひとりソロン（前六四〇年頃～前五六〇年頃）はそれに関して、「ソロンは発狂した」との噂が広まるよう芝居を打って、周囲に集まった人々に対していかにも狂人らしい素振りや仕草、詩句を示し、戦いの再開を提起したのであった。もしソロンがそうしていなかったら、常に戦闘態勢にある敵を、ギリシア各都市の城門にまで引き寄せる結果になっていたであろう。

おのれの権力をたとえわずかであっても制限した国家はいずれも、こうした損失をこうむり、苦し紛れの策を講ずることを余儀なくされるのである。

〈正・不正についての私的な判断〉第二に、煽動的な学説の害毒から生ずる国家の病気について調べてみよう。そうした学説の中に、次のようなものがある。「行為の正・不正を判定するのは、個々人である」。これは、公民法がまったく存在しない純然たる自然状態においては真実である。また、政府が成立していても、法による定めのない案件については真実である。しかしそうでない限り、正・不正の判定基準となるのは公民法であり、正・不正を判定するのは、必ず国家の代表者を兼ねる立法者である。それは明白である。「一般人が正・不正を判定する」という誤った学説に煽られて、人々はともすれば国家の命令について甲論乙駁する。そうしておいてからようやく、自分たちが妥当と考える個人的な判断に従って、国家の命令に服従したりしなかったりする。その結果、国家は分裂し弱体化する。

〈良心も誤りを犯すことがある〉国家という共同体にとって受け入れられない学説がもう一つある。それは、「人が自分の良心に反しておこなうことはすべて罪である」というものである。それを支えるのは、自分自身を正・不正の判定者とする思い込みである。

　このような学説が国家にとって受け入れられないのはなぜか、説明しよう。人間の良心と判断は同一物であり、判断がそうであるのと同じように良心も誤りを犯すことがある。したがって次のことが言える。確かに、いかなる公民法にも従わない者は、自分自身の理性以外に従うべき規範を持たないので、みずからの良心にもとるあらゆる行為において罪を犯していることになるが、それは、国家において生活を営む者には当てはまらない。なぜなら国家においては、法こそが公的な良心の役割を果たしているのであり、国家の住民はそれを規範とする義務をすでに負っているからである。仮にそうでないとすれば、個人の良心（すなわち、個人の意見）が多岐にわたる以上、国家は必ず分裂し、人は自分の目で見て正しいと判断した範囲でしか、主権者の権力に従おうとはしないであろう。

〈霊感を得たという思い込み〉また、一般的に次のようなことが唱えられてきた。「人が信仰心や敬虔の念を身に付けるのは、研究や理屈によるのではなく超自然的な霊感や託宣による」。仮にそうだとすると、だれもが自分の信仰の理由を説明するのはなぜか。キリスト教徒が預言者であるとは限らないのはなぜか。だれもが自分の行動規範として自分自身の霊感よりも国家の法を優先するのはなぜか。私には分からない。いずれにせよ、私たちはこのようにして、正・不正の判定者の役割をみずから引き受けるか、あるいは超自然的な霊感を得たと自称する一般人にゆだねるかして、ふたたび政府全体の解体を招くことになる。

信仰心は、聞くことによってもたらされる。聞くためには、それに先だって、語りかけてくれる人々の面前に行き合わせる必要がある。そして、そのような偶然は、すべて全能の神が計らうのである。だがそれは、超自然的なものではない。ただ単に気づかれないだけのことである。それというのも、一個の結果に対して同時に作用する原因が多すぎるからである。確かに、信仰心とか敬虔の念とかいったものは、そう頻繁に芽生えるものではない。だがそれは奇蹟ではなく、教えや躾《しつ》け、懲らしめなどの自然な方法によってもたらされるのである。それは神が、適当と判断したときにみずからの選んだ者に働きかける手立てである。

平和と統治にとって有害なこれら三つの説は、わが国においては主として無知丸出しの学者たちの弁舌と文筆から生み出されている。彼らは、理性とは相容れないやり方で聖書の文言を寄せ集め、人々に信仰心と自然の理性は両立しないと思い込ませようとして、できる限りのことをしている。

〈主権を公民法の下位に置くこと〉国家の本質と相容れない第四の学説は、こうである。「主権者は公民法に従わなければならない」。もしこれが、いずれの主権者も自然法に従わなければならないというのであれば真実である。なぜなら自然法は神の法であり、いかなる人間もいかなる国家も、それを破棄することはできないからである。

しかし、主権者はみずからが制定した法、言い換えるなら国家が制定した法には服従しない。なぜか。法に服するということは、国家に服するということである。もっと言うと、主権を持った代表者に服するということである。さらに言えば、主権者自身に服するということである。それは法に対する服従にならない。むしろ、法からの自由である。

右の謬説に従うなら、主権者はおのれの頭上に法を戴くことになる。したがって、それと併せて裁判官を、さらには自分を懲らす権力を戴くことになる。これはすなわち新たな主権者が置かれるということである。そして、［第二の主権者のもとでも］再び同じ論理のもとで、第三の主権者が置かれる。第二の主権者を懲らす必要があるからだ。こうしたことが際限なく繰り返され、ついには国家の混乱と解体が起こるのである。

〈絶対的所有権が臣民にあるという説〉国家を解体に向かわせる第五の学説はこうである。「いずれの私人も自分の財貨に対して、主権者の権利を排除する絶対的な所有権を持っている」。確かに、各人の所有権は他の臣民全員の権利を排除するが、所有権の出どころは、主権者の権力以外にはない。主権者の権力によって保護されていなければ、他の臣民が同一対象に対して同等の権利を持つことになる。しかるに主権者の権利までもが排除されるのであれば、主権者は臣民から託された任務（臣民を外敵および臣民相互の権利侵害から守ること）を全《まっと》うすることができない。その結果、国家はもはや存続できなくなる。

そして、主権をそなえた代表者の、臣民の財貨に対する権利が臣民の所有権によって排除されないとすれば、司法や行政の官職に対する権利はなおさら排除されない。

そもそものような官職を帯びた臣民が何をしているのかといえば、主権者自身を代行しているのである。

〈**主権の分割に関する学説**〉第六の学説は、国家の本質にあからさまに対立する。それは、「主権は分割できる」というものである。なぜこの説は国家の本質と対立するのであろうか。考えるまでもなかろう。国家の権力を分割するということは、それを解体すること以外の何ものでもない。分割された権力は互いに滅ぼし合うに決まっているのだから。こうした学説ゆえに特に人々の注目を集めているのは、「立法権力ではなく我々の学識に頼れ」と、人々を煽動する法律家の一群である。

〈**近隣諸国をまねること**〉誤った学説と同じように隣国における異なる統治例に刺激されて、既存の統治形態の変革に向けて立ち上がるという事例も少なくない。まさにそのような経緯をたどったのがユダヤの民である。彼らは煽られ、神を拒み、諸国の例に倣《なら》って王を立てるよう預言者サムエルに求めた。同様のパターンは古代ギリシアの都市国家にも見られる。それら都市国家は、貴族派と平民派の煽動により絶えず動揺を繰り返した。国内は二派に割れることが多く、一方はスパルタを、他方はアテナイを範とした。

また、私の確信するところでは、ネーデルラント諸州の先例を後追いしているからという理由で、イングランドで最近起こった紛争を目撃して満足している人々が少なくない。経済的に豊かになるためには、ネーデルラントにおいてそうであったように統治形態を変更するだけで十分であり、それ以上のことは必要ないという考えが働くのである。なぜそのような思い込みに囚《とら》われるのか。人は、本質的に新しもの好きである。だから、ある新機軸のおかげで豊かになった人々が近隣にいて、それに煽られて同じ方向に心が逸《はや》るとき、「我々も変化しようではないか」とけしかけられると、賛成せずにはいられないのである。人は、物事が始まるのを好む(もっとも、混乱が続くと心を痛めるけれども)。これは、短気な男が疥癬《かいせん》を患うのに似ている。男は、むずむずした感覚に我慢ができず、自分の爪で身体をひっかき、ついにはその痛みに耐えられなくなるのである。

〈**古代ギリシア人、ローマ人をまねること**〉特に、君主制に対する叛乱の原因にはどのようなものがあるだろうか。よくある原因として、古代ギリシアおよびローマの政治書および歴史書を読むことが挙げられる。そのような書物を読むことを通じて、年若い人々や、好《い》い年をしていても確固たる理性という解毒剤が身についていない人々は、軍事指導者が収める偉大な戦勲について、鮮烈で、胸のすくような印象を植え付けられ、さらにそれら指導者がおこなったその他のあらゆる事績を、好感をもって受け止めてしまう。また、軍事指導者の偉大な繁栄を、傑出した人物が互いにしのぎを削った結果とは見ずに、統治形態が大衆的だからだと誤解し、それら指導者の政治が不完全であることから頻繁に起こる叛乱や内戦については考慮に入れないのである。

このような書物に親しむから（と、あえて言おう）、人々はこれまで国王の弑逆《しいぎゃく》を企ててきたのである。なぜそう言えるのか。古代ギリシアおよびローマの著作家たちは政治に関する著作や談話において、国王を弑逆することは、だれがそれをしでかすにせよ、実行に先だって国王を暴君と呼んでおきさえすれば合法的となり、称賛に価する行為になる、と述べているからである。

なぜそのようなことが許されるのか。ギリシア、ローマの著作家に言わせれば、国王を殺すことは合法ではないが、暴君を殺すことは合法だからである。このような著作に毒されるので、君主のもとで生活している人々は「民主国の臣民は自由を享受しているが、君主国の臣民は一人残らず奴隷である」と思い込むのである。念押ししておくが、君主制のもとで暮らす者がこうした考えに取り憑かれるのである。民衆代表の政府のもとで暮らしている者は、そうではない。というのも後者にとっては、そのような問題は見当たらないからである。

以上のことを要約しよう。ギリシア、ローマの著作を広く一般に読ませておきながら、それら著作の害毒を除去するのに適した思慮深い導き手を解毒剤として早急に適用しないとすれば、君主制にとってそれ以上に有害なことはあるだろうか。私には想像もつかない。

そのような害毒は疑いなく狂犬病（医師の言う恐水病）に喩《たと》えることができるだろう。なぜか。狂犬にかまれた者は絶え間なくのどの渇きに苦しめられながら、それでいて水を恐れる。その有様は、毒が回ってあたかも犬に成り下がりかねないほどである。それと同じように君主制も、絶えず吠えかかってくる民主制支持の文筆家によって深く嚙みつかれると、もっぱら強力な君主を望むようになる。しかし強力な君主というのは、人々が彼《か》の暴君恐怖症（すなわち、強力に支配されることを恐れること）ゆえに毛嫌いするところのものにほかならない。

人間には三つの魂があると考える博士たちがいた。それと同じように、一つの国家に複数の魂（すなわち主権者）があると考える人々がいる。彼ら［聖職者］は、国家の主権に対して宗教上の至上権を、法律に対して［教会の］戒律を、政治的権威に対して精神的権威を対置する。彼らはまた、それ自体としては無意味な言葉や言い回しによって人の心に働きかけながら、その曖昧さを利用して、別の王国が（一部の人々が考えるように、人の目には見えずに）いわば未知のおとぎの国さながらに存在することをそれとなく示すのである。

さて、政治権力と国家権力は同一物である。しかるに、宗教上の至上権や、戒律を制定し聖職者に特権をさずける権力は、［宗教的］国家の存在を前提とする。このことから導かれるのは、一方が主権者で他方が至上権者である場合、また、前者が法を制定し、後者が戒律を定めることを許されている場合、同一の臣民に対して二つの国家が併存せざるを得ないということである。これは、内部において分裂している王国ということであり、存続は不可能である。

もう少し詳しく説明しよう。世俗的な国家と宗教的な国家という区別に意味はないとはいえ、やはり二つの王国が並立していて、それぞれの臣民は二人の主人に仕えなければならない。なぜか。まず宗教的権力が要求しているのは、何を罪と見なすのかを宣言する権利である。それは、突き詰めれば、何を法とするのかを宣告する権利である（罪とは、法の侵犯にほかならないからだ）。一方、世俗的な権力も同じもの、すなわち、何を法とするのかを宣言する権利を要求している。したがって、おのおのの臣民は二人の主人に仕えなければならない。両者はともに、自分の命令が法として遵守されることを求めるが、そうした要求を同時にかなえることはできない。

そうでなくて、王国が一つだけしか存在しないとすると、世俗的な部分（すなわち国家の［政治］権力）が宗教的な部分に服属するか、さもなければその逆に、宗教的な部分が世俗的な部分に服属するか、そのいずれかしかあり得ない。前者の場合、主権は宗教的な部分だけが担う。後者の場合、至上権は世俗的な部分だけが担う。したがって、これら二つの権力が互いに対立するとき、国家は内戦および解体という重大な危険にさらされる。それは避けられない。なぜか。世俗の権力はだれの目にも明らかであり、自然の摂理の明るい光に照らされている。だから、常に大勢の国民の注目を惹《ひ》かずにはいない。それに対して宗教の権力は、スコラ的な言い回しと難解な用語という闇に包まれているものの、何よりも闇と霊を恐れる人間心理ゆえに、国家を悩ませ時には滅ぼす要素を欠かすことなくはらんでいる。

これは一種の病気であり、人体における癲癇《てんかん》に見立てたとしても、見当はずれではあるまい（ちなみに、ユダヤ人は癲癇を霊の憑依《ひょうい》と見なしている）。なぜか。この病気にかかると、頭の中に特異な霊ないし風が出現し、神経をその根元でふさぎ、激しく揺さぶる。頭脳の内部には心の力が働いているのに、本来そこから得られるはずの運動は神経に伝わらない。その結果、身体のそれぞれの部位に激しい異常な運動が起こる（人はそれを痙攣《けいれん》と呼ぶ）。この病気に冒された者は、あたかも感覚を奪われたかのように、時には水の中に、時には火の中に身を投ずることがあるほどだ。

国家の場合も同じことが起こる。それは、宗教的な権力が刑罰の恐怖と報酬への期待（それはいわば国家の神経に相当する）を操作することによって、国家の構成員を動かす場合である。そのやり方は、世俗的な政治権力（国家の魂に相当する）が本来のやり方で国家の構成員を動かすのとは異なる。しかも宗教的権力は、奇怪かつ難解な言葉によって構成員の理解を封じる。その結果国民は混乱をきたし、国家は圧政によって身動きがとれなくなるか、さもなければ内戦の火の中に放り込まれるかのいずれかである。

〈**混合統治**〉時には、純然たる世俗的な統治においても、複数の魂が共存することがある。たとえば、徴税（栄養を摂取する機能）を国全体の合議体にゆだね、指揮および命令の権力（運動の機能）を一個の人間にゆだねる。そして、この二つの委任先に第三のものを加えて、その三者間でたまたま運良く成立する合意に、法制定の権力（理性の機能）をゆだねる――。このようなことをすると、国家は危殆に瀕する。それは、優れた法を制定しようにも同意が得られないからだろうか。時にはそういうこともある。しかし、大抵の場合、生命と運動に必要な栄養を得られないからである。

別の言葉で説明するならこういうことだ。こうした統治は統治ではなく、国家を三つの党派に分割するものである。このことに気づき、それを混合君主制と呼ぶ者は稀である。だが事実として、このような統治形態は一個の独立した国家ではない。独立した三個の党派が並立しているのである。また、国家を代表する人格も一個ではなく、三個存在することになる。神の王国であれば、君臨する神の中に三個の独立した人格が統一を保ったまま共存するということはあり得る。だが、人間の治めている国ではそのようなことはあり得ない。人によって意見がまちまちだからである。したがって、もし国王が人民の人格を担い、同時に国の議会も人民の人格を担い、さらに別の合議体も一部の人民の人格を担うとすれば、それらの人格は一個の人格でもなければ、一個の主権者でもない。三個の人格、三個の主権者である。

国家のこのような不具合は、人体のどのような病気になぞらえればよいだろうか。私には分からない。しかし私は以前、人間の脇腹から別の人体（頭・両腕・胸・腹から成る上半身）が生えているのを見たことがある。仮に反対側の脇腹にもう一つ人体が生えていたら、右の比喩は正確だった、ということになる。

〈貨幣の欠乏〉ここまで、国家の病弊のうち、重大で切迫した危険をはらむものを取り上げた。その他にも、それほど危険ではないが、ここで考察するのにふさわしい病弊が幾つかある。

第一は、特に戦争が近づいてきたときのことになるが、国家が使う必要があるという大義名分をもってしても資金を調達するのが難しいということである。これは、「臣民の土地および財貨に対する臣民の所有権は、主権者の使用権を排除する」という見解から生ずる。このように国家の資金調達が難しいことから、次のような事態が発生する。主権者は（人民が頑《かたく》なであるために国庫への資金流入が滞るのを見て）、国家にとって必要なもの、また危険なものを予見する。そうした危険に初期段階で対処し、先手を打つべく全力を尽くすべきなのに、できるだけ長い間緊縮政策を続け、もうそれ以上は無理だというところまで来て初めて、微々たる資金を獲得するために法に訴えるという戦略を用いて人民と争うのである。しかしそれでも十分ではないので、差し迫った出費をまかなうために、やむなく暴力に訴えて活路を開くか、さもなければ自滅する。頻繁にこのような最後の手段に訴えて、ようやく人民を我に返らせるのである。そうでなければ国家は崩壊を余儀なくされる。

　このような社会不安は黒水熱《マラリア》に喩《たと》えるのが妥当であろう。黒水熱にかかると、筋肉の硬直または有毒物質を原因とする血行障害が起こり、自然な血流により心臓に血液を送る静脈が、動脈から（本来あるべき）血液の供給を受けられなくなる。その結果、まず四肢が冷えて収縮し、震えが起こる。次いで、心臓が血液を送り込もうとして過熱し、激しく拍動する。心臓は、血液をふたたび送り込むことができるようになるまでの間、冷気を当てられるなどささやかな手当てを一時《いっとき》受けるしかないが、（体力が十分に強ければ）血行不全を起こしている部分の血流を取り戻し、有毒物質を汗にして発散させる。そうでなかった場合（つまり、体力がなかった場合）、患者は死んでしまう。

〈独占と、収税吏の職権濫用〉国家はまた、肋膜炎《ろくまくえん》に似た病気にかかることがある。それは、国家の富がその本来の経路を外れて、独占または徴税請負制を通じて一人または幾人かの私人のところに過度に集中するときに起こる。その仕組みは、肋膜炎にかかると血液が肋膜の中に入り込み、そこで熱と激痛をともなう炎症を起こすのと似ている。

〈大衆受けする人物〉また、有能な臣民の人気も（国家がその人物の忠誠心に十分目を光らせていないと）、危険な病変をもたらす。なぜなら国民は（主権者の権限によって動かされるべきであるのに）、野心家の自信あふれる態度と名声に魅せられるあまり、法に服従することを忘れ、人徳や目標が知られていない人物に追従《ついじゅう》するからである。

　そして、これは通常、君主制よりも民衆政治において一層の危険をはらむ。なぜなら軍隊の擁する力と数が膨大であることから、「軍隊は人民なり」と思い込ませることが容易だからである。まさにこのような手法を使って彼《か》のユリウス・カエサルは、まず支配下の軍隊を手なずけ、次いで元老院の反対を押し切って人民によって推戴《すいたい》され、元老院と人民の双方の主人となったのであった。大衆受けする野心家のこのような振る舞いは、歴然たる叛逆である。それは、魔術の力にも似ている。

〈都市の規模が大きすぎること、自治組織の数が多すぎること〉国家の病気は他にもある。都市の規模が不当に大きく、その域内で大規模な軍隊の兵員や費用をまかなうことができる場合、これも国家の病気である。自治組織の数が過多である場合も同様である。それらの自治組織は、いわば大きな国家の中にひしめく群小国家であり、人体の内臓の中でうごめく寄生虫に似ている。

〈主権者の権力に反駁する自由〉政治学の素養があると自称する人々が絶対権力に対して論駁を加える自由も、国家の病気である。その種の自称政治学者は多くの場合、人民のよどみの中で育つが、誤った学説に刺激されて勢いを得ると、絶えず基本的な法に干渉し国家を悩ませる。それは、医師が回虫と呼ぶ小さな寄生虫に似ている。この他にも、次のような病気がある。

・飽くなき領土拡大の欲求（人間にたとえるなら過食症）と、それに反発した敵からしばしば加えられる癒《い》えることのない損傷
・統一されていない征服地（人間なら嚢腫《こぶ》）。そのような征服地は国家にとってしばしば重荷となるので、維持するより放棄したほうが無難である
・安逸をむさぼること（嗜眠《しみん》）
・放埒《ほうらつ》と浪費をほしいままにすること（労咳《ろうがい》）

〈国家の解体〉最後になった。（対外戦争にせよ内戦にせよ）戦争の過程で敵が最終的な勝利を握り、もはや味方の軍隊は戦闘活動を続けることができなくなったとしよう。これは、忠誠を尽くす臣民を保護することができなくなった、ということである。そうすると、国家は解体され、各人は自分の裁量に従って、自分自身を守ることを許される。

なぜか。主権者はいわば公共の魂であって、国家に生命および運動を与える。国家が消滅すれば、構成員はもはや国家の支配を受けない。それは人間の死体が、離脱した魂（それは不滅ではあるが）の支配を受けないのと同じことである。

理詰めで考えてみよう。主権者である君主の権利は、他の人間の行為によって消滅することはないが、構成員の義務は消滅し得る。というのは、保護を求める者は、それをどこに求めても差し支えないが、ひとたび保護を得たら、（「恐怖のあまり服従を余儀なくされた」というような詐欺的な言い逃れをすることなく）自分への保護をできるだけ長く擁護する義務が生ずるからである。だが、ひとたび合議体の権力が制圧されたら、合議体の権利は完全に消滅する。なぜなら、合議体自体が消滅し、したがって、そこに再び主権を持たせることはできないからである。

第三十章　主権を持つ代表者の責務について

〈人民の利益を確保すること〉主権者は（君主であるにせよ合議体であるにせよ）、主権者としての権力が信託された目的を果たさなければならない。それは、人民の安全を確保するということである。主権者はそれを自然法によって義務づけられている。また、自然法を制定した神に対し――正確に言うなら神に対してのみ――自分の務めについて責任を負うよう義務づけられている。

しかし、ここで言う安全とは、各人が単に生命を維持することだけを指すのではない。その他の、あらゆる暮らしの豊かさも含意される。ただし、暮らしの豊かさを手に入れるために何をしてもよいということではない。合法的な勤労によることが前提となる。また、国家に危険や危害を及ぼしてもいけない。

〈社会的な教えと法律〉そして、この、「人民の安全を確保する」という目的は、どのようにして達成すればいいのだろうか。個々の被害の訴えがあったとき、被害者を危害から保護するに留めるべきである。それを超えるような個々の扱いをすべきではなく、むしろ普遍的な、法律上の因果応報についての知識をさずけておけばよい。そのような知識は、学説や判例という社会的な教えの中に盛り込んでおくのである。また、個々人が自分の訴えと照合できるように、優れた法律を制定、施行しておけばよい。

〈主権者がその本質的な権利を放棄することは、主権者の義務に反する〉もし主権の本質的な権利（すでに第十八章で説明済み）が取り除かれると、国家は解体し、人間は「万人の万人に対する戦争」という惨状に逆戻りする。この世にこれ以上の災厄は存在しない。したがって主権者の任務は、こうした権利を無傷のまま保つことに置かれる。

したがって、以下の行為は主権者の義務に反する。第一に、それらの権利のいずれかを他人に譲渡、または放棄すること。なぜなら、手段を放棄するということは目的を放棄するということであり、また、主権者でありながらその手段を放棄するということは、みずからが公民法に服従することを認め、以下の権力を放棄することになるからだ。

・最上位の裁判権を司ること
・自らの権限によって宣戦または講和をおこなうこと
・国家が必要とするものを判断すること
・自らの良心に照らして必要と判断されるときに必要なだけ徴税と徴兵をおこなうこと
・平時と戦時を問わず、裁判官や執行官を任命すること
・どのような学説が人民の防衛・平和・利益にかなっているのか（また、反しているのか）について講ずる者を指名し、また、みずから審査すること

〈人民に主権者の権利の根拠を教えるよう取り計らうのを怠ることも、主権者の義務に反する〉 主権者の義務に反する行為として、第二に、主権者の本質的な権利の根拠ないし理由について人民が無知であったり、あるいは間違いを吹き込まれていたりするのを黙認することが挙げられる。なぜそれは主権者の義務に反するのか。そのような状態に置かれていると人々は、国家が主権者の権利を実際に行使しなければいけなくなったときも、たやすく誘惑に屈し、主権者に対して抵抗するよう仕向けられるか

らである。

　したがって、主権者の権利の根拠については、人々に入念に、かつ正しく教えておく必要がある。というのも、公民法も法的処罰に対する恐れも、そうした権利を支えることはできないからである。なぜか。公民法は叛乱（およびその他の、主権者の本質的な権利に対するあらゆる抵抗）を禁止しているが、（それ自体としては）義務ではなく、信義にもとることを禁ずる自然法だけを支えとして義務となっているからである。したがって、このような、人間として当然の義務を知らないとすれば、主権者の制定する法の正しさも分かろうはずがない。人々はまた処罰についても、それを自分たちに対する敵対行為と見なすであろう。そして、処罰をかわそうとして、自分たちに十分な力があると考えるときには、敵対行為をもって応じるであろう。

〈「絶対的主権を支える基本的な原理は存在しない」と論ずる人々の言い分〉一部の人々が次のように論ずるのを耳にすることがある。「正義とは言葉に過ぎず、実体を持たない。暴力や策略によって手に入れることのできるものは（戦争状態においては無論のこと、国家が成立している状況においても）、自分のものになる」。このような考え方が誤っていることは、すでに示したとおりであるが[1]、それと同じように次のように主張する人々がいる。「主権を絶対化するのに必要不可欠な権利を裏づけようにも、基礎になるものがない。基本的な原理もない」。彼らがこのような説を唱えるのはなぜか。そのような原理が実在するなら、すでにどこかに見つかっているはずだが、主権を絶対化するための権利を認定または試験した国家が、私たちの見るところ、これまでないからである。

右の説はアメリカの野蛮人と同様の誤りを犯している。彼らは、家屋が建築材料の寿命と同じだけ長持ちするように建てられたのを見たことがないからといって、家屋をそのように建てるための礎《いしずえ》（すなわち、基本的な原理）は存在しないと、言い張るのである。

だが、時間と勤労は日々新たな知識を生み出す。そして基本的な原理から、優れた建築術が導き出される。そのような基本的な原理は、人類が建築というものを（最初は貧弱であったにせよ）始めてからはるか後になってから、一部の熱意ある人間が素材の性質や、物の形状や均斉《バランス》のさまざまな効果について長い間研究した結果として見出されるのである。

それと同様に、人々が国家という、最初は不完全で、ともすれば混乱に逆戻りしがちなものをつくるようになったのち長いこと経ってから、飽くなき熟考を繰り返すことによって基本的な原理が発見されることになる。国家構造はそうなって初めて、（外部からの暴力が働く場合を除き）永続的なものとなるのである。そして、まさにそのような原理について、私は本書においてここまで説いてきたのである。権力を握っているおかげで国家の基本的な原理を利用できる人々は、私の説を視野に入れてくれるだろうか。それとも見過ごしてしまうであろうか。さしあたり、どちらでも構わない。しかし私の唱える原理は、その種の基本的な原理ではないにしても、聖書の権威から導かれた原理である。その点は確かである。それについては、モーセの治める神の王国について論じる際に明らかになるだろう。神の王国は、契約によって神に特別扱いされるユダヤの民を支配する。

〈大衆の無能力を理由とする反対論〉しかし、次のように主張する人々もいるだろう。そうした原理が正しいとしても、一般大衆には、それを理解するだけの十分な能力はない――。仮にどこかの王国において、資産を蓄えた有力者や高度な学識をそなえた（と見なされている）学者が、理解力において一般大衆よりましであれば、ご同慶の至りである。しかし万人の知るところ、その種の学説が理解しにくいのは、事がらそのものが難しいからではなく、それを学ぼうとする人々がおのれの利害関係に左右されるからである。有力者は、自分の欲望が権力によって制限されることを恐れる。だから、そのような権力の樹立を促す学説は、受け入れない。学者は、自分たちの誤りが暴き出されたり、その結果として自分たちの権威が傷つけられたりすることを恐れる。だから、自分たちにとって不利な学説は、受け入れない。これに対して、一般大衆の精神は白紙のようなものであって、公的権威によって刻み込まれるものであれば何でも受け入れることができる。もっとも、有力者に対する依存という悪癖に染まっていたり、教えを垂れる者の見解をすり込まれていたりするなら話は別であるが。

国民全体がキリスト教の、理性を超える数々の偉大な奇蹟を認めるように導かれている国もある。また、数百万人単位の人々が、同一の物体が同時にあちこちに姿を現すことができるといった、理性に反する事象を信じ込まされているような国もある。そうだとすれば、理性に合致している事がら（しかも、偏見のない人間であればわざわざ学習するまでもなく、聞くだけで納得するような事がら）を、法による保護の下で教えたり諭《さと》したりして受け入れられないということがあり得るだろうか。あるはずがない。

このような次第なので、結論はこうなる。主権者の握っている権力が無傷である限り、主権の根幹的権利（すなわち、自然法ないし基本法）を人民に教えることは何の困難もともなわない。もし困難があるとすれば、その発生源は主権者自身の誤りか、国家経営を託された人々の誤りにある。したがって、誤ることなく人民に教育をほどこすことは、主権者の義務である。いや、主権者の義務であるばかりか、利益にもなる。また、叛乱の危険を防ぐための安全策にもなる。叛乱が起これば、自然人としての主権者にも危険が及ぶ。

〈臣民を教え導くにあたり心がけるべきこと――臣民が統治形態の変更に向けてなびくのを防ぐべし〉次に、具体論に移ろう。第一に、人民には以下のことを分からせなければならない。近隣諸国に見られる統治形態がどうであろうと、それに心を奪われて、自分の国の統治形態を見限ってはいけない。また、（統治形態を異《こと》にする諸国において現在いかなる繁栄が観察されようとも）統治形態の変更を望むべきではない。なぜか。貴族制または民主制の合議体によって支配されている人民が繁栄しているとすれば、それは、貴族制なり民主制なりの統治形態そのものの賜《たまもの》ではなく、臣民が温順で、調和が成立していることによるものだからである。また、君主制のもとで人民が繁栄しているとすれば、それは、一個の人間が人民を支配する権利を掌握しているからではなく、人民が君主に服従しているが故だからである。
いかなる種類の国家も、そこに服従というものがなければ（人民の調和も得られないので）、繁栄を享受できない。そして、時を経ずに解体を余儀なくされる。したがって、不服従によって国家の改革に着手する者は、気がついてみれば、それだけで国家をほろぼす結果になるのである。それは、（ギリシア神話に登場する）イオールコスの王ペリアースの愚かな娘たちの所業に似ている。娘たちは年老いた父親を若返らせたいと願い、コルキスの王女メーデイアにそそのかされるまま父親の身体を切り刻み、異邦の薬草とともに煮立てたのであったが、父親を若返らせることはできなかった。変化を求める気持ちは、神の十戒のうち第一の戒律を破るのに似ている。神は次のように戒めている。「ノン・ハベビス・デオス・アリエノス」（他の国の神を、神として仰いではならない）。神はまた、別のところで、「王は神である」とも述べている。

〈臣民が大衆受けする人々に（主権者に逆らって）追従するのを防ぐべし〉第二に、臣民に教えておかなければいけないのは、他の臣民に接するにあたり、相手の優れた点に感服したからといって、主権者に接する場合以外には不適切な、あまりに従順な態度、あまりに恭《うやうや》しい態度をとるべきではないということである。相手が国家の中でどれほど高い地位を占めていようとも、また、どれほど輝かしい光彩を放っていようとも、である。合議体に接するときも同じことが言える（ただし、相手が主権を持った合議体であれば、話は別であるが）。高い地位にある人々は個々の持ち場において主権者を代表しているに過ぎない。したがって、その影響力に翻弄《ほんろう》されてはいけない。そのことも、臣民に教えておくべきである。ただし、高い地位にある人々を経由してくる影響力、主権者の権限を発信源とする影響力については、話は別である。

臣民をこのように方向づけしてやらないといけないのはなぜか、説明しよう。主権者は、人民をしかるべく大事にしているのであれば、人民を見守るのを怠るわけがないし、人民が大衆受けする人々の甘言に乗せられて主権者に対する忠誠をおろそかにするのを黙って見過ごすわけもない。しかるに人民は、これまでしばしばそのようなことを繰り返してきたのである。そして、大衆受けする人々との間で密かに提携関係を結ぶことがあった。いや、そうした関係を公然と結ぶことすらあった。具体的に言うと、教会で聖職者の立ち合いのもとに固めの儀式を執り行なったり、提携関係を広く世間に公表したりした。このような所業は、十戒のうち第二のもの［偶像崇拝の禁止］を破るのに等しい。そう言っても過言ではない。

〈臣民が主権者の権力について議論するのを防ぐべし〉第三に、ここまで述べたことに照らせば分かることだが、以下のことははなはだしい誤りだということを人民に知らせておく必要がある。すなわち、主権を持った代表者のことを貶《けな》すこと（代表者が個人であっても、合議体であっても同じことである）。代表者の権力について自説を述べ、議論を戦わせること。敬意を欠いたやり方で代表者の名前を使い、その結果として代表者に対する人民の畏敬の念や、服従の心構え（国家の安全を保つのに欠かせないもの）を損うこと。

今述べたことは、第三の戒律［神の名をみだりに唱えることなかれ］に擬せられる。

〈安息日を設けて、おのれの義務を学習すべし〉第四に、右に述べたことは、人民におのずと教えられるものではない。教えることが可能だとしても、人民は教えられたことをたやすく忘れ、次の世代になると、主権者の権力がどこにあるのかということすら分からなくなってしまう。これを防ぐには条件がある。それは、通常の勤労時間のうち一定の時間を取り除《の》けるということである。そうすれば、人々は決められた時間帯に、人民を教化するために任命された者のところに通って教えを受けることができる。そして、次のようにする必要がある。一定の時間枠を設け、その時間枠に集《つど》う。まず主権者の中の主権者である神に祈禱と賛美歌をささげた後、自分たちの義務を教えてもらう。また、広く出席者全員の関心を惹《ひ》くさまざまな実定法を読み上げてもらい、それについて解説を仰ぐ。そして、それらの実定法を法たらしめている権限を再認識する。

このような目的のために、ユダヤの民は七日目ごとに安息日を置くことにした。安息日には、法が読み上げられ、その説明がおこなわれる。それは厳かな雰囲気の中でおこなわれた。だから人々は安息日になると、自分たちの王が神であること、また、神が六日かけてこの世を創造し七日目に休息したことに、改めて思いを致すのであった。また、みずから七日目ごとに勤労を休むことにより、次のことも記憶に蘇る。すなわち、まさにその神が、人々をエジプトでの奴隷さながらの苦役《くえき》から救ってくれた王にほかならないということ。また、神から時間を与えられたからこそ、神を喜び讃えてから、合法的な気晴らしに身をゆだねることができるということ。このような次第であるので、十戒が刻まれた一枚目の石板はすべて、神の絶対的な力の要旨を記すのに用いられている。ここで言う神の力は、神としての力のみならず、(特に)ユダヤの民との契約による王としての力を含む。したがってそれを読めば、人民の同意によって主権をさずけられた人々は、臣民に対していかなる信条体系を教えるべきかを見定めるにあたって、手がかりを得られる。

〈**両親を敬《うやま》うこと**〉子どもの最初の教育は、両親の世話にかかっている。したがって両親の保護下にある間、子どもは両親の言うことを聞かなければならない。また、その期間はもちろんのこと、それ以降も、子どもは親の教育を通じてほどこされた恩義に報いる必要があり、そのためには(恩の重さに応じて)親を敬う気持ちを態度に表す必要がある。

そうした目的を達成するために、子どもには以下のことを教えなければならない。各人にとって、父親は本来、各人の生殺与奪《せいさつよだつ》の権を握る主権者でもあったということ。家長は、国家を樹立するにあたってそのような絶対的な権力こそ放棄したものの、教育の恩返しとして子から寄せられて当然の気遣いまで遠慮したつもりはないということ。

考えてもみよ。そうした権利を放棄することは、主権を確立するのに必要ではなかったし、成人後の子どもから得られる利益が、他人から得られる利益とくらべて五十歩百歩であるとするなら、どうして子どもをもうける気になれようか。また、どうして子どもを飢えさせないように面倒を見たり、教育をほどこしたりする気になれようか。

以上のことは、第五の戒律〔汝の父母を敬うべし〕に合致する。

〈**権利を侵害するような行いは慎むべし**〉また、主権者は、正義（人から所有物を奪うべからず）が周知されるように取り計らうべきである。別の言い方をするなら、こういうことである。隣人が主権者の権限に裏付けられて所有しているものを、暴力や詐欺によって奪い取ってはならないということを、人々に認識させるべきである。

所有物の中で何よりも大切なものは、自分自身の生命および身体である。その次に大切なのは、（大多数の人の場合）夫婦愛に関係するもの。その次に来るのが財産および生活の資である。したがって人々に、以下のとおり、慎むべきことを教えておく必要がある。

・私怨を晴らすために人に暴力をふるってはならない
・不貞を働いてはならない

・人の財貨を暴力によって強奪したり言葉巧みにだまし取ったりしてはならない

同様の目的で人々に理解させておくべきことがもう一つある。それは、裁判官または証人の腐敗にもとづいて誤った判決が下された場合、どれほど悪い結果を招くかということだ。そのようなことをすれば、所有権の区別がうやむやになり、司法は効力を失う。

以上のことはすべて、十戒の六番目、七番目、八番目、九番目の戒律[2]に示されている。

〈以上のことを真摯に実行すること〉 最後に、次のことも人民に教えておくべきである。それは、不正行為そのものもさることながら、不正行為を計画ないし意図することも（それが未遂に終わったとしても）、やはり不正行為にあたる、ということである。行為が違法であることと同様、意志が堕落していることも不正の温床となるからである。

これはまさに、第十の戒律[3]の趣旨であり、また第二の石板の要旨である。それは、たった一つの戒律、隣人愛に関する戒律に帰着する。それは、「汝の隣人を、汝自身を愛するごとく愛せ」というものである。

これに対して第一の石板の要旨は、「神を愛すること」に帰着する。その神を人々はかつて新たに自分たちの王として迎え入れたのであった。

〈**大学の効用**〉人民にこうした教えを受け入れさせるには、いかなる手段や経路を利用すればよいのだろうか。その手がかりとして、私たちは次の点を考察すべきである。すなわち、人類の平和に反する数々の説が、説得力のない、しかも誤った原理を根拠としながら人々の中にあれほど深く根をおろしているのはいかなる手段によるのか。私が言うのは、すでに前の章［すなわち第二十九章］において挙げた以下の謬説《びゅうせつ》のことである。

・何が合法で何が違法かを判断する規準は、法そのものではなく、各人の良心すなわち各人の個人的判断にある

・臣民がまず自分自身で、合法であると判断しないまま国家の命令に従うと罪になる

・臣民の、財産に対する所有権は、国家の支配権を排除する

・臣民が暴君と呼ぶ人物を殺すことは合法である

・主権者の権力は分割できる

これらの（他にもまだある）謬説が人民にすり込まれてしまうのは、人類の大半が次のうちのいずれかだからである。生活の必要に迫られるか物欲に駆られるかして商

売や労働に没頭する人々か、あるいは、財産に恵まれているか怠惰であるために放蕩にふける人々。どちらのタイプの人々も深い省察をしようとはしない。だがそうした省察抜きでは、自然的正義の問題ばかりか、他のいかなる学問分野の問題も研究することはできない。したがって、どちらのタイプにしても彼らの義務の観念は借り物である。知恵をつけてくれるのは主として、教会で説教を垂れる聖職者である。また、一部の知識は、法や良心の問題について博識、博学であるように見える近隣の知り合いや親しい友人たちからも得られる。彼らは「素人《しろうと》ながら」よどみなく説得力をもって論ずる能力があるので、学があるように見える。

聖職者を始めとして、学識をこれ見よがしにひけらかす連中は、その知識を大学や法律学校に負っている。また、それらの学校や大学の著名人が出版する書物に負っている。したがって、人民の教育は大学において青年を正しく教えることができるか否かに全面的にかかっている、ということは明らかである。しかし、中には次のように問いかける者もあろう。「イングランドの大学はすでにそのような教育を提供するのに十分な学識を蓄えているのではないか」。また、「大学で教えるという任務を引き受けるつもりでいるのは、ほかならぬあなたなのか」。難しい問いである。

しかし第一の問いに対しては、ためらうことなく次のように答えよう。ヘンリー八世(4)（在位一五〇九〜四七年）の在位期間の終わり頃まで、絶えず国家権力と対立してローマ法王の権力を支持していたのは主として大学であった。また、主権者としての国王の権力を否定する大勢の聖職者や、大勢の法律家など、大学で教育を受けた人々によって数々の謬見が主張されてきた。こうした事実を論拠とするだけでも、十分に次のように述べることができる。すなわち大学は、誤った学説を生み出していないにしても、真実を根付かせるやり方を知らなかった、と。

念のために言っておこう。さまざまな見解が相互に対立している状況では、人々が行き届いた教育が受けられなかったことは確かである。また、国家の権威に反抗する姿勢を最初どこで仕込まれたにせよ、じわじわと効いてくる蒸留酒の味わいがいつまでも忘れられないとしても、不思議なことではない。

しかし、二番目の問いに対しては、「教えるのはほかならぬ私である」とか、「そうではない」とか答えることは適切ではないし、その必要もない。なぜなら、私が今していることをご覧いただければ、真意はたやすく理解していただけるはずだからである。

人民の安全を保つためには、主権者としての権力を握っている（一人または複数の）人間は、裁判が平等に、身分や階層と無関係におこなわれるよう、なお一層取り計らう必要がある。言い換えるなら、名もなく貧しい人々が権利を侵害された場合、財力と権力に恵まれた人々と同じように救済を受けられるように取り計らってやらないといけない。その目的は、身分ある者が下々の者に対して暴力や名誉毀損などの加害行為を働くなら、後者（下々の者）が加害者になった場合と同じように、罰せられるということを覚悟させることにある。なぜか。まさにそこに公平性の原点があり、主権者といえども、支配下の人民のうち最下層に位置する人々と同じように、公平性を自然法の命ずるところとして遵守しなければならないからだ。法律に違反すれば、いずれの場合も、国家を相手に犯罪を働いたことになる。

しかし、同時に私人にも被害が及ぶケースもある。被害が国家にしか及んでいない法律違反であれば、［国家が］加害者を赦免しても公平性を保つことは可能である。なぜなら、加害行為を赦《ゆる》すか否かは、被害者自身の裁量次第だからである。しかし私人を被害者とする犯罪の場合、被害者本人の同意や十分な賠償なしに［国家が］加害者を赦免するなら、公平性は保たれない。

臣民相互間の不平等は、主権の運用によって生ずる。したがってそれは、主権者の面前では、すなわち法廷においては許容されない。それは、王の中の王である神の面前で、王と臣民との間の不平等があり得ないのと同じことである。高みにある者がどれほど立派であるかについては、下々の者に対してどれほどの慈善と援助をほどこしているかに照らして評価を下すべきである（そのような評価の仕方をしないのなら、何の評価もするべきでない）。また、彼らが加害者となって暴力や虐待などの行為を働くなら、身分が高いからといって目こぼししてもらえるわけではない。それどころか、逆に罪は重くなる。なぜなら彼らは、そのような行為を犯す必要が最も少ないからである。右に述べたように、身分の高い者を特別扱いすると、次のような連鎖反応が起こる。

罰せられずに済むとなると、下々の者に対する態度が傲慢になる。そのような態度は相手側の憎悪を呼び起こす。そして、憎悪に駆られた相手は、国家を破滅させてでも、威圧的で傲慢な上流階層を一掃してやろうと、死にものぐるいになる。

〈平等な課税〉平等な裁きというとき、そこには平等な課税も含まれる。課税の平等は、財産の平等ではなく、自分の身を守るために各人が国家に仰いでいる恩義が平等であるというところに立脚している。自分の生命を維持するためには、単に労働するだけでは十分ではない。自分の仕事を確保するために（必要であれば）戦うことも必要である。したがって、バビロン捕囚を脱したユダヤ人が帰還後に神殿を再建したときのように、片方の手で建設作業をおこない、もう片方の手に剣を握りしめるか、それができないのであれば、自分の代わりに戦ってくれる人々を雇わなければならない。主権者の権力によって人民に課せられる税は、各自の職分や稼業に励む一般人が、国家の武力を担う人々に支払うべき俸給にほかならない。

そして、各人がそれによって得る利益は、生命が保全されるということにある。それは、貧乏人にとっても金持ちにとっても等しく大事なことである。貧乏人が自分の命を守ってくれる人々に対して負う恩義は、金持ちが自分の命を守ってくれる人々に対して負う恩義と同じである。ただ、異なる点もある。それは、金持ちは貧乏人の奉仕を得ているので、自分自身のみならずその他の大勢の人々の分についても恩義を感じる立場にあるということだ。

右の理屈を踏まえるならば、課税の平等は、消費する人々の財産に比例して徴税するのではなく、消費に比例して徴税することによって実現する。考えてもみよ。大いに働き、勤労の成果を蓄え、倹約に努める者に対してうんと多く課税する一方、怠惰な生活を送り、わずかしか稼がず、しかも稼いだものを残らず使い果たしてしまう者に対する課税を少なくするとすれば、それは一体いかなる理由によるのか。前者が後者より多く国家の保護を受けているわけではないということを考えるなら、なおさら疑問が募る。だが、消費に応じて課税がおこなわれるなら、各人は自分の使った分に比例して税を負担することになり、一般人が奢侈《しゃし》による浪費に走った場合、国家がそれによって食い物にされるという事態は避けられる。

〈国による救済〉不可抗力の事故のために、みずからの勤労による自活が望めない人が少なからず存在する。そのような人々は、民間人の慈善に任せるのではなく国家の法によって（生活の必要に応じて）養ってやるべきである。なぜなら、個人が無力な人々を顧みなければ薄情者になってしまうのと同じように、国家の主権者が無力な人々を成り行きに任せ、民間人の不確かな慈善にゆだねるなら、酷薄のそしりを免れないからである。

〈無為徒食を防止すること〉しかし、頑健な肉体に恵まれた人々については、その限りではない。そのような人々には労働を強制するべきである。そして、航海術や農業、漁業のほか、労働力を必要とする各種の製造業など、ありとあらゆる生産活動の振興のために法律を整備するべきである。そうしておけば、働き口が見つからないという口実は、封じることができるだろう。

貧しいけれども身体は頑健であるという人々の数は、依然として増加し続けている。そのような人々は、人口が十分ではない国に移住させるべきである。しかしそのような移民によって先住民が滅ぼされることにはならない。先住民はその代わりに、「人家が互いに遠く隔たることのないよう」まとまって住むことを余儀なくされ、狩猟採集のために広大な土地を歩き回る代わりに、割り当てられた幾許《いくばく》かの土地を技術と労働によって慈《いつく》しみ、季節に応じて生活の糧を得るようになるだろう。

もし世界中が人口過剰になった場合、最終的な解決策は戦争である。それは各人に勝利か、さもなければ死をもたらす。

〈健全な法とはどのようなものか〉 主権者の責任事項には、健全な法を制定することも含まれる。だが、健全な法とはどのようなものか。私の言う健全な法とは、公平な法のことではない。というのも、不公平な法というものはあり得ないからだ。法は主権者の権力によって制定される。主権者の権力によっておこなわれたことはすべて、人民全員から承認、承服される。そして、全員がそのようにして得る事がらを、だれが不公平呼ばわりできようか。それは、国家の法においても競技の法《ルール》においても同じことである。すなわち、競技の参加者全員の同意を得ているルールであれば、それはだれにとっても不公平ではない。健全な法は次の二つの条件を兼ね備えていなければならない。第一に、人民の福利にとって必要不可欠であること。第二に、明晰であること。

〈**「必要不可欠である」という条件を満たしているもの**〉法は、権威づけられた規範にほかならないが、法の効用は、人民を拘束して自発的な行為をことごとく押しとどめることにあるのではない。むしろ、衝動的な欲求や無思慮、無分別に駆られて痛い目に遭うことのないように、人民を導き促すことにある。法は垣根と同じようなものである。垣根は、旅人の行く手を阻むためではなく、旅人が正しい道筋から外れるのを防ぐために設けられているのである。したがって、必要のない法は、法の真の目的にそぐわない。それは健全な法ではない。

次のように考える向きがあるかもしれない。「主権者の利益に沿っている法であれば、人民にとって不必要であっても良い法である」。しかしこれは正しくない。なぜなら、主権者と人民の利益を分かつことはできないからである。弱い臣民の上に立つのは、弱い主権者である。臣民を意のままに治めるための権力を欠く主権者には、弱い人民が付きものである。

必要のない法は、健全な法ではない。それはむしろ、私腹を肥やすためのわなとなる。そのような法は、主権者の権能が知れ渡っているところでは余計なものである。それが知れ渡っていないところでは、人民を守るのに不十分である。

〈「明晰である」という条件を満たしているもの〉法の明晰さを確保するために大事なのは、法の条文そのものよりも、むしろ法が制定された大義や趣旨をはっきり述べておくことである。そうしておけば立法者の意図が分かる。そして立法者の意図が分かっていれば、法は、多言を費やすよりも言葉数を少なくしたほうが理解しやすい。なぜか。あらゆる言葉にはどうしても曖昧さがつきまとうので、法の条文に多言を費やすと、それだけ曖昧さが増幅されるし、しかも、あまりにも念入りな書きぶりだったりすると、その文言に該当しなければ法の適用を免れるかのような誤解を招きかねないからだ。ついでに言うと、こうしたことが原因となって無用の訴訟に至ることは、少なくない。無用の訴訟という言い方をするのは、次のことを念頭に置いているからだ。古代の法がどれほど簡潔だったか、また、それらの法がいかにしてしだいに冗長になってきたのかを考えると、法を制定する者と、法を盾《たて》にして自己弁護を図る者との論争が見えてくるように思われる。前者（立法者）は後者の自由な法解釈を制限しようとする。後者はそうした制限をかいくぐろうとし、しかも最終的に勝利を収める。したがって、立法の趣旨を明らかにすることは、立法者の任務である（ちなみに立法者は、いかなる国においても最上位の国家代表者の立場にある。代表者が一人であっても合議体であっても同じことである）。そして法の本文そのものは、できる限り簡潔にして、しかも正しい、意味のある用語を使わなければならない。

〈**刑罰**〉刑罰と報奨を正しく運用することも、主権者の任務に属する。刑罰の目的は復讐や憤りの発散にあるのではない。むしろ、犯罪者に前非《ぜんぴ》を悔い改めさせること、あるいは、それを見せしめにして他の人々に行いを改めさせることにある。それを踏まえるなら、社会にとって最も危険度の高い犯罪には、最も厳しい処罰をもって臨むべきである。そのような犯罪に該当するものとして、以下の犯罪が挙げられる。現行の政府に対する敵意を原動力とするもの。正義をないがしろにすることから生ずるもの。大衆の憤懣を煽るもの。処罰しなければ権力者がお墨付きを与えたように見えるもの（たとえば、権力者の子弟・使用人・寵臣が法を犯した場合がそれに当たる）。権力者との間に縁故があると犯罪が重く扱われるのはなぜか。人々はそうした犯罪に憤懣を募らせると、不正行為を謀《はか》った者やその手先ばかりか、それらの手合いを保護しそうな権力全体をも敵視するからである。たとえば、ローマの最後の王タルクィニウスの場合。息子の一人が「貞潔で知られた一婦人に対して」陵辱行為を働き、ローマから追放されたが、「それだけでは民衆の蜂起は収まらず」王政そのものが解体されるに至った。

しかし、人間の弱さに由来する犯罪は、国家の権利を侵害することなく寛大に扱える余地があることが多い。そのような犯罪の発生原因としては、たとえば以下の状況が挙げられる。「耐えがたい挑発に乗せられた」「深刻な不安に駆られた」「極度の困窮に迫られた」「自分の行為が重大な犯罪に当たることを知らなかった」。寛大な処置は――その余地があるということが前提になるが――自然法が求めるものである。騒乱が起こったとき、処罰の対象を騒乱の指導者や教導者に限定し、そそのかされた貧しい人民を除外するなら、それは、見せしめとして国家の役に立つだろう。しかるに人民に対して厳しい姿勢で臨むなら、人民の無知を責めるのと同じことになる。ところが、そのような無知は大部分、主権者の責任に帰せられる。すなわち、人民に対する教育がお粗末なものにとどまっていたのは、主権者の落ち度なのである。

〈**報奨**〉同様に、国家に利益をもたらすように報奨を運用することは、主権者の責務である。報奨の効用と目的はまさにその点にある。主権者がそうした責務を果たすには、以下の条件が必要である。国家のためによく尽くした人々に（できるだけ少ない国庫負担で）十分に報いること。また、それによって他の人々に感化を及ぼし、「できるだけ忠実に国家に奉仕しよう」、また「しかるべき技能を身につけて、国家に対する奉仕をより良いものにしよう」という気構えを持たせること。

大衆受けする野心的な臣民を黙らせ、民心への悪影響を自制させるために、金銭や官職をばらまくことがある。しかしそれは、報奨の本質とは何の関係もない（報奨は、それまでの奉仕に対して与えるべきものであって、不服従や反抗に対して与えるべきものではない）。それは感謝の印にはならない。むしろ、恐怖を感じていることを露呈する。また、社会にとって利益どころか、損害をもたらす。

それは野心との闘いであり、ギリシア神話のヘラクレスが彼《か》の怪物ヒュドラを相手に戦うのに似ている。ヒュドラは幾つもの首を持ち、そのうち一つを切り落とされると、その後に三つの首が生《は》えてくる。なぜヒュドラに喩《たと》えられるのか。ヒュドラ退治の場合と同じようなことが起こるからにほかならない。大衆受けする一人の人物の野望を買収によって封じるなら、それをまねる者が多数出現する。同じような利益が得られるとの期待が働くのである。野望というものは、あらゆる生産活動と同じように、金銭で買い取ってもらえるとなると、ますます膨《ふく》れ上がる。買収のような手段に訴えることによって内戦を先送りできるケースも時にはあるだろう。しかし、その場合はますます危険が高まり、社会の破滅はますます確実になる。したがって次の行為は、公共の安全を預かっている主権者の義務に反する。国の安寧を乱して大《だい》をなそうと血気にはやる者たちを、「おとなしくさせようとして」買収すること。そのような連中を萌芽期のうちに、わずかな危険を冒して掃討するのを怠り、手遅れになってから大きな危険を冒すこと。

〈助言者〉主権者のもう一つの務めは、優れた助言者を選ぶことにある。ここで言う助言者とは、主権者から国家運営に関して助言《カウンセル》を求められる人々のことである。そのように意味を限定するのは、このカウンセルという単語（語源はconsidiumに由来するconsilium）の意味が広いからである。各種の合議体のことを指すことすらある。

それら合議体では一堂に会する人々が、今後何をすべきかについて協議する。そればかりか、過去の犯罪行為や現行の法について判断するようなこともある。

ここではカウンセルという言葉を、国家運営に関する助言という意味に絞って用いる。民主制においても貴族制においても、この意味での助言については、取捨選択する余地はない。なぜなら助言する人々は、助言を受ける側の人格を構成しているからだ。したがって助言者を取捨選択することは、君主制に特有の行為ということになる。君主制の場合、それぞれの分野において最も有能な人間を選ぶという努力を怠る主権者は、本来果たすべき務めを果たしているとは言えない。

最も有能な助言者とは、有害な助言によって私利私欲を満たそうとする気持ちがだれよりも少ない者、国家の平和と防衛に役立つ事がらをだれよりも知悉《ちしつ》している者のことを言う。確かに、だれが社会の紛争から利益をせしめようと願っているのかを知ることは容易ではない。しかし、十分な財産がないために自分自身の通常の出費をまかなうことすら自由にならない人々に、法外な、あるいは度《ど》しがたい不満をつのらせた徒輩の懐柔をゆだねるならば、それは、疑惑を招くに足る十分な兆候《しるし》となる。しかもそうした兆候は、それを知ろうと心がけているならば、容易に看取できるはずである。

しかし、公共の事がらを知悉しているという点でだれが最も優れているのかを知ることは、もっと難しい。有為の人材を知っている人々は、そのような人材をさほど必要としない。考えてもみよ。ほぼあらゆる技能について言えることだが、技能の要諦について心得のある者を見極められるということは、本人自身も技能の心得を相当深めているということだ。他人の自称する要諦の正しさを、確信をもって判定することが最初からできる者はひとりもいない。もっともそうした要諦を、早くから手ほどきされて身につけている者は別である。しかし、ある技能を心得ているか否かは、それを実際に活用し十分に生かしているか否かで判断がつく。それ以上に確かな証拠はない。

優れた助言［の能力］は、たまたま運よく身につくというものではない。また、世襲されるというわけでもない。したがって、裕福な、あるいは高貴な生まれの人々に、国政についての優れた助言を期待することは、城砦《じょうさい》の図面を描いてもらうことを期待するのと同じほど根拠薄弱である。「政治学の研究においては（幾何学の研究とは異なり）方法論はまったく必要ない」とか、「観察するだけで十分である」とか考えるのであれば話は別である。しかし、それは正しくない。なにしろ政治学のほうが幾何学よりも扱いにくいのだから。

ヨーロッパでも当地イングランドでは、議会の議席を世襲することが一部の人々の既得権とみなされてきた。それは、ゲルマン系の人々による征服に由来する。その際、大勢の絶対領主が手を結び、異民族を征服したのであるが、彼らは、ある特権を与えられてようやく連合の形成に応じたのである。それは世襲の特権で、後世、彼らの子孫を臣下の子孫から区別する目印となることが見込まれた。しかしそれは、主権者の権力とは両立せず、むしろ、主権者の引き立てがあって初めて維持できるもののように思われる。いずれにせよ、自分たちの権利としてそれらをめぐる争奪戦の過程で、次第次第に手放さざるを得なくなる。そして最後に残るのは、自分たちの能力に似つかわしい名誉だけであるに違いない。

分野は問わない。どれほど有能な助言者であろうとも、それぞれ個別に助言をおこない、その理由を説明したほうがよい。そのほうが、合議体の席上で演説するという形での助言よりも有益なものとなる。また、即席の助言よりもあらかじめ練った助言のほうが有益である。いずれの場合も時間が確保できるので、どのような行為がどのような結果を招くのかを見通すことが可能になるからだ。また、意見の違いから生ずる悪意や敵意などの感情に駆られて反論するという事態も少なくできる。

他国民に関する事がらはともかくとして、国内法のおかげで自国民が享受することのできる安心と実益に関する事がらについてだけ言うと、助言を最善のものにするには、全国各地の人々の一般的な実情や不満を把握しておく必要がある。彼らの必要とする物をだれよりもよく知っているのは、彼ら自身である。したがって、彼らの要求が主権という絶対的な権利を損なわない限り、彼らの言い分には、念を入れて耳を傾けるべきである。なぜなら、そうした権利が欠けているとすれば、すでにたびたび述べたとおり、国家の存立はおよそ不可能だからである。

〈司令官〉一軍の総司令官たる者は本来、指揮下の将兵から慕われると同時に恐れられているはずである。だが人望がないと、そのような人間関係を築くことはできないし、そうなると首尾よく任務を全うすることもできない。したがって総司令官たる者は、務めに精励しないといけない。また、度胸のよさ、親しみやすい人柄、度量の広さをそなえていないといけない。さらには、運の良さも必要である。そのような人徳があって、しかもそれが、「司令官としての実力がある」「配下の兵士を大事にしている」という評判に足るものであるなら、それがすなわち人望なのだ。人望があれば指揮下の将兵から、「わが身の運命を司令官の温情に託そう」という意欲や気構えを引き出すことができる。また、反抗的な、あるいは怠惰な兵士を（必要に応じて）罰する際に、厳しい態度で臨むことができる。

しかし将兵が総司令官に寄せる敬慕の念は、主権者の権力にとって（総司令官の忠誠心に対して注意を払わずにいるならば）危険なものとなる。特に、人望のない合議体が主権者としての権力を握っている場合にそのようなことが起こる。したがって主権者の軍隊を預かる人物は、優れた指揮官であると同時に忠実な臣民であるというのでないと、人民の安全に役立たない。

しかし主権者自身が民心を得ていて、人民から慕われ敬われているならば、一臣民が大衆の人気を博しているからといって危険が生ずるわけではない。なぜなら兵士たちが押しなべて上官に味方するほど背信的ということはないからだ。もっとも、上官の人格のみならず大義名分も魅力的である場合は、上官に対する思いが主権者に対する思いを上回ることはあるかもしれないが。したがって、どのような場合にせよ暴力によって自分たちの合法的主権者の権力にとどめを刺した人々は、主権者の後釜に収まる前に、厄介な問題に直面するのが常であった。すなわち、自分たちの資格を取り繕う必要があった。そのような体裁を整えておかないと人民に、叛徒を主権者として迎えるという恥辱をもたらすことになるからだ。主権者を名乗るのに必要な周知の権利をそなえているなら、それは大衆受けする資格となる。そうした資格をそなえている者は、あとはただ自分についてでは、自分自身の家庭を完全に支配できることを大衆に分かってもらうだけで、民心を自分のほうに引きつけることができる。また、敵の側については、その軍隊を解体するだけで十分である。なぜ敵の軍隊を解体するのかというと、人類のうち影響力と活力の点で傑出した部分である軍隊は、これまで現状に満足した例《ためし》がないからである。

ある主権者の、他の主権者に対する任務は通常、国際法と呼ばれる法に盛り込まれているが、それについてはここで特に言及する必要はない。なぜなら国際法と自然法は同一物だからである。したがって各主権者は、国民の安全を確保するために、個人が身の安全を確保するのと同じ権利をそなえていることになる。そして、政府を戴かない人々に対して適用される法、すなわち、個人相互の関係において何をなすべきか、何を差し控えるべきかについて命じる法が、個々の国家（言い換えるなら、主権を持った君主や合議体の良心）に対しても適用されるのである。自然的正義を実現する法廷は、良心の内にしか存在しない。そこに君臨するのは人間ではなく、神である。

そして、その神の法（法のうち、人類全体を拘束するもの）は神こそが自然の創造主である以上、神との関係において自然なものであり、それはまた、神が王の中の王である以上、やはり神との関係において法である。

しかし、神（すなわち王の中の王としての神、また、特定の国民を治める王としての神）が統《す》べる王国については、この論文の残りの部分で論ずることにする。

第三十一章　自然の理にもとづく神の王国について

〈以下の各章の趣旨〉これまで述べたことを通じて、私は以下のことを十分に証明した。第一に、純然たる自然状態（言い換えるなら、主権者でもなければ臣民でもない人々の、絶対的自由の状態）は無政府状態にして戦争状態である。第二に、人々を戦争状態に陥らせないように導くための規範は、自然法である。第三に、主権者の権力を欠く国家は、単なる言辞にすぎず、実体を欠いており、存立できない。第四に、臣民は主権者に対し、あらゆる事がらについてひたすら服従しなければならない。もっとも、服従すれば神の法に反する事がらについては、その限りではない。

政治的義務についての知識を完璧にするためには、あとはただ一つ、そうした神の法がどのようなものであるのかを知ればよい。神の法について論じるのはなぜか。それを知らないことには、政治的権力によって何かを命じられたとき、それが神の法に反するかどうかを知ることができない。そしてその結果、世俗の権力に対する服従の度が過ぎて神の尊厳に触れるか、さもなければ、神にそむくことを恐れるあまり国家の掟を犯すことになる。この二つの暗礁を避けるためには、神の法がどのようなものであるのかを知っておく必要がある。そして、法全体の知識は主権者の権力についての知識にかかっている。それを踏まえて、以下、神の王国について少々論じることにする。

〈神の王国における臣民とは〉「詩篇」においてダヴィデは次のように言う。「神こそ王なり。大地は喜ぶべし」［九十七・一］。また、次のようにも言う。「神こそ王なり、よしや諸国の民怒《いか》れども。神は智天使《ケルビム》の頭上にまします、よしや大地の震《ふるえ》ようとも」［九十九・一］。

好むと好まざるとにかかわらず、人は常に神の力に服従しなければならない。神の存在または摂理を否定した場合はどうか。心の安らぎを断念することにはなっても、自分をしばる軛《くびき》を振りほどくことにはならない。しかし人間ばかりか動物・植物・無生物にまで及ぶこの神の力を、王国という名で呼ぶことは、言葉の比喩的用法にすぎない。なぜなら、おのれの言葉によって——すなわち服従する者に報奨を約束し、服従しない者には処罰すると威嚇することによって――臣民を治めるのでなければ、支配という表現は妥当でないからだ。したがって、神の国の臣民が無生物であったり、理性を持たない生き物であったりすることはあり得ない。なぜなら理性をそなえていなければ、いかなる戒めも神のものとして理解することはできないからだ。また、神の存在を信じない者や、人類のさまざまな行為に対して神が配慮しているということを信じない者も、神の国の臣民にはなれない。なぜならそのような人々は、いかなる言葉も神の言葉とは認めず、神の報奨を期待することも神の威嚇を恐れることもないからだ。したがって、だれでも神の国の臣民になれるわけではない。神の国の臣民になれるのは、神の存在を信じる者だけである。ここで言う神とは、世界を知ろしめす神、人類に戒律を与え、報奨と処罰をたまわる神のことである。神を信じない者は全員、神の国の敵と解されるべきである。

〈神の三重の言葉、すなわち理性・啓示・預言〉言葉によって支配するためには、それらの言葉がはっきり分かるように周知させないといけない。さもないと、それは法にならないからである。というのも、「知らなかった」という言い訳を封じるために、欠けた部分や不分明な部分がないようにして公布することこそ、法の要諦だからだ。

人間の場合、公布の種類はひとつしかない。それは人間の発話による宣言ないし公布である。

だが、神が法を宣言する方法には、以下の三種類がある。（一）自然の理性から発せられる命令。（二）啓示。（三）神の計らいのもとに奇蹟を起こして人々の信用を得る者の言葉。

ここから、神の三重の言葉が生ずる。すなわち、理性的な言葉と感覚的な言葉、そして預言としての言葉である。これには、三重の受け止め方が照応する。すなわち、（一）正しい理性を働かせること。（二）超自然的感覚で受け止めること。（三）［無条件の］信頼を寄せること。超自然的感覚は、啓示すなわち霊感の形をとるのであるが、それに関して言うと、これまでのところ、そのようにして与えられた一般的な法はない。なぜなら、神は一般的な法という形で語りかけるのではなくて、特定の個々人を相手に、しかも異なる相手には異なる事がらを語るからだ。

〈**神の二重の王国、すなわち自然の理にもとづく王国と預言にもとづく王国**〉残りの、神の二つの言葉（理性の言葉と預言の言葉）が互いに区別されるということを踏まえると、神には、二重の王国、すなわち自然の理にもとづく王国と預言にもとづく王国があると言えよう。自然の理にもとづく王国とは、人類のうち神意を認める者全員を、神が正しい理性から発せられる、理のある命令によって治める王国のことである。預言にもとづく王国の場合はそれとは異なる。神はある特定の一国民（すなわちユダヤの民）を臣民として選び出した後、自然の理性だけではなく、聖なる預言者の口を借りて与えた実定法をも根拠として、彼らユダヤの民を（正確には彼らだけを）治めた。自然の理にもとづく神の王国について論ずるのが、本章の趣旨である。

〈神の主権は、神が全能であることを根拠とする〉神は、恩寵に対する感謝の印として服従を求めているわけではない。神が人間の上に君臨し、法を破る者を処罰する根拠は、神が人間を創造したことから発生するのではない。それは神の、逆らうことのできない力から発生するのである。私は前に、主権者の権利が社会契約からどのように発生するのかを示した。それが自然状態からどのように発生するのかを示すには、逆に、それを取り去ることができないのはいかなる場合かを示せばよい。

本来、人はみな、あらゆる事物に対して権利を持っていた。ということは、だれもがそれぞれ、自分以外の全員を支配する権利を持っていたということである。しかし、この権利を力尽くで達成することは不可能であった。だからそのような権利を放棄し、その代わりに社会全体の契約により（主権者としての権能を有する）人々を擁立《ようりつ》し、統治と防衛をゆだねることが各自の安全にとって重要であった。一方、仮に逆らうことのできない権力を持つ者があったとすれば、その人物はその権力を発揮し、みずからの裁量で自分自身とそれ以外の全員を支配し防衛してもよかったのである。そうすることを妨げる理由はどこにもなかった。

というわけで、絶対的な力をそなえている者には、人々全員に対する支配はおのずとついてくる。力が卓越しているからだ。したがって、そうした力をそなえていればこそ全能の神は（天地を創造し慈悲を垂れる者としてではなく、あくまでも全能の者として）、人間を支配する王国や、人間を思いのままに苦しめる権利を本来的に自分のものとしているのである。また、処罰という言葉は罪を犯したことに対する苦しめと解されるので、それは、罪を働いた場合にのみ適用されるのが筋であるが、しかし苦しめる権利となると、それは必ずしも人間の罪を根拠とするわけではない。むしろ、神の力から発生するのである。

〈苦しみをこうむるのは、罪ゆえとは限らない〉　次のような難問がある。「往々にして悪人が栄え、善人が災いに苦しむのはなぜか」。この問題はいにしえの人々が大いに論じてきたところである。これは現代の、「神はいかなる権利によってこの世の幸と不幸を配剤しているのか」という問題と同じである。これは大変な難問であり、古来、一般大衆はもとより哲学者も、いや、さらには聖人ですら、この問題を考えると「神の摂理は本当にあるのか」と、信仰が揺らぐほどであった。

ダヴィデは言う。「イスラエルの神の、心の直《す》ぐなる人々に慈悲深きこと、いかばかりならん。しかれども我《われ》の足は半《なか》ば用をなさず、空《くう》を踏まんばかりなりき。こは、神を恐れぬ者のかくも栄えるを見て、邪悪を憂えればなり」(「詩篇」七十三・一、二、三)。

また、ヨブは、潔白であるにもかかわらず数々の辛酸をなめさせられたことについて、真剣に神に訴えている(「ヨブ記」)。ヨブの場合、事を裁くのは神自身である。すなわち決め手は、ヨブの罪から引き出される論証ではなく、神自身の力なのである。具体的に言うと、こういうことだ。ヨブの友人たちが、「ヨブがこのように苦しめられているのはヨブに罪があるからだ」と論じ、ヨブがそのようなことはまったく身に覚えがないと抗弁したとき、神自身この問題を取り上げ、神の力を根拠として次のように述べ、ヨブを苦しめることを正当化したのであった。「我《われ》が大地を据《す》えたりしとき、汝《なんじ》はいずこにありや」云々(「ヨブ記」三十八・四)。こうして神はヨブの潔白を認めるとともに、ヨブの友人たちの謬説を戒めたのであった。

この神の教えに似たものとして、生まれつき目の不自由な者についてわが救世主イエスが語った次の言葉がある。「この人の罪にも、親の罪にもあらず、ただ彼《かれ》の上に神の業《わざ》の現れたり」〔「ヨハネの福音書」九・三〕。

また、「死がこの世に生じたのは、罪によってである」と言われるとすれば、その意味はこうであろう。「アダムは、もし罪を犯していなかったならば、決して死ぬことはなかったであろう。すなわち、魂が肉体から遊離するような目には遭わずに済んだであろう」。しかしだからといって、仮にアダムが罪を犯していないのに神によって苦しめられたとしても、それは不当とは言えない。それは神が、罪を犯しようのない他の生き物を苦しめることがあるのと同じである。

〈**神の法**〉ここまでは、神の主権の根拠について論じた。それを支えるものは、自然の理しかない。さて、次に考察しなければならないのは、神の法とは何か、すなわち自然の理性は何を命じているのか、という問題である。神の法が定めるのは、次のうちのいずれかである。（一）人間が人間に対して生まれつき負っている義務。（二）私たちが人間として生まれてきた以上、神という主権者に対して払わなければならぬ崇敬。

前者は自然法と同じことである。自然法については本書第一部の第十四章と十五章において論じた。それはすなわち公平・正義・慈悲・謙虚などの、守るべき倫理的な徳目にほかならない。したがって、残る検討課題は次のことに尽きる。「神を崇敬、崇拝することに関して人間は、もっぱら自然の理性によって（すなわち、それ以外に神の言葉によって指示されることなく）いかなる規範を守るよう命じられているのか」。

〈崇敬および崇拝とは何か〉 崇敬は、心の中で他人の力と徳を評価、判断することから生じる。したがって神を崇敬するということは、神の力と徳を限りなく高く仰ぎ見るということである。そして、そのように高く仰ぎ見ていることを、言葉や行為という形で表白することを崇拝と称するのである。これは、古代ローマ人がクルトゥスという言葉にこめる意味の一部である。クルトゥスという言葉は、本来の用法においても通常の用法においても、人が利益を目当てに何かに働きかけることを指す。

ところで私たちの得る利益は、どこを供給源としているかによって二つに分けられる。供給源のうち一方は私たちの支配下に置かれている。そこから生み出される利益は、私たちが投入する労働に正比例する。もう一方の供給源は私たちの支配下にない。そして、それみずからの意志で私たちの働きかけに反応する。

前者の意味での働きかけとしては、土地への労働の投入が挙げられる。それは耕作《カルチャー》（culture）と呼ばれる。子どもにほどこす教育もカルチャーと呼ばれる。それは、知性を耕すということである。一方、後者の意味での働きかけは、無理強いするのではなく相手の気持ちをくすぐることによってこちらの目的を達成するということである。それは事実上、相手の機嫌を取るのと同じことである。具体的に言うと、利益を供与してくれそうな相手を誉《ほ》めそやし、その力の前にかしこまるなど、あらゆる手立てを講じて歓心を買い、その見返りに特別扱いしてもらうということである。これは本来の意味での崇拝にほかならない。崇拝という言葉をそのような意味で用いるのであれば、プブリコラは「人民の崇拝する者」、クルトゥス・デイは「神を崇拝すること」と解される。

〈外面に現れる崇敬の印〉　力と徳を仰ぎ見ることから生じる崇敬の念は、次の三種類の感情を呼び起こす。徳に関しては敬虔《けいけん》の念。力に関しては期待と不安。そして、外面に現れる崇敬には、賛美、鑽仰《さんぎょう》、祝福という三要素。賛美の主題は徳である。鑽仰と祝福の主題は力である。賛美・鑽仰・祝福の霊験《れいげん》は至福という形をとる。賛美と鑽仰は、言葉と行いの両方によって表現される。私たちがある人のことを立派だとか偉大だとか評する場合、それは言葉による表現である。私たちが神の慈愛に感謝し、その力に従う場合、それは行いによる表現である。他人の幸福をどう見るかは、言葉でないと表現できない。

〈**自然の理にもとづく崇拝と、人間が便宜的に決めた崇拝**〉崇敬の念を抱いているという印《しるし》はいくつかある。そのうち、人間が決めるまでもなく無条件にそういうものと決まっているものもある（それは性質と行いの両方に見られる）。性質に関して言うと、善良であること、廉直であること、心が広いことなどが挙げられる。行いに関しては、祈りや感謝をささげること、従順であることなどが挙げられる。

これとは異なり、人間の制度や慣行にもとづく崇敬の印《しるし》もある。こちらは時代や国の違いによって、崇敬の印になることもあれば、それとは逆のことを示す印になることもある。また、そのどちらも意味しないというケースもある。たとえば、挨拶や祈りの仕草、感謝の念の表し方がそれである。時と場所が異なれば、そうした表現方法も違ってくる。

前者は、自然の理にもとづく崇拝である。後者は、人間が便宜的に決めた崇拝である。

〈**命じられた崇拝と、自由意志による崇拝**〉人間が便宜的に決めた崇拝には、二種類ある。というのもそれは、ときには命じられた崇拝であり、ときには自発的な意志による崇拝だからである。前者（命じられた崇拝）は、崇拝される者が要求する場合である。後者は、崇拝する者がそれを妥当と見なす場合である。

命じられた崇拝の場合、言葉や仕草によるのではなく服従することこそが崇拝である。しかし自由意志による崇拝の場合、崇拝は、観察する者の評価のうちにある。なぜなら、私たちが崇敬のつもりで示した言葉や行為が相手から滑稽なものとして受け止められ、「侮辱された」との誤解を招くなら、崇敬の印にならないので、それはもはや崇拝ではないからだ。なぜか。印を印として受け止めるのは、それを発する本人ではなく、印を投げかけられた側すなわち観察者だからである。

〈公的な崇拝と私的な崇拝〉　さらに、公的な崇拝と私的な崇拝という区分もある。公的崇拝は、国家が一個の人格としておこなう。私的な崇拝は、私的な人格がおこなう。公的な崇拝は、国家全体の観点から見れば国家の自由意志による崇拝であるが、個人について見ると、そうとは言えない。私的崇拝は、密かにおこなわれるのであれば自由意志によるものであるが、大衆の目につくところでおこなわれるのであれば、法または世論のいずれかによる抑制が必ず働く。それは自由の本質に反する。

〈**崇拝の目的**〉人間のあいだでおこなわれる崇拝の目的は、権力にある。世間は、だれかが崇拝されているのを見かけると、その人物を有力者と見なし、進んでこれに服従する。それによって、崇拝された者の権力は増大する。

だが神は目的を持たない。神に対する私たちの崇拝は、私たちの義務から発生する。それは崇敬の掟《おきて》によって、私たちの能力に応じて定められる。崇敬の掟は理性が命じるものであって、弱者は強者を相手にこれを遵守《じゅんしゅ》しなければならない。なぜそうするのかといえば、弱者は利益を期待するか、あるいは損害を恐れるからである。あるいはまた、すでに強者から与えられたものに対して感謝の念を表そうとするからである。

〈**神にささげられる崇敬の特質**〉私たちが直感によって教えられる神への崇敬は、どのようなものか。それを知るために、まず神の性質について論じよう。第一に、これは分かりきったことであるが、神には実在性があると見るべきである。なぜなら何人《なんぴと》も、実在すると思えないものに対して崇敬の念を抱くことはできないからだ。

第二に、「天地（の魂）はすなわち神である」と主張した哲学者たちは、神を不当に扱っており、神の実在を否定したことになる。なぜなら、神は天地を創造した者と解されるにもかかわらず、「天地は神なり」と述べるなら、「天地を創造した者はいない、したがって神もいない」と述べるのに等しいからだ。

第三に、「天地は創造されたのではなく、永遠である」と述べることは、(永遠であるものは、出現の原因を持たないのだから)神の存在を否定しているのに等しい。

第四に、神は安穏に鎮座するものであって、人類に対して心を砕くものではないと(自分勝手に)考えるなら、神を崇敬していないことになる。なぜか。そのような考え方をすると、神に対する敬虔の念も神を畏怖する気持ちも失《う》せてしまうからである。そうした感情は、崇《あが》めるという行為の源泉である。

第五に、度量や威力を示す事がらについて「神は有限である」と述べるなら、神を崇めることにはならない。なぜか。次の理屈を考えてみればよい。神の能力が私たちを下回ると見なすならば、それは、神を崇めているという意思表示にはならない。しかるに、有限なものに何かを加えることは「私たち人間にとって」容易なことなのだから、有限であるということは、私たちの能力以下だということだ。

したがって、神に姿《すがた》形《かたち》があると考えることは、神を崇めていることにならない。なぜなら姿形というものは、すべて有限だからである。

心の中で神を想像することも、神を崇めていることにならない。なぜなら私たちが想像するものはすべて有限だからである。

神に、部分とか全体といった概念を当てはめることも、神を崇めていることにならない。部分とか全体という概念は、有限の事物にしか当てはまらないからだ。また、神がこの場所にいるとか、あの場所にいるといったような言い方についても同じことが言える。なぜなら場所を占めるものは有限だからだ。

神が移動するとか、静止するとかいったことも同様である。そのようなことがあるとすると、どこかに神の居場所があることになってしまう。

また、神が複数存在するという説についても同様である。なぜなら、無限のものが複数存在するということはあり得ないので、いずれの神も有限ということになってしまう。

また、神が悔《く》い・怒り・憐れみなどの、心の痛みに関する情動や、欲求・期待・切望などの、不足を満たそうとする情動を持っていると考えることも、（それが比喩的な表現であって、情動そのものではなくその作用を意味しているのであるなら、話は別だが）やはり神を崇めることにならない。なぜなら情動というものは、何かほかのものに制約された力だからである。

したがって、神に意志があると見なす場合、それは人間の意志のような、条理の立った欲求と解すべきではない。むしろ、神が万物に働きかけるために、手段として用いる力と解すべきである。

神が視覚など五感を働かせ、「知る」「理解する」のように頭を働かせることがあると考えるとしたらどうか。それは、人間の身体の各器官を圧迫する外的な事物によって、頭脳が刺激されるということにほかならない。したがって、これもやはり神を崇めることにはならない。神の場合、頭脳が刺激されるなどということはないし、五感や頭の働きが自然の原因に対する反応である以上、それが神に当てはまるとは考えられないからだ。

神の性質として、自然の理性によって保証されるものしか認めない者は、以下の表現を用いるべきである。「無限の」「不滅の」「計り知れない」のような否定語。あるいは、「最高の」「最大の」などの最上級表現。あるいは、「良い」「正しい」「神聖な」「創造主」のような漠然とした言葉。

しかも、それらの表現を用いるときには、神はかくかくしかじかであると断言するかのような言い方は慎むべきである。なぜなら、それでは神を私たちの想像の範囲に押し込むことになるからだ。むしろ、どれほど神を賛美しているのか、どれほど進んで神に従う覚悟があるのかを宣言するつもりでそれらの言葉を発しなければならない。そうすれば、神の前にへりくだり、限りなく神を崇める覚悟があるという意思表示になる。

以上を要するにこういうことだ。神の本質について私たちの想定するところを表す言葉があるとすれば、それは、「我は実在す」という言葉［「出エジプト記」三・十四］に尽きる。また、神と私たちの関係を表す言葉があるとすれば、それは神という言葉だけである。この言葉には、父と王と主《しゅ》が含められている。

〈神を崇めているということを示す行為〉神を崇めるという行為に関して理性の命ずるところをできるだけ一般化して言うと、「崇めるという行為は、崇めるという気持ちの発露であるべきだ」ということになる。そのようなものとして挙げられるのは、第一に祈りである。さもあろう。彫刻師が木像や石像を作るとき、彫像を神たらしめるのは彫刻師ではなく、彫像に祈りをささげる人々である。

第二は、感謝をささげるという行為。これは祈りと同じことである。祈りと異なるのは、恩恵を受けた後にささげるという点だけである（祈りは恩恵に先行する）。感謝と祈りの目的はいずれも、過去と未来の恩恵の贈り主である神に、礼を言うことにある。

第三は、捧げ物。すなわち、犠牲《いけにえ》と寄進。それらのものが最高級のものであれば、神を崇めているという印になる。それは、感謝の念をささげることだからである。

第四に、「神にかけて誓うのでない限り誓いは立てない」という姿勢は、理の当然として神を崇めているという印になる。それは、次のことを信じていると認めるのに等しいからだ。すなわち、神だけが人間の心の内を知っているということ。いかなる人間の知恵や力を使おうとも、誓いを破れば神の復讐から身を守ることはできないということ。

第五に、神について慎み深く語ることも、理に適った崇拝の一部である。なぜなら、それは神を畏怖していることの証拠であり、畏怖しているということは神の力を認めているということにほかならないからだ。したがって、ここから結論が導き出される。すなわち、神の名は軽率に、またみだりに用いるべきではないということだ。

なぜならそのようなことは、宣誓を通じて、また、国家の命令により、裁判を確かなものとし、国家相互の戦争を避けることを目的とするのでない限り、神の名を濫用しているのも同然であって無益だからである。

また、神の本質について議論を戦わせることは、神を崇めるという行為に反する。なぜなら、この、神の自然の王国については、何事を知るにも自然の理性すなわち自然を対象とする学問の原理を出発点としなければならないが、それらの原理は、私たちに神の本質について何も教えてくれないからだ。それは、私たち自身の本質についても、また、この世における最小の生き物の本質についてすら、何も教えることができないほど無力なのである。

したがって、もし自然の理性に関する法則にもとづいて神の性質について論ずるなら、神を冒瀆《ぼうとく》するだけである。神がそなえていると考えられる性質については、哲学上の真理を示そうなどと考えるべきではない。できるだけ神を崇めるという敬虔な覚悟があることを示すよう、心がけるべきである。そのような心がけを欠いているから、神の本質を論ずる書物が数限りなく世に送り出されてきたのである。それらの書物は神を崇めるのではなく、私たち自身の才知や学識を誇り、神の聖なる名を思慮なく濫用しているのに過ぎない。

第六。祈りや感謝、供物《くもつ》、犠牲《いけにえ》をささげる際、自然の理性が命ずるところによれば、それらのものはそれぞれ本質的に最上のものでなければならない。また、崇める気持ちを最大限に示していなければならない。たとえば、祈りや感謝をささげる際、思いつきの、軽々しい、俗な言葉遣いは避けるべきである。逆に、美しい、よく練られた言葉を用いなければならない。さもないと、神を最大限に崇めていることにはならないからだ。

したがって、異教徒が神の偶像を崇拝したのは馬鹿げた行為ではあったが、彼らがそれを詩歌《しいか》の形にして旋律《ふし》をつけ、声と楽器の両方で表現したのは、理にかなっていた。また、彼らが犠牲《いけにえ》としてささげる獣や、奉納する供物、崇拝するときの動作は服従の意に満ち、与えられた恩恵をたたえるものであった。そのことは、神への敬虔の念に発しており、理にかなっていた。

第七。理性が命ずるところによれば、神への崇拝は心密《こころひそ》かにすればよいというものではない。崇拝は、特に公共の場や人目につくところでもしなければならない。なぜなら、そうでないと（崇められているものほど、よく受け入れられるのであるから）他の人々に働きかけても神を崇めるように仕向けることが難しくなるからだ。

最後に。一口に神を崇拝するといっても、神の法（すなわち、この場合は自然法）

に服することほど立派な崇拝はない。なぜなら服従は、神にとって犠牲以上に受け取りやすいものだからである。また、それと同様に、神の戒律を軽んずることほど傲慢な行いはないからである。

ここまで挙げたものが、神に対する崇拝についての掟《おきて》である。一般の人々はそれを、自然の理性によって命ぜられているのである。

〈公的な崇拝は、画一的におこなわれて初めて成り立つ〉しかし、国家は単一の人格である。それを踏まえるなら、神に対する国家の崇拝も単一であるべきだ。国家が一般の人々に対し公的に神を崇拝するよう命ずるとき、そのような崇拝が成立する。これが公的な崇拝である。その特徴は画一性にある。それはそうであろう。各人各様の行動を、公的な崇拝と称することはできない。したがって、一般の人々の、さまざまな宗教から発生するさまざまな崇拝が許されている国では、いかなる公的な崇拝も存在するとは言えない。また、そのような国家は、いかなる宗教も奉じてはいない。

〈神の持つすべての性質は公民法によって定まる〉言葉は、人々が同意し、かくかくしかじかの意味があると決めれば、それで意味を獲得する。言葉がそうである以上、神の性質も同様である。ある性質に人々が崇敬の意味を込めるなら、それだけで崇敬の意味が生ずる、と考えるべきである。また、理性以外に掟のないところで個々人の意志により遂行され得る事がらはいずれも、国家の意志によって、すなわち公民法によって遂行され得る。しかるに、国家は［それ自体としては］意志を持たない。また、主権を持った者の意志によって制定される法を別とすれば、法を制定するということもない。ここから次の結論が導き出される。すなわち、主権者が神への崇拝について崇敬の印と定める性質は、公的な崇拝に際してもそういうものとして一般の人々が受け入れ、用いるべきものである。

〈**行為については、そうとは言えないケースがある**〉しかし行為については、そのすべてが人為的な決定によって意味を持たされるというわけではない。ありのままに崇敬の印として扱われる行為もある。同様にして、侮辱の印と見なされる行為もある。後者（尊敬する人の眼前でははばかられる行為）を、人間の力によって神への崇敬の一部とすることはできない。一方、前者（たとえば上品で、慎み深く、控えめな態度）は、神への崇敬と不可分である。

しかし人間の行為や仕草には、どちらにも該当しないものが無数にある。国家が崇敬の印として、神への崇拝の一部として公的かつ普遍的に用いると決めたものについては、臣民は言われたとおりに受け入れ、用いるのが当然である。ちなみに、聖書では、「神に従うは人に従うよりもよし」〔「詩篇」一一八・八、「使徒行伝」五・二九〕とあるが、それは、契約による神の王国には当てはまっても、自然の理にもとづく神の王国には当てはまらない。

〈**自然の処罰**〉ここまで、神の自然の王国とその自然法について、手短《てみじか》に論じてきた。この章に対する補足として、神が下す自然の処罰についてひと言述べたい。

この世における人間の行為はすべて、それに続く何らかの長い因果の連鎖の始まりである。したがって人間は、どれほど優れた先見の明をもってしても、最後に起ることを見通すことはできない。そしてこの連鎖には、苦と楽がともに組み込まれている。したがって、自分の安楽のために何かをするなら、それにともなうあらゆる苦痛を甘受しなければならない。それらの苦痛は、百害を引き起こす行為に対する当然の懲らしめなのである。かくして、以下の因果応報が起こる。

すなわち、不摂生は病気によって、軽率な行動は災難によって、不正は敵の暴力によって、高慢は破滅によって、臆病は弾圧によって、王侯のずさんな統治は叛乱によって、叛乱は殺戮《さつりく》によって、それぞれ当然の報いを受ける。罰は違法行為の帰結である。そうである以上、自然法を犯せば当然、自然の罰が下るはずである。したがって、右に挙げた行いに自然の罰がともなうのは、たまたまそうなるのではなく、必然的な因果応報としてそうなるのである。

〈**本書第二部の結論**〉以上、主権者がどのように擁立されるのか、主権者がいかなる本質と権限を有するのか、また、自然の理性の原理により臣民がいかなる義務を負うのかについて論じた。

本書に示した理論は、世界の大部分（特に道徳に関する知識をローマとアテナイから受け継いだヨーロッパ諸国）に見られる実態と、はなはだしく異なっている。また、主権の行使を託された人々は、きわめて深遠な道徳哲学を求められている。そのことを念頭に置くなら、本書はプラトンの国家論と同じように無益なのではないかという気もしてくる。考えてみればプラトンも、内戦による国家の無秩序や政府の交代を防ぐことは、哲人が主権者となる日が来るまで不可能であると唱えていた。

だが以下の点を考えてみれば、望みがないわけではない。まず、自然的正義に関する学問こそ、主権者およびその主たる代行者が必要とする唯一の学問である。そして（プラトンが主張するのとは異なり）、わざわざ数学の研究をそれらの人々に義務づける必要はない。適切な法律を通じて数学の学習を一般の人々に奨励すれば十分である。また、プラトンもその他の哲学者もこれまでのところ、統治と服従の要領について人々の理解を得られるようには、道徳理論のすべての定理を整理し、十分に、あるいはおおよそ証明してはいない。

それらの点を踏まえるなら、いくばくかの希望がふたたび湧いてくる。将来いつか、主権者が本書を手に取って、利害関係や羨望に囚《とら》われた解釈者の助けを排し、みずから頭を働かせて本書［の内容］について考察してくれることもあるのではないか（なぜなら本書は大部《たいぶ》の書物ではないし、私の信じるところでは明晰だから）。そして、主権を余すところなく行使することによって、本書の公的な手ほどきを保護して、思索によって得られたこの真理の実用化を推し進めてくれるのではないだろうか。

第二部（了）

リヴァイアサン第二部訳注

第十七章

（1）アリストテレス（Aristoteles）（前三八四年～前三二二年）。ギリシア最大の哲学者。師プラトンの影響を受けた。膨大な百科全書的な研究業績を残した。

第十九章

（1）ジェームズ一世（James I）（一五六六年～一六二五年）。スコットランド王としてはジェームズ六世。一六〇三年、エリザベス女王の死後、イングランド王位を兼ね、ステュアート朝を開いた。カトリック教徒およびピューリタンの双方と対立した。

第二十一章

（1）アリステイデス（Aristeides）（前五二〇年頃～前四六八年頃）アテナイの政治家、軍人。「正義の人」の異名で呼ばれた。前四八三年、陶片追放を受けた。

（2）ヒュペルボルス（Hyperbolus）（生没年不詳）アテナイの政治家。ペロポネソス戦争のとき、二人の有力将軍を陶片追放に追い込もうと企て、民心を失う。逆にみずから陶片追放された。

（3）ルーカ（Luca）。エトルリア北部の都市。前五六年、第一回三頭政治（前六〇年に成立）の取り決めが、この地で再確認された。

（4）キケロ（Cicero）（前一〇六年～前四三年）。ローマ最大の散文家、雄弁家。ギリシア語の文献をラテン語に翻訳するなど、ギリシア思想の紹介、普及に功績があった。有力な政治家でもあった。

（5）ウェルギリウス（Vergilius）（前七〇年～前一九年）。ローマ最大の詩人。叙事詩『アエネイス』でローマの建国伝説をうたった。

第二十四章

（1）ウィリアム征服王（William I, the Conqueror）（一〇二七年頃～一〇八七年）。ノルマン朝の祖。もともとはフランス・セーヌ川流域のノルマンディー公国の君主（一〇三五年～一〇八七年）。一〇六六年、イングランド・ウェセックス家の王位継承に異を唱え、イングランドを攻略。同年一二月、ウェストミンスターでウィリアム一世として即位した（ノルマン・コンクェスト）。以後、約二百年間、イングランドでは公用語としてフランス語が用いられた。

第二十六章

（1）プラトン（Platon）（前四二八年頃～前三四七年）。『ソクラテスの弁明』『国家』などの著作で知られるアテナイの哲学者。ソクラテスの哲学の後継者。『国家』において、哲人王を戴く国家を理想と考えた。

（2）エドワード・コーク（Sir Edward Coke）（一五五二年～一六三四年）。イングランドの法学者、司法官。一六一三年に王座裁判所の首席裁判官。その後王権と対立し、一六一七年に解任された。

（3）『ローマ法大全《たいぜん》』。ビザンツ帝国（東ローマ帝国）の皇帝ユスティニアヌス一世（在位五二七年～五六五年）の勅命によって編纂されたローマ法の集大成。

第二十七章

（1）マリウス（Gaius Marius）（前一五七年頃～前八六年）。ローマの将軍、政治家。

前一一九年、護民官を務め、平民派の指導者となる。軍隊を改革。土地所有の改革にも乗り出したが、閥族派のスラとの確執もあって改革の実を上げることができなかった。
(2) スラ(Lucius Cornelius Sulla)(前一三八年~前七八年)。ローマの将軍、政治家。貴族の出身。前八八年、執政官。前八二年、平民派を平らげ、独裁官となる。元老院の権威を高めるための諸策を講じた。

第二十八章

(1) この小見出しは原文にはない。

第二十九章

(1) トマス・ベケット(Thomas Becket)(一一一八年~一一七〇年)。一一五五年、尚書部(政府の中枢機関)の長官に任ぜられる。一一六二年にカンタベリー大司教に任命されると、教皇の指導する「教会の自由」の闘士に豹変し、聖職者を国王に従属させようとするヘンリー二世と対立するに至った。亡命後、いったんはヘンリー二世と和解するが、結局、国王直属の騎士によって殺害された。

（2）ヘンリー二世（Henry II）（一一三三～一一八九年）。イングランド国王（在位一一五四～八九年）。アンジュー王朝（プランタジネット王朝）の祖。聖職者特権の制限を図った。

（3）ウィリアム・ルフス（William II Rufus）（一〇五六ないし六〇年～一一〇〇年）。イングランド国王ウィリアム二世（在位一〇八七～一一〇〇年）。ウィリアム征服王の三男（次男は夭折）。父王の死後、イングランド王位を得るにあたり、長兄ロベールを支持する貴族に対して各種特権を与えるなど懐柔策を講じた。

（4）ジョン王（John）（一一六七年～一二一六年）。ヘンリー二世の末子。司教の任免権をめぐって教皇との間で対立を招いた。また、大陸遠征にともない増大する戦費を諸侯に負わせ、その不満を買った。一二一五年、諸侯の圧力に屈し大憲章マグナ・カルタに署名した。

（5）

グラックス兄（Tiberius Gracchus）（前一六八年～前一三三年）。ローマの政治家。前一三四年、護民官。大規模な土地を分割して人民に与える改革を提案したが、貴族の反発を招き、暗殺された。

グラックス弟（Gaius Gracchus）（前一五九頃〜前一二一年）。兄ティベリウスの暗殺後、護民官に選ばれる（前一二三年および前一二二年）。土地所有改革の継続、発展を図ったが、兄と同じように反発を買い、支持者が殺戮される中で自殺を遂げた。
（6）ルキウス・サトゥルニヌス（Lucius Saturninus）（?〜前一〇〇年）。ローマの政治家。マリウスの改革事業を支持した。三回目の護民官職に就いたとき、執政官ポストをめぐる権力闘争に巻き込まれ、元老院を敵に回す。元老院の命を受けたマリウスによって討伐された。
（7）ポンペイウス（Gnaeus Pompeius Magnus）（前一〇六年〜前四八年）。共和政ローマの政治家、武将。前六〇年、カエサルおよびクラッススとともに第一回三頭政治を始めたが、その後カエサルと衝突。エジプトに逃れたが、後難を恐れたエジプト王に暗殺される。
（8）カエサル（Julius Caesar）（前一〇〇年頃〜前四四年）。共和政ローマの最有力政治家。第一回三頭政治の終焉後、元老院と結んだポンペイウスを征討。前四五年に終身の独裁官となる。

第三十章

（1）第一部二五〇ページ以降を参照のこと。

（2）十戒の六番目、七番目、八番目、九番目はそれぞれ、「殺すなかれ」「姦淫するなかれ」「盗むなかれ」「隣人に対して偽証するなかれ」。

（3）第十の戒律。「隣人の家をむさぼるなかれ」。

（4）ヘンリー八世（Henry VIII）（一四九一年～一五四七年）。テューダー朝第二代国王。一五三四年、首長法を発して、国王みずからがイギリス国教会の首長（主権者）であることを宣言、イングランドにおけるローマ教会の権利と収入を廃絶した。

総括と結論(1)

ある情念が他の情念と対立するのと同じように、生得の知力のうち一部のものは相互に対立する。そして、そうした知力は身の処し方に関係する。それを根拠として、次のように論じられてきた。「いかなる人間であれ一個の人間があらゆる種類の政治的義務に対して十分に構えができているということはあり得ない」。そうした説によれば、こうである。(一)評価が辛《から》いと、あら探しをするようになり、他人の過ちや弱さに対して寛大になれない。(二)想像力が落着きなく働くと、思考は必要以上に不安定になり、正・不正を正確に見きわめることができなくなる。(三)あらゆる議論、あらゆる弁論において堅実な推論の能力は欠かせない(なぜなら、それがないと人間の決定は拙速に陥り、判決は不当なものとなるからだ)。しかし、注意と同意を引きつけるに足る強力な弁論術がないと、推論の効果は乏しいものにとどまる。ところが、推論と弁論術は互いに対立する。というのも前者が真理の原理に立脚するのに対し、後者は、真偽の如何を問わずすでに通念となっている見解や、人間のさまざまな移ろいやすい情念および利害に立脚しているからである。

豪胆である（すなわち、怪我や横死を物ともしない）ならば、人は私的な報復に走り、時には公共の平和を攪乱しようという気になる。他方、臆病であるならば、人は往々にして共同の防衛を放棄する方向に傾く。この二つの気質が同一人格の中で両立することは不可能だと言われている。

以上のことに加えて、人間の意見や考え方が一般的に対立するからとの理由で、次のようにも言われている。俗世の用に迫られて接触しなければならないすべての人々との間で、常にほどよい友好関係を保つことは難しい。なぜなら俗世の用というのは、突き詰めればほとんどの場合、名誉や財産、権威を求めて絶え間なくしのぎを削ることだからだ――。

右の議論に対してはこう答えよう。それらのものは確かに非常に厄介だが、どうにもならないというわけではない。なぜなら教育と躾《しつけ》によって折り合いがつけられるかもしれないし、実際に折り合いがつくことも稀ではないからだ。同一人物が判断力と想像力を兼ね備えるということはあり得る。目指す目的に沿って、その二つの知力を交互に発揮しさえすればよいのだ。あるときには判断力が一つの検討事項にじっと注がれ、別のときには想像力が世界中をさまようということはあり得る。それは、かつてエジプトでイスラエル人が、煉瓦造りの労働に縛りつけられることもあれば、藁《わら》を集めるために野外を歩き回ることもあったのと同じである。それと同じように、推論の能力と雄弁術の能力は（自然科学ではともかく、倫理学においては）ごく円満に両立し得る。なぜなら、誤りを美しい装いのもとで示す余地があるところではどこでも、それ以上に大きな余地、すなわち、真実を美しい装いのもとで示す余地があるからだ（美しく見せるべき真実の存在が前提となるが）。また、法を恐れることと公共の敵を恐れないこととの間には、何の矛盾もないし、他人の権利を侵害するのを慎むことと、他人が犯す権利侵害行為を赦《ゆる》すこととの間にも矛盾はない。したがって、一部の人々が考えているような、人間の本性と政治的な義務との不一致は、何ら存在しない。

私は、ある一個の人間が明晰な判断力や闊達な想像力、筋の通った推論、洗練された雄弁、戦争に対する勇気、法に対する畏怖など、すべてのものを顕著にそなえていた実例を知っている。それは、私の友人の中でも抜群に高貴で尊敬に値するシドニー・ゴドルフィン氏(2)である。同氏は何人《なんぴと》をも憎まず、何人からも憎まれたことがない。ところが運の悪いことに、先の内乱の初期、社会全体の反目の中で、何者かの、相手を選ばぬ暴力によって殺されたのであった。

第十五章に示した自然法に、次の一項を付け加えたい。「戦争になったとき各人は、平時にわが身を守るにあたり頼っている権威を、精一杯守るよう本来的に義務づけられている」。言い換えると、自分自身の身体を守る自然権があると唱える者は、自己保存のための力を貸してくれている者を滅ぼす自然権があるなどとは唱えられない、ということである。それは明らかな自家撞着である。そしてこの法は、第十五章ですでに述べた自然法のうち幾つかのものから論理的に導き出され得るが、時代の要請は、それを人々に教え込み記憶させることを求めている。

そして、最近出版されたさまざまな英語の書物から分かることであるが、人々は内乱から以下の諸点をまだ十分には学んでいない。臣民は征服者に対していつの時点から縛られるのか。征服とは何か。また、征服されることによって人々が征服者の法に従うことを余儀なくされるという状況は、どのようにして発生するのか。

したがって、これらの点について人々にもっと納得してもらうために言っておくと、人が征服者の臣民となるのは、征服者に服従する自由を持っている者が、明示的な言葉によるか、あるいはその他の十分な印［たとえば黙認］によって臣民になるということに同意する時点である。どのような場合に服従する自由があるのかについては、すでに第二十一章の最後のところで示したとおりである。すなわち、旧来の主権者に対して、通常の臣民としての義務を超えるような義務を何も負っていない場合、生活の手段が敵の部隊の守備範囲内に置かれたときである。というのも、まさにその時点で、もはや以前の主権者から保護を受けることがなくなり、軍用賦課金を納めるのと引き換えに敵側から保護してもらうようになるからである。したがってこのような賦課金はどこでも、（敵に対する支援であるにもかかわらず）避けようのないものとして合法と見なされる。それを踏まえれば、全面的降伏は敵に対する支援でしかないが、にもかかわらず非合法と見なすことはできない。しかも、降伏する人々は敵を、自分たちの財産の一部をもって支援するにすぎないのに対し、降伏を拒否する人々は、［結局のところ］すべての財産をもって敵を支援することになる。それを考えると、前者の降伏または和睦を支援と呼ぶ根拠はない。それはむしろ、敵にとっては損失である。

しかし、臣民としての義務以外に、別途兵士としての義務を負っているならば、話は違ってくる。そのような義務を負っている者は、古い権力が作戦活動を継続し、［軍隊の最大組織である］軍という単位においてであろうと、［末端の］駐屯部隊においてであろうと、生活の糧《かて》を与えてくれる限りは、新たな権力に屈服する自由を持たない。なぜならこのようなケースでは、一介の兵士の立場で保護されていないとか生活の糧を与えられていないとか不服を申し立てることはできないからである。しかし、もしそれすらも与えられないのであれば、兵士といえども、保護を得られるという期待が最大となる任意の場所に赴《おもむ》き、そこで保護を求めても差し支えないし、新しい主人に服従したとしても法に背いたことにはならない。

本人がその気になったとき、合法的に降伏し得るのはどのような時かについては、ここまで説明すれば十分である。右のような次第であればこそ、合法的に降伏する者は真の臣民になることを義務づけられる。そこには疑いを差しはさむ余地はない。なぜなら、合法的に結ばれた契約を合法的に破棄することはできないからである。

このことに照らせば、次のことが理解できよう。「人々が征服された」と言い得るのはいつなのか。征服の本質はどこにあるのか。征服者の権利はいかなるものか――。ここで言う降伏はそれらすべてのことを網羅しているのである。

征服は勝利そのものではなくて、むしろ勝利を通じて人々の人格に対する支配権を獲得することをいう。したがって、殺された者は、敗北を喫したのであって征服されたのではない。捕らえられ、獄または鎖につながれた者は、敗北を喫したのであるが、征服されたわけではない。なぜなら、依然として敵のままであり、機会があるなら逃亡しても構わないからだ。しかし、服従するという約束のもとで生命と自由を許された者は、まさにその時点で征服され、臣民となるのである。それ以前にそうなるわけではない。古代ローマ人は次のように言うのを習いとしていた。「われらの将軍がかくかくしかじかの地方を平らげた（征服した）」。また、「勝利によってある国を平らげたとき、それに先立って、その国の人民からローマ人民の命令を履行するとの約束がおこなわれたのだ」。これこそが征服であった。

しかし、この約束は明示的であってもよいし、暗黙のものであってもよい。約束にもとづく場合は明示的であり、その他の印にもとづく場合は暗黙の約束ということになる。たとえば、（恐らくは、さほどの有力者ではないために）そのような明示的な約束に応ずるよう求められないまま、政府の保護のもとで公然と暮らすならば、その政府に服従していると解される。しかしもし人目を忍んで暮らしているのであれば、その国のスパイや敵にふさわしい処遇を免れない。私は、その人物が不正を働いていると言っているのではない（ちなみに、公然たる敵意にあふれた行為は不正とは言わない）。そうではなくて、死刑に処せられても仕方ないと言っているのである。

同じように、国外に出ている間に母国が征服された場合、当人自身は征服されたわけではないし、支配されるわけでもないが、帰国してその政府に服するなら、政府に従うことが義務となる。したがって、征服とは（それを定義するなら）勝利によって主権的権利を獲得することである。主権的権利は人民の降伏によって獲得される。人民は降伏することによって勝利者との間で契約を結び、生命および自由と引き換えに恭順を誓うのである。

第二十九章において、私は国家解体の一因を、国家生成の不全——すなわち、絶対的、専断的な立法権力の欠如——に見出した。というのも、そのような立法権力を欠いていると世俗の主権者は、正義の剣を、あたかもそれが熱すぎてじっと握っていられないかのように、気まぐれに振り回さざるを得ないからだ。その原因の一つは（第二十九章では述べなかったが）、こうである。すなわち、彼らはみな、初めて権力を獲得するのに役立った戦争を正当化するということだ。（彼らの考えでは）彼らの権力は戦争によって支えられているのであって、所有によって支えられているのではない。彼らはたとえば、イングランドの歴代国王の権利は、ウィリアム征服王の大義が正しかったということと、彼らがウィリアム征服王の直系の正統な末裔《まつえい》であるということによって支えられているかのように言う。今日《こんにち》、このような論法に頼ったのでは、臣民の服従を主権者に結びつける絆は恐らく世界のどこにも見つかるまい。この点で彼らは、徒《いたず》らに自己正当化を図りつつ、その実、すべての叛乱の成就を「それとは知らずに」正当化しているのである。しかるに叛乱というものは、野心があるところでは、いつ何時起こるか分からない。そして、叛乱を起こされるのは、彼らか、あるいは彼らの子孫なのである。

したがって、いかなる国家であれ、国家を死に至らしめる最も効果的な種子の一つとして次のことが挙げられる。征服者が人々に「将来ずっと言われるままに行動せよ」と要求し、しかも「征服者の過去のすべての行為を承認せよ」と要求すること。しかるに世界中どこを探しても、みずからの発祥を良心に照らして正当化できるような国家はほとんどないのである。

専制という名が意味するのは、主権という名が意味するものと同じであり、それ以上でもないし、以下でもない。主権を体現するのが一個の人間であるか、それとも多数の人間であるかは無関係である。ただ、専制という言葉を用いる者は、自分たちが専制者と呼ぶ者に対して憤りを感じていると考えられる。そこが異なるのである。私の考えでは、専制に対する公然たる憎しみに寛容であることは、国家一般に対する憎しみに寛容であるのと同じである。これもまた悪の種子である。先に挙げた、国家を死に至らしめる種子と大して違わない。要するに、征服者の大義を正当化するためには、被征服者の言い分を非難することが大抵の場合必要であるが、しかし、被征服者を束縛するにはそのいずれも必要ないということである。

本書の第一部および第二部の総括については、ここまで述べれば適当だと思う。

第三十五章において私は、聖書を手がかりにして次のことを十分に明らかにした。すなわち、ユダヤ人の国家では神自身が人民との契約を通じて主権者となった。したがって、ユダヤ人は神の「特別な民」と呼ばれ、世界の他の民族とは区別された。ユダヤ人の頭上には神が、ユダヤ人の同意を得たからではなく、神自身の力により君臨した。

また、次のことも明らかにした。ユダヤの王国では、モーセが地上における神の代理人であったということ。神が支配の手立てとするためにいかなる法を定めたのかをユダヤ人に告げたのは、モーセだったということ。しかし私は、刑罰、特に死刑を執行するために任命された役人が何者であるのかについては説明を省略した。当時は、さほど考察を要するものと考えていなかった。そうした必要性が分かるのは、後になってからであった。

私たちが知っているように、一般に、あらゆる国家において身体刑の執行は、主権者の権力を担う護衛兵その他の兵士に課せられた。さもなければ、生活の資を欠き、名誉を軽んじ、しかも心が冷酷であることからそのような職務を求めるようになった者に与えられていた。

しかしイスラエル人の間では、次のことが、彼らの主権者である神の実定法として決まっていた。すなわち、死罪の判決を受けた者は、人々の石打ちによって処刑されること。証人が最初の石を投じ、その他の人々がそれに続いて石を投げること。これは、だれが処刑者となるのかを決めておく法であって、会衆が裁判官となっている場合、有罪宣告と判決を下す前に被告に石を投げつけろと命じているのではなかった。やはり、処刑に移るに先立って、証人の言葉を聞かなければならないとされていたのである。もっとも、犯行が会衆の面前で、あるいは法で定められた裁判官の見ているところでおこなわれたのであれば、話は別であった。なぜなら、その場合、裁判官自身を別とすれば、いかなる証人も必要なかったからである。

このような次第であるにもかかわらず、この審理手続きは、完全には理解されていなかったために次のような危険な見解を生み出した。それによると、あるケースにおいては、だれでも「熱意の権利」にもとづいて人を殺すことが許されるという。いにしえの神の王国においては、犯罪者に対する刑の執行が主権者の命令ではなく個人の熱意という権限を出発点とするのだといわんばかりである。ところが、それを支持しているように見える聖書の章句を検討してみると、まったくそうではないのである。

第一に、黄金の牛をこしらえて崇拝していた人々をレヴィ人が襲い、三千人を殺戮《さつりく》したケース。これは、「出エジプト記」三二・二七から明らかなように、神の口から発せられたモーセの命令にもとづいていた。あるイスラエル女の息子が神を冒瀆したとき、それを聞いた者たちは、彼を殺すのではなく、モーセの前に連れ出した。モーセは彼を、神が判決を下すまで拘禁した。これは「レヴィ記」二五・一一、一二に見えるとおりである(3)。

また、（「民数記」二五・六、七によれば）ピネハスがジムリとコズビを誅殺《ちゅうさつ》したとき、その根拠は、個人の熱意という権利に置かれていなかった。ふたりの犯罪は会衆が見ている前でなされたのであり、証人は不要だった。法は知られていたし、ピネハスは主権の法定推定相続人であった。そして、ここが重要な点なのだが、彼の行為の合法性は、全面的にモーセの追認に依拠していたのである。その点については、彼は疑われる謂《いわ》れはなかった。そして、事後的に承認されるという推定は、国家の安全にとって必要になることがある。たとえば、突如叛乱が起こったとしよう。叛乱が発生した地域において自分自身の力により鎮圧する能力のある者が鎮圧を図ったとしよう。それは、明示的な法や委任がない場合でも合法的である。また、事の途中で、または事の後で鎮圧活動が認められ許されるよう策を講じたとしても合法的である。

また、「民数記」三五・三〇には、「殺人者を殺す者はだれでも、証人の言葉を根拠にして殺さなければならない」と、はっきりと記されている。しかし、証人というものは正式な裁判を前提としており、したがって、ユス・ゼロタルム［熱中する者の権利］という主張を非としているのである。

偶像崇拝とは、神の王国において神への忠誠を放棄することである（「申命記」一三・八)。偶像崇拝をそそのかす者についてモーセの法は、そのようなことをする輩《やから》を匿《かくま》うことを禁じている。そして告発者に対しては、そのような輩に死刑が申し渡されるように事を運び、[石打ちの刑に際しては] 最初の石を投げつけよと命じている。しかしモーセの法は、有罪判決を受ける前に殺してはならないと命じているのである。そして、偶像崇拝を裁く審理について、次のように厳密に定めているのである(「申命記」一七・四、五、六)。神はそこでは裁判官として人民に語りかけ、神は人民に次のように命じる。「ある者が偶像崇拝のかどで告発されたなら、犯行を念入りに調査し、そしてそれが事実であると分かれば、その時は石を投げつけよ。しかし、その場合でも、最初の石を投げるのは証人である」。これは個人的な熱意ではなくて、公的な有罪判決である。同様に、父は息子の反抗に遭った場合、法によれば、息子を町の裁判官の面前に連れて行き、町中の人々は全員でその息子に石を投げつけなければならない(「申命記」二一・一八)。

最後に、聖ステパノが石打ちに処せられたのも、こうした法の要求によるのであり、個人的な熱意を根拠としているわけではない。ステパノは処刑のために連れて行かれる前に、祭司長の前でみずからの主張を開陳しているのである。聖書のこの一節全体を見ても、またその他のいかなる部分においても、個人的な熱意による刑の執行を支持するような箇所はない。私的熱意は往々にして無知と情熱の結合にすぎず、国家の正義と平和の両方に反する。

第三十六章において私は、神がどのような方法を用いて超自然的にモーセに語りかけたのかは明らかにされていないと述べた。神は他の預言者に対するのと同じように、時には夢や幻によって、時には超自然的な声によって語りかけることはなかったのか。私はそう言っているわけではない。なぜなら、神が贖《あがな》いの座からモーセにどのように語りかけたのかは、「民数記」七・八九において次のようにはっきりと示してあるからだ。

「さてモーセは主と語るために、会見の幕屋に入った。と、そのとき、約櫃《やくひつ》の上の、贖いの座にある主《しゅ》が、一対の智天使《ケルビム》の間から語りかけられる声が聞こえた」

しかし、神がモーセに対して語りかけるための方法は、サムエルやアブラハムなど他の預言者を相手にするのに比べて、いかなる点において優っているのか。神は彼ら預言者に語りかけるのに声も媒介とする（すなわち、幻も媒介とする）。違いが幻の鮮明さにあるというのならともかく、モーセに対する語りかけの優位性が何によるのかは明らかにされていない。なぜそう言えるのか。神の性質の無限性や不可知性は、膝を突き合わせて口から口へと伝えたからといって正確に理解され得るものではないからである。

さらに、［本書で唱えた］学説全体に関して言うと、今のところ分かっているのは、そこに含まれる諸原理が正しくて妥当であること、また推論が堅固であるということだけである。それは、怪しむには足りない。なぜなら第一に、主権者の政治的権利と、臣民の義務および自由について論ずるにあたり、私は立論の根拠を、だれもが知る人間の自然の性向と、自然法の各条とに求めているからである。自分個人の家庭を営むのに足る理性を持っている者であれば、自然法について無知であろうはずがない。第二に、主権者の教会権力に関して論ずるにあたり私が根拠としているのは、聖書の章句のうちそれ自体明白なもの、しかも聖書全体の趣旨に合致するものである。それゆえに私は確信しているのであるが、知識を得ることだけを目的として私の学説を読むのであれば、そうした知識が得られるということだ。しかし、著作や講演によって、あるいは人目を引く行動によって、反対意見を唱える立場にすでに関与している人々にしてみれば、得心するのはそう簡単ではあるまい。というのはそのような場合、読み進める一方で、それ以前に読んだことと対立する事がらを探そうと気を取られるのが当然だからである。対立する事がらは、（新たな政府の確立に役立つ学説のうち多くの部分が、古い政府の解体を後押しした学説とどうしても対立せざるを得ないことから）人々の利害関係が流動的であるときには、非常に多くならざるを得ない。

キリスト教国家を扱った第三部[4]には、幾つかの新説が盛り込まれているが、それとは反対の説がすでに十分に根付いている国で、臣民が許可なくそうした説を公表することは、恐らく犯罪行為に当たるだろう。それは、［公認の説を］講ずる者の地位を不当に奪い取ることだからだ。しかし今は、人々が平和ばかりか真理を求めている時代である。そのような時代にあって私は、自分が真理と考えるところの、明らかに平和と忠誠に役立つ学説を、目下のところまだ思案を重ねている人々の考察のために提供しているのである。これはすなわち、新しい樽に入れるべき新鮮なワインを提供することにほかならない。それは、ワインと樽の両方を長持ちさせるためである。私の考えるところでは、新しいものが国家の混乱や無秩序をもたらさないのであれば、人々は一般的に、古いものを崇めるあまり旧弊をよしとするとか、十分に証明された新たな真実を二の次にするとかいった傾向にはない。

私の、自分自身の論述の能力に対する信頼度は高くない。他の何に対する信頼度よりも低い。それにもかかわらず私は、自分の論述は（印刷の不具合を別として）不鮮明ではないと確信している。私は当節の慣習に反して、いにしえの詩人や雄弁家、哲学者からの引用によって飾ることに気を取られないようにした（狙いどおりになったか否かは別である）。それは、さまざまな根拠にもとづく私の見解ゆえである。それを具体的に言うと次のとおりである。

第一に、学説の真実性はすべて理性または聖書にもとづく。その双方が著作家に信用を与える。しかし理性と聖書は、いかなる著作家からも信用を受け取らない。

第二に、問題となっている事がらは、事実ではなく権利を問題にしているのであり、そこには証人を受け入れる余地はない。年季が入った著作家で、自分自身および他人との間で時に矛盾を犯すことのない者は稀である。そのために彼らの証言はどうしても不適当なものにならざるを得ない。

第四に、(5)古さだけを信用の根拠として引用される見解は、本来的に、それを引用する者の意見ではなく、口から口へ（あくびのように）伝えられる言葉にすぎない。

第五に、人々は往々にして、人の目をごまかすことを狙って、自分の腐った学説に他人の知恵という香料を加える。

第六に、人々は古代ギリシア人、ローマ人から引用するが、私は、古代ギリシア人、ローマ人がさらにそれよりも前の著作家たちから引用することを装飾と見なした例を知らない。

第七に、ギリシア語、ラテン語の文章が咀嚼されないまま再びそのままの形で吐き出されるのは、今日ありがちなことであるが、消化不良の証拠である。

最後に。いにしえには、真実をはっきりと書き記したか、あるいは私たちが自力で真実を見出すための、確かな道へと手引きしてくれた人々がいた。私はそれら古人に敬意を持っている。しかし、古さそのものには、ありがたがるべきものは何もないと思う。なぜなら、年を経ているということに重きを置くのであれば、現代ほど年を経た時代はないからだ。著作家が年を経ているという点では、一般的に言って、大いに尊敬を集めている著作家が［作品の］執筆時に、今執筆している私よりも年を取っていたか、私には確信が持てない。しかしよく考えてみれば、昔の著作家に対する称賛は、死者に対する敬意に発するのではない。生きている者たちが競争し、相互に羨望の念をいだくことに起因するのである。

さて、結論を述べよう。この論文全体にも、以前同じ問題についてラテン語で書いた論文にも[6]、神の言葉または公序良俗に反する要素、あるいはまた公共平和の攪乱を助長する要素は――私が自覚する限り――含まれていない。したがって私は、この論文が出版されれば有益であり、大学で教材として採用されればさらに有益だと考える（採用されるためには、それを判断する人々が賛同してくれることが前提となるが）。なぜか。大学は社会的、道徳的学説の源泉であり、聖職者や教養人が見つける水をくみ上げ、それを講義や［師弟の］対話を通じて降り注ぐものである以上、そうした学説の純粋さを必ず保ち、信仰心のない政論家の毒液や、欺瞞的な霊の呪文に染まらないように多大の注意を払うべきだからである。そのようにすれば、大半の人々はおのれの義務をわきまえ、国家への叛逆をたくらむ一握りの不満分子の野心になびくことは少なくなるだろう。また、自分たちの平和と防衛のために必要とされる軍用賦課金についての不満も和らぐだろう。そして統治者自身のほうでも、外敵の侵入や侵略にそなえるためだからといって、公共の自由を確保するのに必要とされる以上に大規模な軍隊を公共の負担で維持する理由は減る。

現在の無秩序によって触発された、国家および教会の統治に関するこの論文を、私は公平を旨として、欲得抜きで、人々の眼前に保護と服従との相互関係を示すことだけを狙いとして書いてきた。人間の本性と神の法（自然法と実定法の両方）を前提とする以上、保護と服従は厳格でなければならない。

　そして、諸国家が転変する中、こうした真理を究明するのに絶好の星回りなどというものは存在しない（なぜなら、古い政府を解体する者たちからは怒りの形相を、また、新たな政府を樹立する人々からは背を向けられているのだから）。そうであるにしてもこの論文が今、学説を公的に判定する立場にある者や、だれにせよ公共平和の継続を願う者によって非難されるとは思えない。そのような期待を込めて、私は、自然の物体に関するやりかけの論考[7]に立ち戻ろうと思う。そこでは、（神から、それを完成させるための健康に恵まれるならばの話になるが）この［国家という］人工的物体に関する学説の斬新さが、とかく怒りを買いがちなのと同じ程度に読者を満足させるであろうと期待している。何人《なんぴと》の利益にも何人の喜びにも反しない真理は、万人の歓迎するところだからである。（了）

「総括と結論」訳注

（1）原著では第四部の後に置かれている。

（2）シドニー・ゴドルフィン（Sidney Godolphin）（一六一〇～一六四三年）。一六二八年と一六四〇年に国会議員。王党派。一六四三年、内戦で戦死。

（3）正しくは、二四・一一、一二。

（4）第三部および第四部は、本訳書には収めていない。

（5）原文どおり。すなわち、原文には「第三に」で始まる文章がない。

（6）『市民論』（一六四二年）を指す。

（7）『物体論』（一六五五年）を指す。

解説

角田安正

一六四二年に始まったピューリタン革命は、一六四九年、国王チャールズ一世の処刑で頂点に達した。ホッブズが『リヴァイアサン』を上梓したのは一六五一年。国王処刑の二年後のことである。国家論である『リヴァイアサン』が、ピューリタン革命（ホッブズの呼び方に従うなら内乱）に刺激されて執筆されたことは容易に想像がつく。

今日ピューリタン革命として知られるイングランドの内乱は、どのような原因によって引き起こされたのだろうか。その評価はいまだ定まっていないようである。資本主義的な発展を目指すブルジョアジーの、絶対王制に対する抵抗と解釈する説もあれば、二つに分裂した支配階級の内紛ととらえる説もある。

当時のトーリー派の理論家たちは、歴史家のクリストファー・ヒルによれば、おおよそ次のように考えていたという。「チャールズ一世とその側近は、利益をむさぼる少数の資本家階級による経済的搾取から一般人民を守ろうとしたが、政治においては下院、宗教においてはピューリタニズムに利益を見出した商人たちから攻撃された」（田中浩『ホッブズ研究序説』一三三～一三四頁から再引用）。ホッブズの見方はこれに近い。ただし、ホッブズの見解の特徴は、内乱の契機として宗教的要因を重視しているところにある。ホッブズは、『リヴァイアサン』と並ぶもう一つの主要な著書『ビヒモス』（一六七〇年脱稿）の冒頭部分において、人民を反国王の動きに向けて立ち上がらせた勢力として教皇主義者の他に、長老派や独立派、第五王国派、クエイカーなどピューリタンの各セクトを挙げている。ホッブズはイングランドの内乱を、英国教会の首長を兼ねる国王に対する各宗派の挑戦ととらえているわけである。

このような宗教上の対立が起こったのはなぜか。ホッブズはその遠因を聖書の英訳に求める。聖書を英訳するという事業は、一六〇四年にジェームズ一世の裁可で決まり、一六一一年に『欽定訳聖書』として結実した。その結果として一般人の宗教観が変わった、というのがホッブズの見立てである。ホッブズに言わせれば、人々は聖書を母国語で読めるようになった結果、「自分は全能の神に語り、神が語ったことを理解している」と、思い違いをするようになった。そして、「イングランド教会に対する、そしてその主教や牧師に向けられるべき崇敬と服従はうち捨てられて、誰もが宗教の判断者となり、自分で自分の聖書の解釈者となった」。多様な宗派を生み出す原因はこのような聖書の解釈権にある——ホッブズはそう断言している（『ビヒモス』山田園子訳、岩波文庫、四七～四八頁）。

しかし、だからと言ってホッブズは、すべての宗派が英国教会に服従すべきだと主張しているわけではない。むしろ、次のように述べる。英国教会の聖職者でも、万一、数と力を得れば、教皇や長老派がやったように、国王や臣民に対する支配を獲得しようと企てることは間違いない（同上、八七頁）。

それでは、内乱を防ぐにはどうすればいいのか。『ビヒモス』第一部においてホッブズが示す答えは、宗教的な信条（すなわち主観的な意見）を政治の世界から切り離せというものである。現代の言い方で言い換えると、「政教分離」ということだ。そうする必要について、ホッブズは『ビヒモス』において次のように説明する。「聖書に反する、つまり神の命令に反する何事かを王が命じたと言い張って、臣民がその王に抵抗することが、そして聖書の意味の判定者になることが正当となるならば、どのような王の命も、またどのようなキリスト教王国の平和も、長く安泰であることは不可能だ」（同上、九一～九二頁）。ここには、自由主義的な政教分離の理念とのつながりが見出せる。ホッブズはこうした点でも近代西欧思想の先駆者なのである。

実は、ホッブズはこのような、萌芽的な政教分離思想を、『ビヒモス』よりも先に『リヴァイサン』の第三部と第四部において唱えている。ホッブズは、キリスト教の各宗派に対して「誤った聖書解釈によって政治に介入するのをやめよ」と説き、キリストの再臨によって神の国が到来するまでは、自然理性にもとづく主権に服従することによって平和と安全を確保すべきであると呼びかけている。『リヴァイアサン』は、近代的な政教分離思想の原型に相当するものをイングランドにおいて初めて本格的に唱えたという点で、イギリス政治哲学史の画期として位置づけられる。

ところで、イングランドを含めた中世ヨーロッパ社会の特徴は、教会と国家とが表裏一体となって社会を包み込んでいるというところにあった。このように教会と国家が有機的に一体化した社会を、キリスト教的社会（コルプス・クリスチアヌム）と呼ぶ。宗派相互の対立抗争を排除するためには政教分離が必要であるが、キリスト教を根幹とする社会においてキリスト教を抜き取った場合、どのような政治的状況が生ずるだろうか。『リヴァイアサン』第一部と第二部は叙述の前提として、右のような問いを暗黙のうちに設定し、純粋に政治的な状況を想定している。だからこそ現代の、政治に関心を寄せる読者にとって読まれるべき古典の地位を保っているのである。ホッブズの時代のキリスト教国において政教分離を貫徹するということは、コルプス・クリスチアヌムからキリスト教的な社会規範や連帯性を引き抜くことを意味する。人間はその結果、一人ひとり独立した存在となる。したがって、政教分離を前提として国家論を展開するのであれば、その出発点として、ひとまず個々の人間が自然状態に置かれているという状況を想定することが必要になってくる。ホッブズは『リヴァイサン』第一部および第二部で、そのような状況を想定して議論を進めている。

さて、冒頭の「イングランドの内乱はいかなる原因によって引き起こされたのか」という問いに戻ろう。内乱の原因は、内乱を起こした側のみならず、内乱を起こされた側にもあったはずだ。その観点から内乱の原因を探ると、イングランドでは、たとえば同時代のフランスと異なり、国王が主権を議会との間で分割していたことが分かる。ホッブズはその点に内乱の原因を求めている。主権が分割されていたのは、議会が国王の権力を抑制し、国王の支配が専制的な支配に堕するのを防ぐためであった。だがそれは、キリスト教の宗派が相互に対立抗争する時代になると、内乱を招く原因となった。

イングランドの内乱を目《ま》のあたりにしたホッブズは、国家が本来の機能を発揮するためには主権を一元化することが必要不可欠だと考えた。主権の一元化ができないと、国家は、安全と平和の維持という使命を十全に果たすことができない。ホッブズが『リヴァイアサン』において、「主権者の権利は分割できない」と繰り返しているのは、そのような認識を持っているからである（本書、三六～三八、二七三ページ）。

ホッブズはまた、主権は絶対的なものでなければいけないと考えていた（本書、八〇～八二ページ、二六五～二六八ページ）。「絶対的」というのは、それより優位に立つ者はないという意味である。そのことは法律との関係にも当てはまる。だからホッブズは次のように述べる。「国家の主権者は、合議体であるにせよ一人の人間であるにせよ、公民法に服さない。なぜか。法律を制定したり破棄したりする権力を握っている以上、いつでも好きなときに既存の法律の支配を脱することが可能だからである」（本書、一七四ページ）。

ホッブズはこのように、主権は不可分で、しかも法律（公民法）にも服さないと説く。専制の擁護者と疑われる所以《ゆえん》である。実際、ホッブズは専制という言葉を肯定的に用いることすらある。『リヴァイアサン』の「総括と結論」においてホッブズは次のように述べている。「専制という名が意味するのは、主権という名が意味するものと同じであり、それ以上でもないし、以下でもない。（中略）私の考えでは、専制政治に対する公然たる憎しみに寛容であることは、国家一般に対する憎悪に寛容であるのと同じである。これもまた悪の種子である」（本書、三六二〜三六三頁）。

専制の下に置かれているのであれば、臣民は自由を許されず、常に主権者の恣意に翻弄されることになる。だが、ホッブズは臣民をそのようなものとして捉えているであろうか。『リヴァイサン』第二部の立論、特に臣民の自由について論じた第二一章に照らすなら、そうは言えない。ホッブズは、臣民の主権者に対する服従の義務は無条件のものではなく、主権者から保護されることを前提条件としていると指摘し、次のように強調する。「人間は生まれつき自分自身を守る権利を持っており、他のだれからも保護してもらえないのであれば、いかなる契約によろうともそのような権利を譲渡することはできない」（本書、一〇二ページ）。つまり、主権者による安全の確保が保証されないのであれば、臣民は主権者に服従する義務を負わないということだ。

ホッブズは別の箇所で同じ趣旨のことを、自然法という概念を利用する形で説明している。ホッブズによると、主権者は自然法の定めにより、主権が信託された目的

(人民の安全の確保)を果たすことを求められている(二八六ページ)。自然法は公民法と一致する(一七五~一七六ページ)。したがって、主権者は公民法を制定するにあたり、人民の安全を確保するという使命から逸脱することは許されない——これがホッブズの言わんとするところである。

主権者にこのような制限が課せられているということは、ホッブズの言う専制にも同様の制限がかかっているということである。そうだとすれば、ホッブズを現代的な意味での専制の擁護者と見なすことはできないだろう。『リヴァイアサン』第一部および第二部で展開されているホッブズの国家論は、むしろジャン=ジャック・ルソーに代表される人民主権論の先駆けとして位置づけられるべきだと思われる。

ところで、主権者が公民法を制定する目的は、どこにあるのだろうか。ホッブズの認識によれば、人間は憎悪・情欲・野心・貪欲などの利己的な情念に突き動かされて行動するという。しかもそこには虚栄心(過大な自己評価)という人間独特の情念も働いている。利己的な情念に突き動かされた人間は、虚栄心ゆえに、自分だけ特別扱いをしてもらう権利があると心得違いをしがちである。このような人間の弱さはともすれば犯罪の温床となる。ホッブズはこうした独特の性悪説を、すでに『リヴァイアサン』第一部で詳しく展開している。ホッブズは、第一部で述べた性悪説を伏線ないし布石として利用しつつ、主権者（あるいは国家）が公民法を制定する目的を第二部（本書）において論じているのである。

ホッブズは第二部において、人間が利己的な情念に突き動かされているとの前提のもと、国家が公民法を制定する目的を説明する（第二六章）。公民法制定の目的は、「まず、何が公正、正義、道徳にかなうのかを布告する」ことにある。そのような布告がないと、人間は公正や正義の基準を自分勝手に決めてしまうからである。しかし、公正や正義の基準を布告しただけではまだ足りない。ホッブズは言う。そうした布告に拘束力を持たせるには、主権の力に裏打ちされた法令（つまり、公民法）を定め、また、法令に違反した者を対象とした刑罰を定めておく必要がある、と。このような制度を与えられて初めて自然法（道徳律）は強制力を持ち、名実ともに法となるというわけである（本書一七六ページ）。公民法およびそれと対《つい》になっている刑罰が整わない限り国家は、平和と安全の確保という使命を全《まっと》うできない。言い換えると、公民法と刑罰は国家を正しく機能させるための要になっているということだ。それを説明するためにホッブズは、犯罪と刑罰（および報奨）に関する章に紙幅を割いているのである（第二七、二八章）。

最後に、刑罰との関連で、兵役拒否に関するホッブズの興味深い見解を紹介しておこう。ホッブズは第二一章「臣民の自由」において、「臣民は自発的に同意しない限り出征を強制されることはない」との立場を明らかにしている（本書九七〜九八ページ）。これは、現代風に言えば、兵役の拒否を認めるということである。ホッブズは、出征の拒否は本来的には極刑に相当する行為であると前置きしつつ、にもかかわらず処罰の対象外になるケースがあるとして、生まれつきひよわな男に対しては出征の義務を免除しても差し支えないと述べている。また、臆病ゆえに戦闘を忌避することは、事前に兵士として登録し、前払いの支度金を受け取っているのでなければ、不正ではないとも論じている。ずいぶん寛容な姿勢である。当時、兵役拒否に対してこのように寛容な姿勢をとった思想家は他にもいるのだろうか。この一事に照らしても、ホッブズが専制支持からほど遠いところにいたということが分かるだろう。

（付記。田中浩・一橋大学名誉教授の一連の著作を参照させていただいた。この場を借りて厚く御礼申し上げる次第である。）

ホッブズ略年譜

基本的に、リチャード・タック（Richard Tuck）が本訳書の底本の巻頭に示した年譜に従った。第一部巻末の訳者による解説との間で若干の異同がある。

一五八八年
四月五日、マームズベリー近郊のウェストポート（ウィルトシャー州）で、教区牧師の次男として生まれる。七月、スペイン無敵艦隊来襲。

一五九二年　四歳
ウェストポート教会の学校に入る（八歳まで通う）。

一五九六年頃
ラティマーの私塾に入学、ラテン語と古典ギリシア語を学ぶ。

一六〇二年　一四歳
オックスフォード大学モードリン・カレッジに属するマグダレン・ホールに入学。

一六〇三年　一五歳
エリザベス女王没。スコットランドのジェームズ六世がイングランドのジェームズ一世として即位、スチュアート朝始まる。

一六〇四年　一六歳
父親が失踪。伯父フランシス・ホッブズを頼る。

一六〇八年　二〇歳

二月、大学を卒業。モードリン校の校長の推薦を得て、ウィリアム・キャヴェンディッシュ男爵(のちの初代デヴォンシャー伯爵)の長男ウィリアムの家庭教師となる(一九歳)。

一六一四年　二六歳
夏、ウィリアム青年に同伴してフランス、イタリアを旅行(従来の定説では、旅行の期間は一六一〇～一三年)。

一六一五年　二七歳
夏、帰国。

一六一八年　三〇歳
キャヴェンディッシュ男爵、初代デヴォンシャー伯爵となる。

一六一九年　三一歳
フランシス・ベーコンの知遇を得る。
この頃から一六二三年までの間ベーコンの秘書を務める(従来の定説では、ベーコンの秘書を務めたのは一六二三年以降)。

一六二〇年　三二歳
ピルグリム・ファーザーズ、北米のプリマスに上陸。

一六二五年　三七歳
三月、チャールズ一世即位。

一六二六年　三八歳
三月、初代デヴォンシャー伯死去。

一六二八年　四〇歳
三月、チャールズ一世、「権利の請願」を裁可。六月、第二代デヴォンシャー伯(かつての教え子であるウィリアム青年)死去。ホッブズ、キャヴェンディッシュ家を離れる。

一六二九年　四一歳
トゥキディデスの『ペロポネソス戦史』を翻訳出版。ジャヴェス・クリフトン卿に請われ、その息子の大陸旅行に同伴。フランスおよびヴェネツィアを訪問。旅行中、ユークリッド幾何学に触れる。三月、チャールズ一世、議会を解散（一六四〇年まで議会を招集せず）。

一六三〇年　四二歳
秋、帰国し、ふたたびキャヴェンディッシュ家に仕え、三代目デヴォンシャー伯の家庭教師を務める。

一六三四年　四六歳
秋、三代目デヴォンシャー伯とともに三度目の大陸旅行に出発。

一六三五年　四七歳
パリでメルセンヌやガッサンディなど、フランスの哲学者と交流する。

一六三六年　四八歳
春、フィレンツェにガリレオを訪問。一〇月、帰国。

一六三七年　四九歳
一〇月、デカルトの『方法序説』を贈られる。

一六四〇年　五二歳
五月、脱稿した『法の原理』が、手稿のまま回覧される。四月、短期議会（～五月）。一一月、長期議会によるストラフォード伯の弾劾に巻き込まれるのを恐れて、パリに亡命。

一六四一年　五三歳
五月、ストラフォード伯、処刑される。
一六四二年　五四歳
三月、イングランドで内乱（ピューリタン革命）が始まる。四月、パリで『市民論』（ラテン語版）を匿名出版。
一六四六年　五八歳
パリに亡命してきた皇太子（後のチャールズ二世）の家庭教師となり、数学を教える。
一六四七年　五九歳
一月、『市民論』の第二版をアムステルダムで出版、評判をとる。八月、重病を患う。
一六四九年　六一歳
一月、チャールズ一世、ロンドンで公開処刑される。『市民論』（フランス語版）がパリで出版される。五月、イングランドが共和制に移行。
一六五一年　六三歳
四月、ロンドンで『リヴァイアサン』（英語版）を出版。一二月、亡命宮廷への出入りを禁止される。
一六五二年　六四歳
二月、イングランドに帰国。五月、第一次英蘭戦争（〜一六五四年）。
一六五五年　六七歳
『物体論』を出版。
一六五八年　七〇歳
『人間論』を出版。
一六六〇年　七二歳
五月、チャールズ二世、ロンドンに入

る。王政復古成る。

一六六五年　七七歳
第二次英蘭戦争始まる（～一六六七年）

一六六六年　七八歳
一〇月、イングランド下院、神に対する冒瀆に関する法案を可決。

一六六八年　八〇歳
アムステルダムで『リヴァイアサン』のラテン語版を出版。

一六七〇年　八二歳
『ビヒモス』脱稿（出版は一六七九年）。

一六七一年　八三歳
ラテン語で自伝を執筆。

一六七四年　八六歳
ホメロス著『イリアス』『オデュッセイア』の翻訳を完成させる。

一六七五年　八七歳
ロンドンを離れ、デヴォンシャー伯の別邸があるハードウィックおよびチャッツワースで暮らす。

一六七九年　九一歳
一二月四日、ハードウィックで死去。

訳者あとがき

『リヴァイアサン』第二部の翻訳がようやく完成した。光文社古典新訳文庫版はこの第二部までを対象としているので、訳者としてはこれで一応の務めを果たしたことになる。ちなみに、『リヴァイアサン』の第三部と四部はホッブズ独特の宗教論から成り、イギリスにおける政教分離の歴史を研究しようとする学徒にとっては必読書と言えるかもしれない。しかし、多くの読者の関心はやはり社会契約論の元祖としての『リヴァイアサン』に向けられているであろう。翻訳を第二部までに限定させていただく所以である。

早いもので、第一部の刊行（二〇一四年）から三年余が過ぎた。第一部を読み終えた読者の皆様から「早く次を訳してくれないと、第一部の内容を忘れてしまうではないか」というお叱りが聞こえてきそうな日々であったが、なにしろ雑務に追われてなかなか翻訳がはかどらなかった。長い間お待たせした読者の皆様に、この場を借りてお詫びしたい。

今回の翻訳は、校正の過程で校閲者と編集者から再考を促された箇所が多数に上った。それらの箇所は特に注意深く手を加えた。もし、「急《せ》いては事をし損じる」の事態が防がれたとすれば、校閲者および編集者のおかげである。特に、編集者の中町俊伸氏に厚く御礼を申し上げる。

平成二九年一二月二四日（日曜日）

kobunsha classics
光文社古典新訳文庫

リヴァイアサン 2

著者 ホッブズ
訳者 角《つの》田《だ》 安正《やすまさ》

2018年2月20日 初版第1刷発行
2024年2月25日 第3刷発行

発行者 三宅貴久
印刷 大日本印刷
製本 大日本印刷

発行所 株式会社光文社
〒112-8011東京都文京区音羽1-16-6
電話 03（5395）8162（編集部）
03（5395）8116（書籍販売部）
03（5395）8125（業務部）
www.kobunsha.com

ISBN978-4-334-75371-9 Printed in Japan

組版 新藤慶昌堂

いま、息をしている言葉で、もういちど古典を

長い年月をかけて世界中で読み継がれてきたのが古典です。奥の深い味わいある作品ばかりがそろっており、この「古典の森」に分け入ることは人生のもっとも大きな喜びであることに異論のある人はいないはずです。しかしながら、こんなに豊饒で魅力に満ちた古典を、なぜわたしたちはこれほどまで疎んじてきたのでしょうか。

ひとつには古臭い教養主義からの逃走だったのかもしれません。真面目に文学や思想を論じることは、ある種の権威化であるという思いから、その呪縛から逃れるために、教養そのものを否定しすぎてしまったのではないでしょうか。

いま、時代は大きな転換期を迎えています。まれに見るスピードで歴史が動いていくのを多くの人々が実感していると思います。

こんな時わたしたちを支え、導いてくれるものが古典なのです。「いま、息をしている言葉で」――光文社の古典新訳文庫は、さまよえる現代人の心の奥底まで届くような言葉で、古典を現代に蘇らせることを意図して創刊されました。気取らず、自由に、心の赴くままに、気軽に手に取って楽しめる古典作品を、新訳という光のもとに読者に届けていくこと。それがこの文庫の使命だとわたしたちは考えています。

このシリーズについてのご意見、ご感想、ご要望をハガキ、手紙、メール等で翻訳編集部までお寄せください。今後の企画の参考にさせていただきます。
メール　info@kotensinyaku.jp

光文社古典新訳文庫　好評既刊

神学・政治論（上・下）

スピノザ
吉田量彦　訳

宗教と国家、個人の自由について根源的に考察したスピノザの思想こそ、今読むべき価値がある。破門と焚書で封じられた哲学者スピノザの〝過激な〟政治哲学、70年ぶりの待望の新訳！

菊と刀

ベネディクト
角田安正　訳

第二次世界大戦中、米国戦時情報局の依頼で日本人の心理を考察、その矛盾した行動を分析した文化人類学者ベネディクトのロングセラー。現代の日本を知るために必読の文化論。

帝国主義論

レーニン
角田安正　訳

二十世紀初頭に書かれた著者の代表的論文。ソ連崩壊後、社会主義経済の衰退とともに変貌を続ける二十一世紀資本主義を理解するため、改めて読む意義のある一作。

君主論

マキャヴェッリ
森川辰文　訳

傭兵ではなく自前の軍隊をもつ。人民を味方につける……。フィレンツェ共和国の官僚だったマキャヴェッリが、君主に必要な力量を示した、近代政治学の最重要古典。

自由論

新たな訳による決定版

ミル
斉藤悦則　訳

個人の自由、言論の自由とは何か？　本当の「自由」とは？　21世紀の今こそ読まれるべき、もっともアクチュアルな書。徹底的に分かりやすい訳文の決定版。（解説・仲正昌樹）

光文社古典新訳文庫　好評既刊

人口論
マルサス
斉藤悦則 訳

「人口の増加は常に食糧の増加を上回る」。デフレ、少子高齢化、貧困・格差の正体が人口から見えてくる。二十一世紀にこそ読まれるべき重要古典を明快な新訳で。（解説・的場昭弘）

カンディード
ヴォルテール
斉藤悦則 訳

楽園のような故郷を追放された若者カンディード。恩師の「すべては最善である」の教えを胸に度重なる災難に立ち向かう……。「リスボン大震災に寄せる詩」を本邦初の完全訳で収録！

寛容論
ヴォルテール
斉藤悦則 訳

狂信と差別意識の絡む冤罪事件にたいし、ヴォルテールは被告の名誉回復のため奔走する。理性への信頼から寛容であることの意義、美徳を説いた最も現代的な歴史的名著。

ユダヤ人問題に寄せて／ヘーゲル法哲学批判序説
マルクス
中山元 訳

宗教批判からヘーゲルの法哲学批判へと向かい、真の人間解放を考え抜いた青年マルクス。その思想的跳躍の核心を充実の解説とともに読み解く。画期的な「マルクス読解本」の誕生。

経済学・哲学草稿
マルクス
長谷川宏 訳

経済学と哲学の交叉点に身を置き、社会の現実に鋭くせまろうとした青年マルクス。のちの『資本論』に結実する新しい思想を打ち立て、思想家マルクスの誕生となった記念碑的著作。

光文社古典新訳文庫　好評既刊

純粋理性批判（全7巻）
カント
中山元 訳
西洋哲学における最高かつ最重要の哲学書。難解とされる多くの用語をごく一般的な用語に置き換え、分かりやすさを徹底した画期的新訳。初心者にも理解できる詳細な解説つき。

実践理性批判（全2巻）
カント
中山元 訳
人間の心にある欲求能力を批判し、理性の実践的使用のアプリオリな原理を考察したカントの第二批判。人間の意志の自由と倫理から道徳原理を確立させた近代道徳哲学の原典。

判断力批判（全2巻）
カント
中山元 訳
美と崇高さを判断し、世界を目的論的に理解する力。自然の認識と道徳哲学の二つの領域をつなぐ判断力を分析した、カント批判哲学の集大成。「三批判書」個人全訳、完結！

道徳形而上学の基礎づけ
カント
中山元 訳
なぜ嘘をついてはいけないのか？　なぜ自殺をしてはいけないのか？　多くの実例をあげて道徳の原理を考察する本書は、きわめて現代的であり、いまこそ読まれるべき書である。

永遠平和のために／啓蒙とは何か 他3編
カント
中山元 訳
「啓蒙とは何か」で説くのは、その困難と重要性。「永遠平和のために」では、常備軍の廃止と国家の連合を説いている。他三編をふくめ、現実的な問題を貫く論文集。

光文社古典新訳文庫　好評既刊

善悪の彼岸
ニーチェ
中山 元 訳

西洋の近代哲学の限界を示し、新しい哲学の営みの道を拓こうとした、ニーチェ渾身の書。アフォリズムで書かれたその思想を、肉声が音楽のように響いてくる画期的新訳で！

道徳の系譜学
ニーチェ
中山 元 訳

『善悪の彼岸』の結論を引き継ぎながら、新しい道徳と新しい価値の可能性を探る本書によって、ニーチェの思想は現代と共鳴する。ニーチェがはじめて理解できる決定訳！

ツァラトゥストラ（上・下）
ニーチェ
丘沢 静也 訳

「人類への最大の贈り物」「ドイツ語で書かれた最も深い作品」とニーチェが自負する永遠の問題作。これまでのイメージをまったく覆す、軽やかでカジュアルな衝撃の新訳。

この人を見よ
ニーチェ
丘沢 静也 訳

精神が壊れる直前に、超人、ツァラトゥストラ、偶像、価値の価値転換など、自らの哲学の歩みを、晴れやかに痛快に語ったニーチェ自身による最高のニーチェ公式ガイドブック。

人はなぜ戦争をするのか
エロスとタナトス
フロイト
中山 元 訳

人間には戦争せざるをえない攻撃衝動があるのではないかというアインシュタインの問いに答えた表題の書簡と、「喪とメランコリー」、『精神分析入門・続』の二講義ほかを収録。

光文社古典新訳文庫　好評既刊

ソクラテスの弁明

プラトン
納富信留　訳

ソクラテスの裁判とは何だったのか？　ソクラテスの生と死は何だったのか？　その真実を、プラトンは「哲学」として後世に伝え、一人ひとりに、自分のあり方、生き方を問うている。

フランス革命についての省察

エドマンド・バーク
二木麻里　訳

進行中のフランス革命を痛烈に批判し、その後の恐怖政治とナポレオンの登場までも予見。英国の保守思想を体系化し、のちに「保守主義の源泉」と呼ばれるようになった歴史的名著。

論理哲学論考

ヴィトゲンシュタイン
丘沢静也　訳

「語ることができないことについては、沈黙するしかない」。現代哲学を一変させた20世紀を代表する衝撃の書、待望の新訳。オリジナルに忠実かつ平明な革新的訳文の、まったく新しい『論考』。

人生の短さについて　他2篇

セネカ
中澤務　訳

古代ローマの哲学者セネカの代表作。人生は浪費すれば短いが、過ごし方しだいで長くなると説く表題作ほか2篇を収録。2000年読み継がれてきた、よく生きるための処方箋。

存在と時間（全8巻）

ハイデガー
中山元　訳

「存在（ある）」とは何を意味するのか？　刊行以来、哲学の領域を超えてさまざまな分野に影響を与え続ける20世紀最大の書物。定評ある訳文と詳細な解説で攻略する！